中國現代知識份子的困境

◎謝泳 著

目　錄

1949～1976 年間中國知識份子
及其它階層的自殺問題

一、資料及其來源

　　自殺是一個常態社會中始終存在的現象，本身並不足為奇。但一個社會在相對集中的時期大量出現自殺現象，特別是知識份子的自殺，這本身是不正常的，這種現象的發生，不是一個社會正常歷史變化中出現的常態社會問題，比如由於遺傳、環境、宗教、姓別和某種年齡階段特定的現象。也就是說，本文觀察自殺現象的視角，不是通常社會學意義上的，而是對一個時代政治文化精神的剖析。

　　本文選擇年限為 1949～1976 年，是為了凸出毛澤東時代這樣一個特點，實際統計主要案例，以 1950 年以後為主。本文所有材料來源於以下幾個方面：

　　1、當事人已公開出版的回憶錄和相關的回憶文章。

　　2、作者訪問和朋友提供。

　　3、《內部參考》(此書為新華社內參，每日一期，1949 年 9月 22 日創刊，參考消息組編輯。供當時主要官員瞭解國內國際動態，以下所引本書資料直接注明年代、期號和頁碼，不再另注)

　　考察 1949～1976 年間中國知識份子自殺情況的意義，是因為這一期間中國知識份子自殺數量驚人，它與這個社會的制度和文化是相關的。由於中國大陸有關的檔案尚未解密，有關這期間知識份子自殺的人數，不可能通過正常的檔案檢索統計出來(在檔案開放的

情況下，這並不難做到），所以本文只能根據有關回憶和少量訪談及調查選取一部分知識份子自殺情況，作為研究的基本材料。需要說明的是：1949～1976年間自殺的知識份子中多數是不知名的，但由於這部分資料極難收集，所以本文據以分析的知識份子自殺資料偏重於知名知識份子，包括如下幾類人物：1、作家 2、學者 3、名演員 4、科學家 5、大學等等。

（一）「反右」前的情況

1949年以後，中國社會變化的一個重要特點就是頻繁的政治運動，在反右派運動開始以前，規模較大的政治運動就有土地改革、鎮壓反革命、批判電影《武訓傳》、知識份子思想改造運動、抗美援朝、「三反」和「五反」、批判俞平伯的《紅樓夢研究》、批判胡適思想運動、批判胡風反革命集團、社會主義教育運動等等。這些政治運動的主要對象雖然不同，運動本身激烈程度也稍有差別，但這些政治運動的一個基本特點卻沒有變化，這就是：整人。五十年代初期所有政治運動都是以毀滅個人尊嚴和人格為基本特徵的。這些政治運動的基本取向是統一思想，消滅個性，因為方式和手段都極為殘酷，所以在五十年代初期，整個國家是在一個恐怖氛圍中。這樣的生存環境，給人們，特別是給知識份子心理上帶來極大壓力。這是知識份子自殺現象開始大量出現的一個基本前提。

一位研究「三反」和「五反」運動的學者，曾在文章中這樣描述過當時的情景[2]：

---

[2]　華明：《三反五反的剖析》頁 66、68、70，香港友聯出版社，1952 年 11 月，香港。

自二月中旬起，各地即噩耗頻傳，僅上海一處，自殺、中風、與發神經者，即不下萬人。自殺方式，以跳樓、躍江、觸電、吊頸者為最多，毒烈藥品，尤其是安眠藥片，早已禁止發售，故欲求安臥而死，亦不可得。法國公園與兆豐花園樓叢中，經常懸死三五人不等，馬路之上，常見有人自高樓跳下，跳黃浦者更多，棺材店一掃而空，中共為節約木料，以「反浪費」為名，禁止添製棺木，遂大開火葬場，而亦時常客滿。

其他天津、北京、武漢、重慶、瀋陽、廣州各處商埠，以及凡有工商業之全國大小市鎮，無不有同樣事，四月間有人自廣州逃出，謂趕早車於晨五時經西關多寶路，見馬路上橫屍二具，血肉狼籍，迫坐上三輪車，乃不禁向車夫歎息而道：車夫遂四面瞻顧，見左右無人，乃低聲淒然道：「兩個算什麼！我經過惠愛路時，怕不躺著有十幾個？」

上海中共當局眼看自殺的人日益增多，為防止蔓延，影響其預定計劃起見，乃採取緊急措施：1、公園及僻靜之處，均派兵梭巡，不准行遊之人逗留。2、黃浦江岸口偏僻之處，築是竹芭，要衝之地，均有解放軍站崗防守，黃昏以後即不准人行近江邊。3、各馬路高樓頂上均站崗防守，又因有從四層樓以上樓窗跳下者，乃嚴令三層以上樓窗均須裝置木欄與鐵絲網。4、凡以自殺逃避「五反」運動者之公司行號器物財產一律充公，絲毫不留，藉以脅迫其家屬為之監視。除此，更加緊發動群眾，鼓勵員工，一面積極予以訓練，一面督令嚴密防範，凡重要目標，派人跟隨，寸步不離，雖寢食便溲，亦不放鬆。

上海工商界自殺的，以三月底四月初為最多，因為那時除「五反」之外，還要催逼一九五一年度所得稅。跑馬廳七層樓公寓，那

一對夫婦同時跳樓自殺，就是為著欠稅。自殺也有一種風氣，「五反」的自殺方式，以跳樓為最風行，服毒次之。像華成煙草公司姓沈的副總經理投井而死，究竟少數。跳樓所以風行，也是由於這種自殺方式較簡單，而且不易防範。上海流行這樣一個故事：一天一個婦人牽著一個孩子打霞飛路經過，後面不知哪個熟人喊了她一聲，她剛立定腳跟回過頭來看時，離開她兩步路外，樓上忽跌下一個人來。如果那個人不招呼她一聲，她和她的小孩豈不都被壓碎了嗎？有一個時期，高樓大廈之下，經過的人確都有戒心。跳黃浦是最不聰明，不僅黃浦江邊防備森嚴，就是有機會跳進，遇救的機會也比較多，而且屍首漂失了只以為失蹤，家屬還有幫助隱匿或縱逃的嫌疑。自殺一定要達到自殺的目的，萬一不遂或遇救，那才受罪，因為你又加了一重罪名；就是「膽敢拿死來威脅政府和人民」！

　　自殺者的遺書有一個普遍的特點，為了死後不要再給家屬增加任何的麻煩，總是痛罵自己一頓，然後再歌頌一番人民政府的德政。

　　面對如此情景，有一次陳毅在廣播裏說：「我不懂為什麼許多資產階級，願意跳樓自殺而不肯坦白。」[3]他當然不知道像殷紀常這種人（前金城銀行滬行經理，實際在金城銀行的作用是在徐國懋之上，周作民之下）在金城大樓七樓穿著單的短衫褲，當嚴寒的初春時候，跪了五天五夜，受著職工疲勞的審問，單是生理上已是忍受不了。那樣的人，不一定思想搞得通，但上海解放後，他是第一個把大西路那家他私有的，中國最大腳踏車零件廠送出去「合營」的，在銀行界，他也是最早去請范長江到行裏向職工演講的，這種人他自不想死，但終於受盡折磨還是不免跳樓一死。當時廣州的五反高潮，較上海稍遲一點，四五月間最厲害，自殺的也最多。[4]1952 年 3 月

---

[3]　華明：《三反五反的剖析》頁 66、68、70，香港友聯出版社，1952 年 11 月，香港。

[4]　華明：《三反五反的剖析》頁 66、68、70，香港友聯出版社，1952 年 11 月，香港。

21 日，北京大學圖書館職員趙竹君及其丈夫王利民（前北大圖書館館員）在家中自殺身亡。

　　觀察自殺現象的意義在於，它有助於深入瞭解五十年代中國知識份子的生存處境，同時也有利於認識新政權的本質。

　　五十多年以後，一位當時在上海目擊過「三反」和「五反」的法官回記：

> 反右和「三反」一樣，也有自殺的人，如上海民盟中就有華丁夷同志，被批鬥而自殺，此外還有一位市勞動局副局長，也在反右中自殺。估計他們可能過去自詡革命太過，一旦遇上反右，自己被鬥，戴上右派帽子，好像從萬丈高崖一下墜入萬丈深淵，心理上實在承受不起，於是自毀生命，走向自殺。也有心靈脆弱，實在承受不起猛烈的衝擊而致自殺的。總之是由於採取逼供信無理批鬥所造成的惡果。「三反」時，在延安東路口，親眼看到一人從高高的五樓縱身躍下，立時墜地身亡，死壯之慘，目不忍睹。「三反」後聽陳毅市長作報告，全市共自殺五百餘人，反右自殺者有多少，則不得而知了。[5]

　　關於自殺規模的主要材料是避難者的敘述，據周鯨文《風暴十年：中國紅色政權的真面貌》一書估計，在鎮壓反革命時期有五十萬以上的人自殺，「三反」「五反」運動又有二十萬人自殺。雖然這

---

[5]　何濟翔：《滬上法治夢》頁 3，北京出版社，2001 年 2 月。岳騫在〈我親見的土改鎮反殺人〉中也說過：所謂反對偷稅漏稅是從光緒年間上海開埠算起，誰也無力還債，於是紛紛跳樓自殺。當時上海馬路上無人敢行走，擔心突然自空中飛下一人將自己壓死。當時上海市長陳毅每天晚上聽完彙報悠閒的問：「今天又有多少降落傘部隊？」即是指跳樓商人。（金鐘主編《共產中國五十年》17 頁，開放雜誌社，1999 年 10 月，香港。）

些數字可能是誇大的,但是根據官方材料,自殺顯然是一個重要的現象。[6]

周鯨文在書中講述了這樣一件事:「此外還有一個動人的例子發生在北京鋼鐵學院。這個案件轟動了北京以及各處的學術界和文化界。可惜我忘卻了主角的姓名。故事是這樣的:有一個學生平常很用功,但是拒絕加入青年團。因此黨和團的積極份子就想以他為鬥爭的對象,而且是在大會上開始對他鬥爭。這個學生性情耿直,以為埋頭讀書,還鬧成這個樣子,人生有什麼意味。而且自己也很自尊,受不了他們的汙辱。他想這是沒法活下去了,於是決定自殺。他的自殺方法新奇,所以也就轟動了遠近。

他決定自殺之後,決以頭顱抨擊這個昏無天日的運動;他選擇了學校汽爐的七八丈高的煙囱。事前他買好了一瓶酒、糖果,放在書包裏,另外帶了十幾塊碎石頭。他就拿著這些東西向煙囱上爬,忽然被一個同學看見,要他不要上去。他說:『你近前來,我就用石頭打你。』這個同學見勢不好,就跑去告訴學校當局。不一會,院長、教授、和大批同學都圍在煙囱底下。院長勸他下來,說:『一切都好辦。』這個學生坐在煙囱上,把瓶飲酒,吃著糖果,用沉著語氣回答:『你們不必想汙辱我這活人了,我是清白的學生,我沒有罪。我要以純潔的學生身份,拿頭顱鮮血,評判你們這無法無天的運動……』接著又是飲酒。誰要上來,他就投石打,而且說逼他緊了,他就跳下。

在全校緊張觀望他的時候,他飲完了酒,躍身一跳,他的腦血染紅了灰色的洋灰地面。接著是同學們一陣哭泣的聲音。」[7]由此,

---

[6]　《劍橋中華人民共和國史》頁 90,中國社會科學出版社,1990 年 8 月,北京。

[7]　周鯨文:《風暴十年——中國紅色政權的真面貌》頁 224、225、235、258、259,時代批評社出版,中華民國 51 年 6 月,香港。周鯨文在書中曾提到,在「三反」

可以看出當時運動的殘酷程度。這一時期開始出現的大量自殺現象，也曾引起官方的注意，但並未得到制止。因為五十年代是一個恐怖時期，所有基層官員在執行上面政策時，一個基本思路是寧左勿右，這樣就使自殺現象開始蔓延。特別值得注意的是，當時對於自殺現象的大量出現，無論是上層官員還是基層官員都習以為常，從以下的材料中可以看出，雖然自殺現象已經大量發生，上層官員也在提醒基層注意這樣的事，但從五十年代初即開始的大量自殺現象，並沒有真正引起上層的特別關注，並嚴令制止這種現象的發生。在相當數量與自殺有關的報導中，看不到對自殺現象的特別關注，也看不到對死者的同情和關懷。以下是《內部參考》中相關的材料：

1、1952 年 11 號 79 頁，〈西北區的單位在三反運動中宣傳政策不夠發生自殺事件〉：西北區級機關為迅速展開「三反」運動，自本月七日起實行首長十日包乾制以後，部分機關已發生簡單急躁宣傳政策不夠的現象。西北人民革命大學

「五反」時期，北京東四一個區，在運動高潮時，就有二十六個老闆自殺。天津中國實業銀行副經理就是自己吃安眠藥自殺的。當時自殺者不下二三十萬人，在北京什剎海解凍之後，一個冰孔處就撈起十幾具屍體。天津礦業學院的一位教授在思想改造運動中，受不了人格汙辱，在自己的臥室裏懸樑自殺了。北京大學1952 年「五月上旬，工學院兩名職員自殺身亡。被解除隔離的工程科一名職員和其妻子(總辦事處職員)投什剎海自殺身亡。校醫室一名醫生在家中自殺身亡。(《北京大學紀事》上冊頁 450，北京大學出版社，1998 年 4 月。) 巫寧坤〈故國不堪回首明明中〉提到：因為一位資深的教授受不了運動的壓力，在圖書館前的水塘中自沉。(《共產中國五十年》頁 72) 1949 年以後，對各種政治運動中發生的自殺事件，通常是不報導的，這也是延安的傳統。1942 年 4 月以後，延安《解放日報》在整風運動的高潮中，分別報導了中央黨校一男學員自殺和延安大學一女學員自殺的消息，此事受到了毛澤東的嚴屬批評。他說：「有些消息如黨校學生自殺是不應該登的」。(轉引自高華《紅太陽是怎樣升起的》頁 376，香港中文大學出版社，2000 年，香港。)

學生鐵炳坦已畏罪自殺，西北企業公司經理王德彪等五人自殺未死。

2、1952年16號118頁，〈上海鐵路管理局三反運動開展後高級技術人員貪汙嫌疑份子自殺者已有三起〉：該局直屬單位「三反」運動深入後，至十七日已連續發生四件自殺案件。自殺的除一個是鐵路公安部隊的戰士外，其餘三個都是高級技術人員中的大貪汙嫌疑犯。如上海鐵路管理局材料處計畫科科長陸逸智（曾留學美國），於一月十六日即表現情緒不安，領導上發現這一情況後即由該局政委譚光啟、副局長吳良珂親自找他談話，鼓勵他坦白，並向他說明不一定要在群眾中坦白，可以找個別負責同志坦白。陸逸智當時很受感動，但回宿舍後又服DDT自殺，經急救後未死。中央鐵道部材料局駐滬辦事處採購組副組長吳培松被該處採購員涂耀南當眾檢舉後，次日即投黃浦江自殺，臨死前留了一個條子說：「我為涂耀南而死」。上海鐵路管理局衛生處藥劑師王英才服嗎啡自殺未死。這些高級技術人員大貪汙犯的自殺事件，該局領導上很感棘手。

3、1952年19號143頁，〈瀋陽三反運動中發生工人自殺事件數起〉：瀋陽在三反運動中發現幾起工人自殺事件，其中瀋陽市電車廠就有兩個二十多年工齡的工人，因為自己有貪汙行為，基於階級的自覺，認為對不起國家，對不起人民而自殺。市委書記凱豐認為這一問題嚴重，他提出，在工人中不要搞坦白運動和相互檢舉（檢舉工廠領導和奸商在外），對工人應著重進行階級教育，否則就會紊亂了鬥爭的陣營，模糊了鬥爭目標。

4、1952 年 35 號 125 頁，〈上海市在打虎運動中強打硬仗老虎自殺、翻案現象十分嚴重〉：華東區級機關亦發現老虎自殺翻案現象，如合作總社至十六日為止，已捉到大老虎十七隻，但其中有八個人坦白後又重新翻案，其中有一個人坦白七次，翻案七次，有二人企圖自殺未死。華東財委辦公室主任蔡輝（一隻很大的老虎）撤職查辦後，於十一日臥軌自殺，影響到該重大貪汙案已無法破獲。

5、1952 年 35 號 130 頁，〈私營輪船業民生公司總經理盧作孚畏罪自殺〉：我國最大私營輪船業民生公司總經理盧作孚突於二月八日自殺身死。自殺原因尚待瞭解，外間揣測可能是：

（1）解放前盧與蔣匪勾結很緊，可能有政治問題，怕「三反」、「五反」運動中追出。

（2）民生公司盜竊國家財產很嚴重，害怕坦白和被檢舉，據說民生公司內部已有職工檢舉盧貪汙事情。

（3）民生公司內部有派系鬥爭，近有輪船兩艘被特務擊沉，盧的周圍也有特務，盧死的原因甚為可疑。

盧是國內航業巨頭，在四川影響尤大，但死後卻少見議論，主要是因為工商界進行「五反」甚緊，人們不便顧此，有的人也不敢發言或表示態度。記者與工商界人士談話時，他們均故作鎮靜，但言語之間仍透露了他們的心意。上層人物如李仲平（重慶市工商聯副主任委員）認為盧死並不突然，甚至說：「死得其時」，意謂再活下去將來查出政治問題仍不得好死；中、小、工商業者則傳說紛紛，揣測死因，表示惋惜。目前工商界消極情緒很濃，有的說「五反後我把產業賣了，不幹了」。

民生公司內盧所培養提撥的高級職員曾號啕大哭，童少生也哭了，該公司附屬的民生機器廠副廠長說：「盧作孚白手興家（盧青年時候是一貧苦小職員，由於攀附得法，迅速變質為資本家，以後從掠奪性的原始資本積累，成為大資本家），平生也沒有幹過什麼壞事，落得這般下場，有些可惜」。但在該廠工人中則確認為盧有政治問題，情緒未受影響。

6、1952 年 40 號 185 頁，〈三反簡訊〉：在三反運動中，南京市自殺的貪汙份子已有二十六人（其中有十二人未死），還有八個貪汙份子的家屬自殺。貪汙份子用「自殺」嚇人的手段抗拒運動以及在鬥爭大會自打自傷的現象也有。

7、1952 年 55 號 95 頁，〈西北鐵路幹線工程局問題嚴重相持二十多天還未打中老虎要害〉：徐鵬飛（日本留學生、工程師）在打虎戰鬥開始不久投井自殺了。

8、1952 年 60 號 155 頁，〈華東部分地區春荒嚴重有些地區已發生餓死、自殺現象〉。

9、1952 年 82 號 133 頁，〈重慶「五反」轉入處理階段以來自殺案件增多〉：重慶市「五反」運動轉入處理中小戶，複查四、五類違法戶以來，自殺案增多。截至九日止，自殺總數達一百二十多起，死者七十多人，未死者四十六人。其中除一部分為情節嚴重的大盜竊犯外，有一部分係中小工商業者，本身違法不大，有的才幾十萬元，有的還是職員。一般多是問題嚴重或與政治問題有聯繫的畏罪自殺；個別的是由於檢查人員逼供；造成中小戶自殺者多是由於檢查人員工作方式簡單，政策交代不夠，未安定其情緒；有的摸不清罪情大小；有的被壞份子恐嚇，造成自殺。二、三

區均發現有中小戶為「大虎」逼死的嚴重事件，群眾影響極不好，對死者多表同情，壞份子並乘機造謠，情節惡劣的奸商甚至藉此反攻。

特別值得注意的是：有集體自殺的現象出現。牙刷業有幾個奸商被管制後，互相遞條子商量自殺。大美綢布店股東之一的翟大慶四月八日晚與妻子、母親一同自殺而死，原因尚未查明。對此問題有的單位已引起注意。

10、1952 年 287 號 444 頁，〈上海二期失業登記中發生自殺事件四起〉：有一個人是因為申請登記後害怕追查他們的歷史，不登記又沒有辦法，最後只好自殺。

11、1952 年 231 號 67 頁，〈甘肅武都專區在土地改革試辦中幹部宣傳不夠連續發生自殺事件〉：甘肅省武都專區在試辦土地改革中，先後發生自殺案件三十起，其中有中農十四人，地主九人。發生自殺事件的原因，一方面是有些惡霸和不法地主畏罪自殺。另方面是由於該專區在土地改革工作中宣傳政策不普遍，不深入，一般幹部的政策思想很不明確，觀點模糊在工作中存在包辦代替，強迫命令的現象。

12、1953 年 58 號 370 頁，〈重慶因婚姻問題自殺者增多〉：重慶市「貫徹婚姻法運動月」在上月下旬開始後，因婚姻問題自殺的案件驟然增多；僅據一、二、三、五等四個區不完全的統計，截至三月三日止，已發生自殺案三十六起，因領導機關先有布置。控制較嚴，全市自殺者只死了二人，其餘獲救未死。……上述自殺案大半是在二月下旬發生的，三月以來已減少了，如二、五兩區已有五六天未發生此類事件，其原因是各區工作幹部已經下去，根據中央補充指示進行了宣傳糾正了急躁現象，同時各區負責同志都

下去親自指導，由專人掌握和照管可能自殺者，並分別情況進行了教育和處理，所以群眾情緒已超穩定。

13、1953 年 66 號 573 頁，〈西南各地大中學校連續發生學生自殺事件〉：西南各地大中學校連續發生學生自殺事件。……學校中的青年團組織對所謂「反動」、「落後」的學生採取孤立和打擊的態度。嚴重的如四川大學團委，僅一九五一年三月鎮壓反革命運動開始，到去年七月為止，被孤立的學生共達四百一十八人，占全校學生總數百分之十四以上。被「孤立」的學生，包括曾經參加過反動黨團者，社會關係複雜者，個人歷史複雜者，生活作風惡劣者，「有沒落階級情緒者」等等。「孤立」的辦法是不讓他們和同學們接近，常常被鬥爭和打擊。……該校相繼發生學生自殺事件。去年暑期，歷史系四年級學生周彥能投河自殺（未死）；去年十二月，歷史系二年級學生張可成墜樓自殺（傷）；同月，農學系三年級學生馮壽夫用剪刀割喉自殺（傷）。該校前後得神經病者三人，並有退團退學者。又如重慶高級工業學校團支部，於去年三月，將三十二個所謂有「反動思想」的學生進行集訓，其中三人挨過打，兩人挨過捆。「五一」遊行、成渝路通車、以及「七一」、捷克文工團來渝都不准這些人參加。對這些學生的行動限制直到去年十月團市工委的檢查組下去後才停止。

14、1953 年 132 號 183 頁，〈山西省人民政府人事廳通報農村轉業幹部李文元自殺事件〉：山西榆次區企業公司營造廠秘書李文元因工作不適應自殺。

15、1953 年 141 號 355 頁，〈河南、湖北、湖南夏荒情況〉；祁東、嘉樂、耒陽、臨武等縣已先後發現饑民因病餓自殺和自殺未遂的事件多起。

16、1953 年 168 號 316 頁，〈貴州王家司選區審查選民資格時發生死人事件〉：貴州都勻縣紙坊鄉王家司區在審查選民資格時發生偏向，致選民王繼華自殺。主要原因是由於以往的歷史問題，不給王繼華選民資格。

17、1954 年 8 號 124 頁，〈安徽省糧食統購中發生十五人自殺事件〉：在糧食統購中，已發現十五人自殺。其中一個原因是：在與投機糧商鬥爭中，沒有注意策略。望江縣灑口區區委書記江良，在公審投機糧商徐樹華的群眾會上，用「打雞罵狗」的辦法，點了私商胡效祝（開屠宰店、南貨店、兼營糧食生意）的名字，胡回家後，很畏懼，與妻一同自殺。

18、181954 年 76 號 33 頁，〈遼西第二批基層普選中發生自殺事件十四起〉：綏中縣某村工作組因對政策交代的不全面，不清楚，該村一個富農因沒有得到選民證上吊自殺了。

19、1954 年 131 號 174 頁，〈河南省在第一季度內因家庭和婚姻問題死了六百人〉中說：自殺者五百三十六人。

20、1955 年 163 期 219 頁，〈河南省今年有二十五萬初中、高小畢業生不能升學學生的不滿情緒日益表面化〉中說：全省已發生自殺事件五起。

21、1955 年 25 期 43 頁，〈旅大市在打擊刑事犯罪工作中發生十起自殺事件〉：旅大市在打擊刑事犯罪中，由於調查方式不當和政策交代不明確，在不到一個月內，已發生十起自殺事件（其中六人自殺已死，四人自殺未遂）。……有不少

報告員和宣傳員對打擊刑事犯罪的政策領會不深，在宣傳中「信口開河」地亂講，有的還歪曲了黨的政策。金縣十區山后村宣傳員在群眾大會上講，「歪戴帽子、斜瞪眼、喝酒的、搞戀愛的都是流氓，都應檢舉。」已引起許多青年男女不安。金縣六區河阿爾賓村農民侯忠良愛喝酒，有時酒醉罵大街，在一月六日晚召開打擊刑事犯罪的宣傳大會上，有人提到：「我們村裏有喝酒罵人的，為什麼不處理？」當時公安派出所的同志也未進行解釋便散會。因而引起侯忠良不安，他回家後便上吊自殺。大連機車車輛製造工廠六十一歲的老工人邱馨齊，一月七日在工廠聽報告，當聽到「有偷竊行為的人自己說吧」的話後，表現驚慌，過了兩天便投井自殺，並留有遺書一封，上寫：「我拿了工廠一點釘子，東西雖少，很可恥。」

22、1955 年 37 期 213，〈浙江省在糧食統購統銷等工作中逼死群眾一百三十三人〉：浙江省在糧食統購統銷和發展互助合作組織等工作中，逼死人命的情況嚴重。根據最近不完全的統計，全省自去秋糧食統購統銷以來，群眾被迫自殺已遂者達一百三十三人。嘉興專區在土改掃尾、統銷補課、發展互助合作組織以及這次統購統銷等工作中，逼死了一百零九條人命。金華專區在糧食統購統銷中，自殺 74 人。據省委辦公廳在一月份的統計材料分析，自殺者除地主、富農外，貧農和中農要占到百分之五十以上。嘉興專區三個鄉受逼害的二百二十四人中有地主十三人，富農十八人，雇、貧中農一百九十三人。據金華專區的瞭解，自殺和受逼害者，還有青年團員、村幹部、勞動模範、互助組長、人民代表、轉業軍人和軍屬。

23、1955 年 237 期 231 頁，〈北京市自殺事件增加〉：據北京市
　　公安局統計：一九五四年發生的自殺事件有一千零八十六
　　起，死亡三百八十六人；一九五五年十個月有一千二百四
　　十六起，死亡五百一十七人。

　　根據今年十個月發生的自殺事件分析，有如下情況：

（1）自殺者的身份和政治面貌：在工廠企業中有一百八十五
　　　人，在機關幹部中有三百四十人，在家庭婦女中有三百
　　　二十六人，在學生中有七十五人，在軍警中有十三人；
　　　臨時散工、獨立勞動者十九人；小商販、資本家及老弱
　　　病殘和無業者共一百七十九人；在農村的農民中有一百
　　　零九人。其中，黨員四十七人，團員五十七人，群眾一
　　　千一百四十二人。

（2）自殺原因：在肅反運動中自殺的四百八十四人，其中大
　　　部分是因為不瞭解政策或反革命份子畏罪自殺。如特務
　　　份子陳立剛，一九五〇年接受特務機關派遣由越南回
　　　國，混入我廈門中山大學學習，一九五一年混進公安幹
　　　部學校任政治助教，進行反革命活動，在肅反運動中，
　　　被揭發以後，畏罪自殺。又如混入黨內並篡奪村的黨支
　　　部書記的普及佛教會份子袁永安，一九五〇年參加道首
　　　集會，並且以黨支部書記的職務掩護道匪活動，吊打群
　　　眾，也在這次運動中畏罪自殺身死。另外，也有由於個
　　　別地區在肅反運動宣傳中方式簡單、對坦白材料處理不
　　　及時而自殺的。如景西礦區潘澗子村大華礦工人郭換
　　　景，曾向大台派出所交代出在日偽時期當過兵，參加過
　　　一貫道，賣過槍的事實。派出所收到坦白材料後積壓一
　　　人多月沒有處理，郭換景產生了顧慮而自殺身死。

24、1956 年 2103 期 231 頁,《江蘇復員軍人自殺事件逐年增
多》：從 1950 年到 1956 年共有三百九十五起。

25、1956 年 2105 期 287 頁,〈吉林的十所中學這一學期有七名
學生因失學失業自殺身死〉。

從 1952 年到 1957 年四月前發生有關自殺現象的通報中,可以
看出,因正常生活出現障礙,如升學、婚姻、失業、饑餓、工作中
壓力等常態社會中出現的自殺現象是比較少的,只有少數幾例。這
些自殺現象中,絕大多數都與政治相關,特別是「三反」和「五反」
運動中,工商業者和知識份子自殺達到了四九年以後自殺現象的第
一個高峰。1956 年,沒有發生大的政治運動,從以上官方報導中,
只發現兩起,而且均是常態情況下的自殺現象。

(二)「反右」期間的情況

1957 年 4 月以後發生的「反右派」運動,是對中國知識份子最
沉重的一次打擊。在這次運動中,自殺的知識份子達到了四九年以
後的又一個高峰。這一時期被逼自殺的知識份子在中國各文化單
位、高等院校和中小學校比比皆是,中國許多知名作家和科學家即
在這一時期自殺,對於許多知識份子來說,這是一個絕望的時代,
除了自殺沒有別的路可走。當時自殺現象相對集中在大城市。

湯非凡是中國著名生物學家,還是當時的學部委員,他在反右
派後不久的 1958 年的拔白旗運動中自殺了。[8]

---

[8]　李真真:〈中國科學院學部的籌備與建立〉,《自然辯證法通訊》1992 年 4 期頁 46,
中國社會科學院,北京。

　　東北人民大學（現吉林大學）歷史系主任丁則良，在鳴放期間正在蘇聯開會，自然沒有反黨言論。但他人還在外國，學校就造出了一個「余（瑞璜，物理學家）丁、徐（理治，數學家）反黨集團」，把他定成右派。丁返國後回到北京大學擬繼續編寫教材的工作，可是東北人大卻電話召其返校接受批判。他對國內來勢兇猛的運動毫無思想準備，即投身北大校園內的未名湖自殺。

　　雲南昆明的資本家、政協委員湯汝光，本以為自己聽黨的話，積極批判右派，黨就會信任他。不料消息傳出，他也可能被定為右派，於是痛不欲生，跳河自殺。

　　福建師範大學中文系女學生江鳳英，是該校第一份大字報〈黨委在幹什麼？〉二十二位署名人中的第一位，因此成為全校在「鬥臭鬥垮鬥倒」的頭號目標。她被連續鬥了三天，昏到在台上，噴幾口冷水弄醒再鬥，直到倒下後噴水不靈為止。她被抬回宿舍後，當晚就跳樓自殺。

　　雲南大學中文系有四名同學，因為向系黨總支的領導提了意見，一併被定為右派份子。因不堪批判鬥爭的侮辱，其中一位共產黨員跳河自殺。[9]

　　著名電影演員石揮，反右時剛完成一部根據真事改編的電影《霧海夜航》。由於片中有一幹部是個自私自利的傢伙，算是「誣衊黨的幹部」，他平時說的笑話（指管理製片的電影局的人為「警察局派來的員警」、「咱們拍鏡頭都要經過警察局批准」）也拿來作為罪證。連續被批判、鬥爭兩天之後，他登上自上海至寧波的輪船，在真正的霧海夜航中跳進吳淞口外的楊子江，年僅四十二歲。石揮的出走曾引起官方的注意，當時曾發過一則內參：〈右派份子石揮不知去向〉，

9　轉引自丁抒：《陽謀——「反右」前後》頁 350-353，九十年代雜誌社，1995 年
　　4 月，香港。

其中說：「有人懷疑石揮是否會跳海自殺，但經查對上海碼頭售出的船票和寧波收回的船票數字相等，估計石揮已在寧波登岸，但目前尚未找到他。」[10]

胡適留在大陸的孩子胡思杜，也是無數不甘受辱的自殺者中的一員。胡是河北唐山鐵道學院的講師，《人民日報》在發文報導該校機械系主任孫竹生及胡思杜兩人「使用卑鄙手段妄圖奪取學校領導權」時，特別注明是「胡適的兒子」，雖然他早在四九年初，已經公開宣布和「反動」的父親劃清了界線。

廣東某縣一位年輕的小學校長，在全區右派指標缺一個時，被補入名單湊了數。他被准許留校，撤職當教員，但不能教政治、歷史、語文，只能教不涉意識形態的數學及做雜工。工資沒有，每月僅得十五元生活費。他養不活妻子、小孩，還要忍受批鬥及辱罵，終於尋了短見。死後，縣廣播站對全縣宣布：「右派、特務、反革命XXX 畏罪自殺，死於汽車輪下」。[11]

廣州水利發電設計院女技術員黃倩，是黃金榮的堂侄孫女，哥哥又在台灣，只因為寫了一份大字報，希望領導「對目前的知識青年的取捨、培養、使用和鑒定，不能再死死抱住其家庭出身，而應著重從他們具體的思想動態和工作表現去觀察、鑒別和評價……」被定為右派。一連幾天幾晚的鬥爭，鬥爭之餘又打掃廁所，這位剛從大學畢業不久的年輕人受不了，上吊自殺了。但第二天，設計院卻掛出了橫幅：「批判黃倩右派謬論大會」。在黨委安排下，大會對死者批判道：「用死來軟化群眾博取同情，用死來威脅黨，用死來否

---

[10] 《內部參考》頁 16，新華社編，1957 年 2372 期，北京。

[11] 轉引自丁抒：《陽謀——「反右」前後》頁 350-353，九十年代雜誌社，1995 年 4 月，香港。

定黨的反右的正確性和必要性，用死來洗脫自己見不得人的醜惡……」。[12]

　　自殺並不見得是因為懦弱。有的人因為見到與自己背景相同的人被劃為右派後受盡凌辱，為免自己受辱而預先尋了死。有人因為親人被鬥爭，不願與之「劃清界線」而寧可玉碎。有一位中學生因為說「蘇聯並不是真正幫助中國，他們把中國的雞蛋、蘋果、好吃的東西都運到蘇聯去了」而被檢舉，當局便責令其父「揭發」。父親不願傷害兒子，臥軌自殺。[13]

　　也有母親因為孩子成為右派而自殺的。鳴放期間，最高人民法院院長謝覺哉的秘書吉世林奉謝之命，寫信給中國人民大學女學生林希翎，說謝欲在家中見她。後來接見時吉也在場陪同。林被定為「大右派」後，吉也受累落網。老婆離婚帶走孩子，他被遣送老家農村監督勞動。老母親見此，憤而上吊自殺。[14]

　　一九五七年，學者蔣維喬已八十多歲。一天，他的兒子回到家中，告訴他自己成了「右派」，他當即說「我不想活了」。轉身上了練功的小樓。待他兒子醒悟上樓，他已安靜地死去了。[15]

　　《新湖南報》（包括《湖南農民報》）的五十四名右派份子中，最早自殺的是黃德瑜。在一次批鬥他的鬥爭會之後，他只穿著短褲和拖鞋出走，從此就失蹤了，當時曾有多方尋找都沒有找到。……在農村監督勞動中自殺的，有歐陽楠。……李長恭在坪塘新生水泥

---

[12] 轉引自丁抒：《陽謀──「反右」前後》頁 350-353，九十年代雜誌社，1995 年 4 月，香港。

[13] 轉引自丁抒：《陽謀──「反右」前後》頁 350-353，九十年代雜誌社，1995 年 4 月，香港。

[14] 轉引自丁抒：《陽謀──「反右」前後》頁 350-353，九十年代雜誌社，1995 年 4 月，香港。

[15] 轉引自丁抒：《陽謀──「反右」前後》頁 350-353，九十年代雜誌社，1995 年 4 月，香港。

廠服刑，文化大革命開始，他被宣布是該廠的「三家村」成員，予以批鬥，他很覺厭倦，就跳崖自殺了。⋯⋯當年反右很起勁的中共湖南省委宣傳部長唐麟，此時卻成為翻案的積極支持者了。⋯⋯只是他此刻的支持起不了任何作用，翻案並未得手。而且他本人也自顧不暇，不久也就跳樓自殺了。[16]

聲討劉賓雁的右派罪行──劉賓雁的好友戚學毅，以跳樓表演了「士為知己者死」。[17]

早在十年動亂之前，就已經有不少犧牲者了。例如著名的電影導演史東山。還有曾經擔任過周恩來的機要秘書和《人民日報》副總編輯的著名女散文家楊剛，中共中央黨校秘書長、著名文學理論家周文，以及新聞工作者洛蔚、麥招漢等，都是用自己的手結束了自己的生命。[18]

朱學邃是北大中文系的優秀的畢業生⋯⋯他趁人們都去午餐，五樓上僅有看管他的一位女同志在，他藉口請假上廁所，立即將新婚愛人送的手錶從腕上取下放在窗台上，自己迅即從五樓跳下去。[19]

海燕書店的老闆俞鴻模（他出版過許多七月派詩文）是自殺的。[20]

對於 1957 年「反右」時自殺的人，當時都以「畏罪自殺」而論，人們不敢公開表達對死者的同情。在「反右」初期，知識份子對於之前歷次政治運動中自殺的人曾有過一些反映，但這些意見最後都沒有得到重視。1957 年，「鳴放」開始時，人民日報記者林鋼寫過一篇〈冰心對我黨整黨的一些看法〉，冰心在談到肅反時曾說：「這

---

[16] 朱正：〈新湖南報社的反右鬥爭〉，《二十一世紀》1997 年 4 月號，香港中文大學中國文化研究所，香港。

[17] 叢維熙：《走向混沌》頁 6，作家出版社，1989 年 5 月，北京。

[18] 黃秋耘：《風雨年華》頁 162，人民文學出版社，1988 年 5 月，北京。

[19] 涂光群：《中國三代作家紀實》頁 399，中國文聯出版公司，1995 年 6 月，北京。

[20] 黃成勇：〈訪冀汸〉，《博覽群書》1997 年 2 期，光明日報社，北京。

太過了。許多做法是違反憲法的。有些人自殺了。這不是平常的損失，這是我們隊伍，向科學進軍的隊伍中少了幾個人。」[21]

民盟中央的陳新桂在〈對過去幾陣暴風雨的批評和建議〉一文中，也談到了對歷次政治運動中自殺者的評價。他在第五條建議中說：「在運動中自殺的人，當時都被說成是『畏罪自殺』，這是很不公平的，應深入調查，如是畏罪，應指出罪在那裏，如是畏逼、畏鬥自殺的人，政府應恢復其名譽，照顧其家屬生活。」[22]為此，陳新桂後來成了著名的右派。1957 年自殺現象的大量出現，可以看做是一種無奈的抗議行為，這也是為什麼不斷出現自殺現象，但同樣的事件卻還在屢屢發生，這可能與中國知識份子「士可殺不可辱」的傳統有關，到了 1966 年的「文革」，這樣的事件更達到了高峰。

以下是 1957 年官方內部通報過的二十九起自殺事件，發生的時間前後約兩個月時間。需要說明的是，1957 年發生的大量自殺事件是沒有報導的，這些作為內參上報的案例，只是其中極少的一部分。在這二十九起自殺事件的報導中，因正常社會問題引起的只有兩起，其餘全部是因為政治運動所致。

1、1957 年 2214 期 13 頁，〈清華大學學生「放」的勁頭不足〉：認為最近學生中陸續發生的六起自殺事件，作為青年的思想教育工作者的團組織有不可推卸的責任。

2、1957 年 2215 期 27 頁，〈武漢醫學院被迫停課情況〉：對在運動中自殺身死的學生劉卓勳應做出結論，如是冤屈而死，應做好善後工作。

3、1957 年 2216 期 52 頁上的一篇報導中說：兩百多個歸國華僑學生，鬥爭了 80%，已有一個歸國的華僑跳樓自殺。

---

[21] 《內部參考》頁 24，1957 年 2212 期。
[22] 《內部參考》頁 58，1957 年 2225 期。

4、1957 年 2218 期 13 頁，〈天津大學掀起了大字報風潮〉；有一個叫周樹仁的女學生在肅反中投河自殺了。

5、同期另外一篇文章中說：黨員秘書丁猛一口咬定是某某公務員偷竊的，逼得那個公務員自殺，被救後變成了神經病。

6、1957 年 2219 期 12 頁，〈天津大學許多學生貼出大字報追查于逢自殺事件〉其中提到在肅反時：于逢先生的人格被汙辱被損害了，……于先生終於被迫自殺了。

7、1957 年 2220 期 13 頁，〈天津高等學校的「鳴」、「放」普遍活躍〉，文章中提到河北師範學院也開始出現了活躍的情況：許多大字報提到了「李奎順自殺事件」。

8、同期新華社記者李正傑的文章〈南開大學「程京事件」基本平息天津大學繼續在肅反問題上糾纏〉，文章說到：鑒於天大揭發的肅反中幾個事件的情況，南大黨委顧慮因類似事件也會在南大引起波動（南大有兩個教授、一個教師在肅反中自殺）。

9、1957 年 2223 期 19 頁，〈山東師範學院「鳴放」情況〉：化學系在肅反時有一教授自殺──崔永福，崔永福不是肅反對象，是被嚇自殺的。

10、1957 年 2224 期 13 頁，〈南京高等學校「鳴」「放」情況〉，提到江蘇醫學院的情況時說：陳少伯教授為何自殺？

11、1957 年 2149 期 180 頁，〈上海電機製造學校因追查反動標語引起一學員跳樓自殺〉：1 月 25 日，上海電機製造學校因追查反動標語，旨起師資訓練班學員陳君豪跳樓自殺。（未死）原因是懷疑陳廁所裏寫了「打倒共產黨」「消滅共集團」的反動標語。

12、1957 年 2150 期 208 頁，〈內蒙古復員軍人中發生多起自殺、被殺和烈屬（按：大陸說法指烈士的家屬）、軍屬被姦案〉。

13、1957 年 2252 期 26 頁，〈重慶市反右派中連續發生自殺逃跑事件〉：重慶反右派中，最近連續出現自殺或偽裝自殺及逃跑、躲藏事件，其中提到中共重慶市委宣傳部派在四川人民藝術劇院「鳴」、「放」的黨員幹部胡漢懺 2 日晚八時三刻左右在該院自殺身死，自殺行為發生在他參加市委宣傳部召開的一個布置反右派鬥爭會議後的兩個小時內。根據重慶市公安局檢驗證明，胡係用自備小型洋刀在頸項左右動脈戳了五刀後死的。……胡本人有問題未徹底交代可能是自殺的原因，而反右派鬥爭的壓力則促成了這次自殺。文章還提到：西南農學院的右派份子李友霖 6 月底曾囑其妻準備後事，表示要自殺。

14、1957 年 2254 期 11 頁，〈武漢高等學校反右派鬥爭中發生自殺事件〉：武漢高等學校在反右派鬥爭的第一個高潮中有一人自殺，一人自殺未遂。……自殺的是中南財經學院經濟系二年級學生彭先贊。彭是共青團員，湖南人，二十三歲。他看到反右派鬥爭聲勢較大，就在 7 月 1 日投江自殺。這一情況該院已向湖北省委書記彙報了，省委書記許道琦指示該院不能因此影響反右派鬥爭的進行。院方已將此事向全院宣布，並進一步揭露彭的右派言論，團委會還宣布了開除彭的團藉。據說學生中反映還好。

15、1957 年 2256 期 28 頁，〈上海外國語學院在反右派鬥爭中有兩人自殺、兩人逃跑〉：上海外國語學院在 7 月 5 日至 8 日四天中，有兩人自殺，兩人逃跑。

　　　　該院一年級七班學生陸立時（女，二十一歲）於 8 日中午自殺身死。經過情形是這樣的：當天上午班裏開會批判其右派言論，因陸態度強硬，激起了同學們的憤怒，曾高呼「只有老實交代才有出路，繼續抗拒只有自絕於人民」等口號，這時陸承認有反黨言論，並表示願在下午交代。會議結束後，校方為防止發生意外，曾派兩名女同學注意她的行動，吃飯時那兩個女同學沒有留神，陸即奔宿舍，寫了一封簡短的絕命書，隨即用剪刀剪斷喉管自殺，發現後，經校醫急救無效，死亡。另一個自殺的是工友施永豐（未死）。

16、1957 年 2256 期 31 頁，〈湖南各地中等學校醞釀鬧事〉：最近，有些地方由於政治思想教育工作沒有跟上去，已發生學生自殺或企圖自殺事件。

17、1957 年 2263 期 29 頁，〈安徽省右派份子呂蔭南畏罪自殺〉：安徽省右派份子、民革安徽省委常委兼組織處處長、省文史館員呂蔭南畏罪自殺。原因是他不承認對他的批判，7 月 12 日夜服安眠藥自殺。

18、1957 年 2274 期 7 頁，〈最近陸續發現有右派份子逃避鬥爭、自殺和逃跑現象〉：截止 7 月 20 日，安徽一個專區發生自殺自死一起，死者為淮北公路運輸分局姜福海。他在第一次鬥爭會議被提名為右派份子並責令繼續交代以後，當晚即投淮河自殺。文章分析原因說：但從思想領導上檢查，主要是缺乏警惕，沒有注意掌握右派份子的思想動態，有的已表現了緊張情緒亦未引起足夠注意；同時對右派份子只一味強調鬥爭，而沒有進行啟發誘導等勸降工作，亦未交代政策。

19、1957 年 2281 期 11 頁，〈湖南中小學畢業生發生自殺失蹤事件七起〉。

20、1957 年 2281 期 15 頁，〈重慶市反右派鬥爭中發生自殺事件六起〉：重慶反右派鬥爭期間先後發生自殺事件六起，死六人，未遂二起，傷二人。

　　死者除一人係小孩被父母自殺前殺死外，有黨員四人，共青團員一人。論職別：處長一，科長一，一般工作人員三。自殺未遂之二人，一為一般工作人員，一為學生。

　　自殺者一般都有政治歷史問題。如東林煤礦生產科長王彬 1939 年參加過國民黨，1941 年加入中國共產黨。平時他有一系列的反動言論，大「鳴」大「放」期間，他又竭力為肅反對象「鳴冤」；其妻有殺父這仇，因此他們以全家三口自殺表示「不與共產黨同處一世界」。文章不這樣說：「據瞭解，自殺事件大部分發生於反右派鬥爭初期，可能是因來不及全面交代政策所致。」

21、1957 年 2289 期 15 頁，〈北京市有些未考上學校的中、小學畢業生思想波動很大〉文章說：「目前已發現未考取學校的學生自殺的有三起。」

22、1957 年 2304 期 55 頁，〈河南省農村在社會主義教育運動中發生畏罪自殺案件多起〉：河南省農村在社會主義教育運動中發生地主、富農份子畏罪自殺事件多起。據初步瞭解已有 18 人自殺身死。如信陽專區發生自殺事件六起，死五人。其中屬於地主、富農、反革命份子畏罪自殺者四人，農民二人。

23、1957 年 2307 期 18 頁，〈吳縣在社會主義教育運動中發生三起自殺事件〉：吳縣在開展社會主義教育運動後，群眾

的社會主義覺悟普遍提高，發揚了正氣，壓倒了邪氣，但有部分基層幹部和群眾卻隨之產生了偏激情緒，以致在運動中出現了亂扣政治帽子、查糧、抄家、打人、綁人等情況，最嚴重的是在 8 月中旬，六天內竟因此先後發生了三起自殺身死事件。

24、本期還有一篇文章，〈山東省農村在開展社會主義教育運動中連續發生自殺事件〉：山東省農村在開展社會主義教育運動中另個地區發生重點批判面過寬、亂點名、亂鬥爭、翻糧食。乃至打人、捆人、罰跪、遊街等現象，有的因此造成了自殺的嚴重事件。截至 9 月 5 日的統計，已發生自殺事件 57 起（內未遂 9 起）。

25、1957 年 2320 期 9 頁，〈青海農業區在大辯論中十二天內有十一人自殺身死〉：青海省農業區在大辯論中，從本月 12 日到 25 日已有十一人自殺身死，其中藏民二人，漢民九人，地主一人，上中農八人，下中農一人，貧農一人。死者大多數是思想落後，沒有破壞活動；少數有破壞活動，也不夠法辦程度。」文章分析原因：「總的來說是對不法地主、富農和反革命份子的打擊鬥爭和對富裕中農資本主義思想的說理批判沒有嚴格分清，工作方式簡單粗暴，把土改時鬥爭地主的方式用於社會主義大辯論。

26、1957 年 2322 期 9 頁，〈武漢高等學校在反右鬥爭中一周內發生自殺、逃跑事件十五起〉：近一周來武漢各高等學校在反右派鬥爭中發生自殺、逃跑事件十五起，其中自殺的有五人（一人得救未死）。文章分析原因說：「經過開學前的批判右傾思想後，開學後的反右派鬥爭聲勢很大，右派份子和中右份子到壓力很大，驚慌不安。如華中工學院

死了的一學生，原來是劃做中右，他在大鳴大放時只偷偷地寫過一張大字報，反右派鬥爭開展後也沒有跟任何人談，開學後思想鬥爭很激烈，一時轉不過彎來就自殺了。武漢大學物理系教授畢長林是一般右派份子，上學期未點他的名，暑假中他還和李達校長等一同去廬山休養，回來後也還未動他。上星期有一天晚上物理系一個教師到他家閒談，談到物理系開會時對他意見頗多。畢長林聽了後惶惶不安，晚上八時談的，十時即上吊死了。

27、1957 年 2324 期 14 頁，〈遼寧省各民主黨派反右派鬥爭的情況〉：有些右派以死威脅。如吳潤芝（民進大連市委秘書長）表示「活著沒意思」。姜陟庭（民建遼陽市工商聯主委）已經服毒自殺。

28、1957 年 2332 期 11 頁，〈河北省農村在社會主義教育中發生許多自殺事件〉：河北省各地農村在整風和社會主義教育中，發生許多自殺事件。據不完全統計，五十三個縣發生 105 起，死 95 人。據 79 起自殺事件統計，有地主、富農、反革命份子；壞份子五人；頑偽人員一人；富裕中農四人；中、貧農十九人；軍屬二人；村、社幹部三人。」文章說：這其中「畏罪自殺的十二起。另外：在社會主義教育中對黨的政策宣傳不夠深透，使一些有問題的人，摸不著底，恐慌自殺的三十八起。還一個原因是：由於鬥爭方法簡單生硬，甚至採用打、拉等辦法，使被鬥對象感到無路可走，造成自殺的十四起。

29、1957 年 2361 期 3 頁，〈黨內右派份子、大眾日報總編輯劉建畏罪自殺〉：黨內極右派份子、原中共山東省委時候補委員、大眾日報總編輯劉建已於 10 月 28 日夜畏罪自殺

身死。劉建死時，年齡僅三十九歲。在劉建死後，山東省
委認為：劉是畏罪而死，其中也有自愧的成份。目前，大
眾日報根據省委指示已經和正在召開各種會議，並通過大
字報，聲討劉建反黨反社會主義的罪行，肅清劉的影響。

30、1957 年 2371 期 13 頁，〈山東省秋糧徵購、定銷工作中存
在的問題〉：在定銷方面，由於摸底不清，安排遲緩，個
別地區民發生鬧糧、外逃和自殺現象。

（三）「文革」期間的情況

　　1966 年「文革」期間發生的知識份子自殺現象，達到了四九年
以後的最高峰，此前政治運動中發生的大量自殺現象，經過幾年的
停止後，開始集中出現。湖南南道縣在 1967 年 8 月到 10 月之間，
被迫自殺的人數即達三百二十六人，文革期間，零陵地區自殺人數
就有一千三百九十七人，[23]新鳳霞在〈我對文化大革命的感受〉一
文中說：「不知道哪裏又傳來被關著的一個人自殺的消息，對我們又
加緊看管了。夜裏被叫起來，審問有什麼想法。我回答：『我什麼想

---

[23]　《瘋狂歲月──「文革」酷刑實錄》，轉引自《大時代文摘》1997 年 7 月 10 日 8
版，廣州。丁抒認為，「文革」初期自殺者約有二十萬人。他提供了幾個具體的
數字：湖南大學在「文革」中的清隊中，自殺的有十八人。中國科學院上海分院
有四人自殺，包括從美國回來的女科學家雷宏淑。另有九人自殺獲救未死。國防
科委第九研究院自殺的達五十九人。上海南匯縣在清查「五一六份子」和「一打
三反」中有四十一人自殺。青海貴德縣「一打三反」中有十四人自殺。陝西安康
縣「一打三反」中的二十人自殺。（金鐘主編《共產中國五十年》頁 216、222、
223、225，開放雜誌社，1999 年 10 月，香港。）1968 年當時北農大在很短的時
間內，前後共有 36 個人自殺。（點滴〈1968 年北京農業大學的自殺風〉，《華夏
文摘》242 期，美國。）目前關於「文革」中自殺人數的估計，都是不準確的，
因為官方不開放相關的檔案。

法也沒有，只盼著運動過去，我還要上台唱戲。」」[24]可見當時的恐怖景象。

有人曾這樣回憶當時自殺者的情況[25]：

田間說：大約是 1967 年夏天，他和遠千里被造反派監管在一所房子裏。有天早晨，遠千里遲遲不起床，田間有點納悶，掀開他的蚊帳，那眼前的一幕使他差點憋過氣去；原來遠千里用須刀割斷了血管動脈，身上和蚊帳上都濺滿了鮮血……。他趕緊去找領導，遠千里的夫人、作家于雁軍聞訊趕來，面對如此悲慟的場面，她沒有哭……。

又豈止是鄧拓、陳笑語，還有現代新聞出版界的先驅范長江和金仲華兩位前輩，以及多年來雙棲於新聞界和文學界的楊朔和政論家姚溱兩位先生，都曾有過鄧拓、陳笑語類似的思想軌跡，勇敢地結束了他們寶貴的生命。

後來又傳來詩人聞捷的死訊。他的夫人杜芳梅先走一步，跳了樓。

那時的自殺，還有個奇而且怪的特點，即，有為數不少的夫妻結伴走上黃泉路。我住的大院裏「文革」一開始就死了好幾對。來自延安，拍攝「開國大典」的著名攝影記者陳正青和他的妻子何慧是走得最早的一對。

我看到一個材料上說，單就北京大學一所高校來說，在「文革」初期和工宣隊進駐期間，稱得上權威的著名教授，如翦伯贊、饒毓泰先生等，自殺的就有二十四名。……北大有人告訴我，在這之前，當北大出現了那張「馬列主義大字報」後，全校被關被鬥的所謂「反

動學術權威」多達五百多人，有一個時期燕園天天都有跳樓和上吊的，有的教學樓女學生晚上都不敢近前。

豈止是北大，作家葉永烈在記述賀綠汀老先生的一篇文章中說，就在傅雷夫婦自殺的那些血雨腥風的日子裏，單上海音樂學院系主任一級的教授，自殺的就有五位。他們是：指揮系主任楊嘉仁（妻子程卓如副教授同行）；鋼琴系主任李翠貞教授；管弦系系主任陳又新；民族音樂理論系系主任沈知白教授。

還有著名評劇演員小白玉霜。還有河北梆子青衣泰斗韓俊卿，……她小時候多受苦難且不幸纏足，天津河北梆子劇院的造反派當眾逼她脫下鞋襪，露出「小腳」，又逼她走在煤渣路上……韓俊卿回家就喝了敵敵畏，她唯恐死不快，死不了，又加上一大包火柴頭！

「文革」將收場時，天津一位中醫老大夫告訴我，天津的自殺有一陣子成了風，……市委副書記王亢之帶頭的。接著他對我談到他親自目睹的一些事。1966 年八九月間，在紅色風暴剛刮起來的日子，這位老大夫在市區海河上的解放橋，經常看見有屍體從河面上漂過，如果站立的時間長一些，還會見到兩具、三具。

作家白辛，在 1966 年 9 月的一天，看到別人被批鬥、受蹂躪的慘景，雖然當時還沒有衝擊到他身上，但想到自己曾因創作電影《冰山上的來客》已被江青點名之後，便對身旁的朋友說：「我可不能讓他們這麼折磨我，我決不受這份罪。」第二天，他帶上一瓶酒，一聽罐頭，一瓶敵敵畏，來到松花江上一個無名小島，壯烈而瀟灑地走了。

季羨林在回憶「文革」時，對於發生在這個時期的自殺現象曾有特別的感慨，他說：「我首先想到的是『文化大革命』開始以來北大自殺的教授和幹部。第一個就是歷史系教授汪某人。『文化大革命』

開始沒有幾天，革命小將大概找上門去，問了他若干問題，不知道是否動手動腳了。我猜想，這還不大可能。因為『造反』經驗是逐步總結、完善起來的。折磨人的手段也是逐步『去粗取精』地『完善』起來的。我總得印象是，開始是『革命者』的思想還沒有完全開放，一般是比較溫和的。然而我們這一位汪教授臉皮太薄，太遵守『士可殺，不可辱』的教條，連溫和的手段也不能忍受，服安眠藥，離開人間了。他一死就被定為『反革命份子』。打倒『反革命份子汪某』的大標語，赫然貼在大飯廳的東牆上，引起了極大震驚和震動。汪教授我是非常熟悉的。他在解放前夕冒著生命危險加入了地下黨，為人治學都是好的。然而一下子就成了『反革命』。我實在不理解。但是我同情他。

　　第三個我想到的人是中文系總支書記程賢策。對他我也是非常熟悉的。他是解放前夕地下學生運動的領導人之一，後來擔任過北大學生會的主席。年紀雖不大，也算是一個老革命了。然而他也自殺了。他的罪名按邏輯推斷應該是「走資派」，他夠不上「反動學術權威」這個桂檀。他挨過批鬥，六一八鬥「鬼」時當過「鬼」，在校園裏頸懸木牌勞動也有他的份。大概所有這些「待遇」他實在無法忍受，一時想不開，聽說是帶著一瓶白酒和一瓶敵敵畏，離家到了西山一個樹林子裏。恐怕是先喝了白酒，麻痺了一下自己的神智，然後再把敵敵畏灌下去，結束了自己的一生。我想到他喝了毒藥以後，胃內像火燒一般，一定是滿地亂滾的情況，渾身就汗毛直豎，不寒而慄。

　　我還想到了一些別的人，他們有的從很高的樓上跳下來，粉身碎骨而死；有的到鐵道上去臥軌，身首異處而死。這都是聽說的，沒有親眼見到。類似的事情還聽到不少，人數太多，我無法一一想

到了。每個人在自殺前，都會有極其劇烈的思想鬥爭，這是血淋淋的思想鬥爭，我無法想下去了。

　　我的思緒在時間上又轉了回去。我想到了很多年前的五十年代，當時兩位教授投未名湖自盡。湖水是並不深的。他們是怎樣淹死的呢？現在想來，莫非是他們志在必死，在水深只達到腰部的水中，把自己的頭硬埋入水裏生生地憋死的嗎？差不多同時，一位哲學系姓方的教授用刮鬍刀切斷了自己的動脈，血流如注，無論怎能樣搶救也無濟於事，人們只能眼睜睜地看著他慢慢地痛苦地死去。……我從來沒研究過自殺學，可現在非考慮不行了。我原以為離開自己很遠很遠、與自己毫不相干的事情，現在就出現在自己眼前了。我決無意於創建一門新的「邊緣科學」——自殺學或比較自殺學。現在是箭在弦上，非創建不行了。凡是一門新興學科，必有自己的理論基礎。我在別的方面理論水平也很低，對於這一門新的比較自殺學，我更沒有高深的理論。但是想法當然是有一點的。我不敢敝帚自珍，現在就公開出來。[26]

　　「文革」中自殺現象的一個特點是極大的普遍性，在一個時期內，它具有彌漫性。以下是一些具體的事例：

　　田保生是我在國民黨外交部同事多年的老友。……，不幸 1957 年他被錯劃為右派，十年浩劫初期，又遭受嚴重的衝擊，1966 年 8 月 28 日，他因不堪「造反派」的百般凌辱，與夫人雙雙含冤而死。[27]

　　李克俊，是總編室的一個職工。……1955 年 6 月下旬出版社遷景山東街之後不到十天，他自殺了，據說是出了什麼問題，可能是胡

---

[26]　季羨林：《牛棚雜憶》頁 74、78，中共中央黨校出版社，1998 年 4 月，北京。

[27]　凌其翰：《我的外交官生涯》頁 202、203，中國文史出版社，1993 年 4 月，北京。

風問題吧。……劉佛諦，上通縣師範，他是第十班，我是第十二班，……因為他於 1969 年初尋了短見，……喝敵敵畏，中毒而死……。[28]

　　說起這事還要提到我的早已去世的老友鄭伯彬。他和徐盈在1957 年遭受同樣的命運。徐的回答據說是一言不發，鄭的回答是九年後，1966 年，自己結束了生命。[29]

　　父親在遭受了一幫軍內選擇派的一頓毒打後，一個人狼狽不堪地回到家裏。……進門後，他一頭衝進廁所裏，好半天沒有開門。開門後，我的妹妹聞到了一股敵敵畏的味道。……他一個人走了。[30]

　　1967 年夏天，母親寫信告訴我，說梅萍自殺了。[31]

　　北師大圍剿「五一六」之時，王德一受到誣陷，被逼自殺。這是錢瑗一生中所受最大打擊。[32]

　　傅洛煥是中央民族學院歷史系的教授。他是清史專家，當時還任歷史系副系主任。在遭到大字報和「鬥爭會」的攻擊後，1966 年6 月，他在北京陶然亭跳湖自殺。中央民族學院去收屍的人說，他們看到，傅洛煥的屍體在湖上浮起時，面朝下，是趴著的。後來，在北京流傳著一種說法，說投水自殺的人，屍體浮起時，女的仰著，男的趴著。傅洛煥的例子符合這一說法。這是否真是普遍現象或有什麼原因，無從得知。但是在文革期間，是因為在大規模的迫害中，自殺的人很多，看到的案例多了，所以人們才有了這類經驗，總結出這麼一個說法。比如，在故宮旁邊的筒子河裏，常常有屍體浮出。作家老舍在 1966 年 8 月 23 日遭到殘酷的「批鬥」。第二天，1966

28　張中行：《流年碎影》頁 401、523，中國社會科學出版社，1997 年 5 月，北京。
29　金克木：〈徐盈的未刊小說〉，《文匯讀書週報》1997 年 3 月 22 日 3 版，文匯報
　　社，上海。
30　艾曉明：《血統》頁 351，花城出版社，1994 年 4 月，廣州。
31　程念著、蘇帆譯：《上海生死劫》，中國文化出版公司，1988 年 10 月，北京。
32　章廷樺：〈同窗錢瑗〉，《文匯讀書週報》1997 年 9 月 6 日，文匯報社，上海。

年 8 月 24 日，老舍在北京西城區太平湖投湖自殺。據說在老舍死後，太平湖還自殺了很多人。但是無從得知他們的姓名。[33]

在北京第八中學，在 1966 年夏天，歷史老師申先哲被毆打後自殺。兩年以後，在新一輪的迫害名叫「清理階級隊伍」運動中，北京師範大學附屬女子中學的歷史老師梁希孔，北京第六中學的歷史老師焦庭訓，都在那一時期自殺。[34]

吳晗的女兒吳小彥，在這樣的迫害下，1973 年神經錯亂，1975 年秋天，「反擊右傾翻案風」的時候，吳小彥又被逮捕入獄。1976 年 9 月 23 日自殺。[35]

北京第三中學的語文老師石之宗，1966 年夏天在北京龍潭湖投水自殺。[36]

吳偉能 1953 年入北京大學歷史系學習，因病未畢業，當歷史系共青團總支書記，後任北京大學歷史系辦公室主任。文革中他曾經是「左派」，擔任了歷史系文革委員會主任。1968 年 11 月 4 日晚上，吳偉能悄悄離開了「學習班」。他在圓明園東北角投水自殺。他死後的第二天，北大歷史系開了他的批判會，他被扣上「反革命」、「叛黨」（指自殺）等六頂帽子。雖然他已經身死，不能前來與會。吳偉能的屍體被發現時，圓明園的那個池塘裏還有三具屍體，其中有一對夫婦是北京地質學院的，有一個是清華大學的老師。[37]

---

[33] 來源於王友琴主編「文革受難者紀念園」網頁。

[34] 來源於王友琴主編「文革受難者紀念園」網頁。

[35] 來源於王友琴主編「文革受難者紀念園」網頁。

[36] 來源於王友琴主編「文革受難者紀念園」網頁。

[37] 來源於王友琴主編「文革受難者紀念園」網頁。

此校開學未久，有一天我被通知明日去校報到，說明要我交代問題。校設香港路，到後在樓梯口碰見才能朋友李春佑（後來自殺），他見四周無人，暗對我說：「要鬥你了，當心。」[38]

王達仁自殺[39]。黃操良自殺[40]。

經濟學家沈志遠自殺[41]。

李琪，北京市委宣傳部長。1966 年 7 月 10 日自殺。

吳天石（江蘇省教育廳廳長）自殺。

俞大因，北京大學英語系教授。1966 年 8 月 26 日自殺。

余心清，全國人大副秘書長。1966 年 9 月 4 日自殺（切斷動脈）。

沈乃璋，北京大學哲學系教授。1966 年 10 月 6 日自殺（服毒）。

凌晨，哲學系教授沈乃璋在家服毒自殺身亡。生前，沈曾被點名批判、抄家。[42]

1966 年 3 月 17 日，北京大學中文系 62 級學生沈達力自殺。沈生前被打成「執行資產階級反動路線」的反動學生。[43]

1966 年 10 月 18 日，數學力學系教授董鐵寶自身殺身亡。[44]

1966 年 12 月 12 日，北京大學：「宣傳隊上報的〈演示文稿〉說：『自清理階級隊伍以來，北大自殺了十七人。』」[45]

1966 年 10 月 17 日，北京大學：「原北大常委、教務長，校文革常委、鬥批改委員會負責人，中共新北大領導小組負責人崔雄昆於 16 日晚從清隊集中地 28 樓出走，今日晨，發現他死在校內紅湖

---

[38] 孔令朋：《今生今世》頁 245，中國文史出版社，1998 年 9 月，北京。

[39] 《吳宓日記》第 9 冊頁 464，三聯書店，1998 年，北京。

[40] 藍翎：《龍捲風》頁 121、124，上海遠東出版社，1996 年，上海。

[41] 《徐鑄成回憶錄》頁 303，三聯書店，1999 年。

[42] 《北京大學紀事》下冊頁 652、658、675、676。

[43] 《北京大學紀事》下冊頁 652、658、675、676。

[44] 《北京大學紀事》下冊頁 652、658、675、676。

[45] 《北京大學紀事》下冊頁 652、658、675、676。

游泳池內。工宣隊的演示文稿說：『經法醫檢查，是投水炸肺自殺身亡。』[46]

1966 年 9 月 14 日北大經濟系學生楊復明，遭批判並被剝奪選舉權後自殺。[47]

馬連良，著名京劇演員。1966 年 12 月 16 日自殺。

周小舟，湖南省委書記。1966 年 12 月 26 日服安眠藥自殺。

陳同慶，北京大學生物系教授。1968 年 8 月 28 日自殺（服毒）。

馬寒冰，作家。服毒自殺。

李劫夫，作曲家。1976 年自殺。

郭世英，1968 年 4 月 22 日跳樓自殺。同日，張琴秋（紡織部副部長，茅盾弟媳，沈澤民遺孀）跳樓自殺。

郭民英，1968 年自殺。

顧聖嬰（鋼琴家）生於 1937 年，「想起顧聖嬰，是一個極偶然的機遇。那天參加局裏組織的新春聯歡會，地點在湖南路上海交響樂團的排練廳。嗑著瓜子，喝著清茶，伴著一片歡聲笑語，我猛然想起了 31 年前，同樣的 1 月份，同樣的地點，發生了一場當時司空見慣的批鬥。

批鬥的對象正是顧聖嬰！這是一段時間以來對她的揭發、批判的一個新高潮。她被勒令跪下『認罪』，她又被一精壯男子狠狠抽了一個耳光……不堪凌辱的少女顧聖嬰當晚就與母親、弟弟一起開煤氣自殺了。[48]」

良卿法師，文革中自殺。[49]

---

[46]　《北京大學紀事》下冊頁 652、658、675、676。

[47]　《北京大學紀事》下冊頁 652、658、675、676。

[48]　顧訓中：〈想起了顧聖嬰〉，1998 年 3 月 23 日《文匯報・筆會》第 8 版，上海。

[49]　〈良卿法師自殺之謎〉，1997 年 4 月 18 日《作家文摘》15 版，北京。

　　薛壽虎（1937～1967 年），男，華東師大中文系畢業，可能是 1959 屆，在校時成為學生右派，其父也是右派。但因其態度較好，且右派言論不重，仍然分在上海，不能教語文，只能教體育。薛長得很英俊，也很有才華，美術很好，學校的宣傳畫、美術字常常由他包辦。他太太是上海護士學校畢業（中專），分到貴州，不習慣當地生活，回到上海一直沒有工作。與薛結婚後，生了兩個兒子，都天真可愛，長得也很漂亮。馬鞍山煤礦到上海招工，薛妻願意去，薛也願意去，報名是隱瞞了右派身份。薛妻到馬鞍山工作後，在辦薛的調動時，馬鞍山知道薛是右派，連他妻子一併退回，薛只好仍在北郊中學教體育。於是薛家僅靠他 56 元工資生活，他身體很好，愛人小孩也沒有病，夫妻感情甚篤，其家族也無自殺病例。1967 年下半年，薛壽虎被工宣隊大會點名，說他至今還沒有一張大字報，上竄下跳，是扒手式人物。薛自知難逃批鬥，上午點名後，中午回家，即在家中廚房（兩家合用，但別一家是單身漢不常用），用毯子堵好門縫，開煤氣自殺，其妻與兩個兒子（4 歲、6 歲）一起自殺，從現場看他是最後死的。他自殺後單位認定，屬自絕於人民，還在校內開了批判會。據說薛成為右派與其父是右派有關係，因此他要讓兩個兒子一起死，以免以後也成為右派。[50]

　　1966 年 8 月劉克林自殺。「《大公報》中左右兩派記者中，到了 57 年、66 年，大多難逃厄運。其中自殺者不乏其人，都以無論左、右派身份歸於『大同』了。其中范長江、楊剛、孟秋江……最後是劉克林，都是一個下場。」[51]

---

[50]　上海社科院文學研究所袁進先生提供。

[51]　劉自立〈父親——「堂堂之鼓，正正之旗」：一個理想主義者的幻滅〉，《北京文學》1999 年 6 期，北京文學雜誌社，北京。

施濟美自殺。「再以後就聽說她在文革中自縊」。[52]

姜永寧，乒乓球運動員。「隊員們出操去了，姜永寧把造反派勒令他們打掃的廁所擦得乾乾淨淨，便獨自走到四樓的一個房間裏，人們回來發現姜永寧失蹤了，便到各個房間去尋找，他的朋友王錫添看見他站在視窗，以為他要跳樓，便含淚隔著門大喊：『姜永寧，你不要想不開，不要做糊塗事。』但姜永寧仍紋絲不動。人們打破玻璃跳了進去，姜永寧吊在視窗，已經斷了氣，那繩子真像他說的是勒在耳後，舌頭沒有吐出來，樣子一點也不難看」。[53]

「當愛妻陳素（時任省總工會副主席、1938 年參加革命）被迫自殺後，當 17 歲的兒子被以『現行反革命罪』判刑十年後，他那願供祭壇的犧牲精神才『消失』了。」[54]

陳傳綱（復旦大學副校長）1966 年自殺。方式：服大量安眠藥。[55]

「而敬業育人的蔣蔭恩先生則在『文革』期間上吊慘死」。[56]

閻簡弼，學者。「當年從燕京轉來清華，曾與我在一個教室裏聽馮友蘭先生的《中國哲學史》，後來院系調整到東北去，聽說在勞動中撂下鐵鍬鑽進了一輛正開始中的大卡車的輪底。」[57]

「我說我想去拜望一下顧炎武研究者黃少荃，徐慘然地說，不久前他剛剛懸樑自盡，你已見不到這個人了。」[58]

---

[52] 黃世瑜：〈記憶中的施濟美先生〉，1998 年 4 月 13 日《文匯報·筆會》12 版，上海。

[53] 者永年主編：《那個年代中的我們》，遠方出版社 1998 年，轉引自 1998 年 11 月14 日《文匯讀書週報》6 版，上海。

[54] 向繼東：〈歷史是不能欺騙的──讀楊第甫先生的兩本書〉，1998 年 12 期《博覽群書》，光明日報社，北京。

[55] 陳四益：〈傳綱之死〉，1999 年 2 期《隨筆》雜誌頁 80，花城出版社，廣州。

[56] 唐振常：〈舊稿舊事──憶往事之二〉，1999 年 4 月 24 日《文匯讀書週報》3 版，上海。

[57] 趙儷生：《籬槿堂自敘》頁 157、246，上海古籍出版社，1999 年 10 月，上海。

[58] 趙儷生：《籬槿堂自敘》頁 157、246，上海古籍出版社，1999 年 10 月，上海。

「校內運動同大字報、大辯論開始，升溫為武打式的鬥爭會，許多人經受不起這種身心交加的摧殘和侮辱，紛紛自殺或逃亡，江隆基校長就在這種形勢下自殺身亡」。[59]

顧准的妻子汪璧「在家中吞服了大量消毒用『來沙爾』藥水，頓時傾倒在地上。由於『來沙爾』劇毒，她的死狀極慘……晚上高梁回家，敲不開門，從鄰居家爬進自己家裏的窗戶，這才發現他們親愛的媽媽已經氣絕身亡。書桌上留有她筆跡顫抖的遺書：『幫助反革命份子銷毀材料罪該萬死。』」[60]

「說實話，我當個公安部長也並不安全，也是朝不保夕的。我曾親眼目睹前任部長李震，自殺在一個防空洞裏，而兩個副部長同時在我眼前被中央警衛部隊逮捕……。」[61]

「他們找了半天也沒找到佟靄成，反而『找』回來兩大掛包的野菜和山韭菜。幾天後，二隊的推土機在那土地上堆平場地蓋房子，才發現佟靄成是用自己的褲腰帶，把自己吊在一棵小樹上，結束了他那悲慘的人生旅程。」[62]

「一位難友，是獨身回來報效新中國的歸國華僑。在餓得毫無辦法時，他給在英國的老父親寫了信，這位老父親從倫敦給他寄來了幾桶奶粉。隊長和指導員就說他『喪失了國格』『破壞了新中國的政治影響』，對他開了『批判會』。他覺得這是對他的莫大凌辱，而『士可殺不可辱』，遂在黑夜中投井而亡……」[63]

[59]　趙儷生：《籬槿堂自敘》頁 157、246，上海古籍出版社，1999 年 10 月，上海。

[60]　高建國：《顧准全傳》頁 588，724，上海文藝出版社，2000 年 1 月，上海。

[61]　高建國：《顧准全傳》頁 588，724，上海文藝出版社，2000 年 1 月，上海。

[62]　戴煌：《九死一生——我的右派「歷程」》頁 193，247，中央編譯出版社，1998 年 8 月，北京。

[63]　戴煌：《九死一生——我的右派「歷程」》頁 193，247，中央編譯出版社，1998 年 8 月，北京。

「聽她談到一個志在科技且極富才華的友人，因出身而被分到了不相干的大學，一次郊遊中，水性極好的這年輕人，竟頭也不回地向滇池深處游去。此後親友將他葬在高壓線路下，高壓線路即其時所能找到的『科技』象徵。這故事讓我脊背發涼，悚然於那『頭也不回』的冷靜決絕。但細細一想，這自殺也不免奢侈。更多的同類甚至不能得到這樣的自殺的理由。」[64]

孫笑林，珠江電影製片廠編劇，1964 年大學畢業，1967 年上吊。[65]

黃玉中，珠江電影廠演員，歸國華僑，1968 年跳樓。[66]

楊端六，武漢大學教授，1966 年自殺。

「田汝康受到嚴重迫害，割靜脈自殺，幸而被及時發現才保住性命。」[67]

郭仁傑，復旦大學哲學系總支副書記。1967 年「上次『解放』的主持者郭仁傑已被關押審查，正在度過他自殺前的最後幾個月。」[68]

「匡醫生，她是上海瑞金醫院的內科主任醫生。……1966 年的春天，她也被批鬥了。因為忍受不了這樣的侮辱，回家以後，在自己的血管裏注射了一針空心針，自殺身亡。去世的時候，還不到五十歲。」[69]

「雖然父親在文革初期就因難忍非人之凌辱而自棄於世了。」[70]

---

[64] 趙園：〈另類〉，《天涯》雜誌 2000 年 1 期頁 80，海南作家協會，海口。

[65] 中國社會科學院文學所劉納女士提供。

[66] 中國社會科學院文學所劉納女士提供。

[67] 萬劍雄：《悠悠長水——譚基驤後傳》頁 17、19，華東師範大學出版社，2000年 2 月，上海。

[68] 萬劍雄：《悠悠長水——譚基驤後傳》頁 17、19，華東師範大學出版社，2000年 2 月，上海。

[69] 彭小蓮：《他們的歲月》頁 11，上海文藝出版社，2000 年 3 月，上海。

[70] 盧叔寧：《劫灰殘編》頁 6，中國文聯出版社，2000 年 2 月，北京。

「1966 年 10 月，楊兆龍之妻沙溯因不堪忍受長期的委屈與壓抑，含冤自殺。」[71]

「談到他們的許多『一二九』老同學，早年犧牲的黃誠、王文斌、紀毓秀，還有『文革』中被逼自殺的孫蘭（韋毓梅）──那個被母親稱為『我們的阿平』的敵佔區紅衣女縣長。」[72]

「在場的歷史學家劉子健，其兩位兄長已在運動中雙雙自殺了」。「鍾敬文女弟子朱家玉是蹈了渤海……」。[73]

吳恕求，男，1925 年 12 月出生。1948 年 7 月畢業於清華大學 1955～1957 年在蘇聯莫斯科大學。南開大學外語系教授。1966 年 7 月 9 日服毒自殺。[74]

陳天池，男，1918 年 7 月 4 日出生。1946 年畢業於西南聯大。1949 年獲美路易斯安那州立大學博士。南開大學化學系三級教授。1968 年 12 月 20 日自縊身亡。[75]

孫兆祿，男，1919 年出生。1946 年畢業於成都燕京大學，1951 年畢業於南開經濟研究所（研究生）。南開大學經濟系講師。1969 年 1 月 24 日跳樓自殺。[76]

孫鳳池，男，1929 年 11 月 29 日出生。1956 年畢業於南開大學數學系。南開大學數學系講師。1971 年 4 月 25 日自縊身亡。[77]

在吳興華工作的北京大學西語系，1968 年，吳興華自殺兩年以後，在新的整人高潮「清理階級隊伍」中，這個系又有三位老師在

---

[71] 《楊兆龍法學文選》頁 502，中國政法大學出版社，2000 年 2 月，北京。
[72] 楊團：〈我的父親母親與《思痛錄》〉，《老照片》第 14 輯頁 44，山東畫報出版社，濟南。
[73] 散木：〈丁則良先生〉，《博覽群書》2000 年 7 期頁 52，光明日報社，北京。
[74] 南開大學教授張漢如先生提供。
[75] 南開大學教授張漢如先生提供。
[76] 南開大學教授張漢如先生提供。
[77] 南開大學教授張漢如先生提供。

被整後自殺。他們是德語專業的徐月如和程遠，西班牙語專業的蒙復地[78]

李大中，男，上海市北郊中學 68 級高中學生。因向「中央文革」寫信表達對「文革」的異議，以「反革命罪」被判 8 年徒刑。1975 年刑滿出獄。因「反革命份子」和「刑滿釋放份子」背景，被再次誣陷偷竊，於同年跳樓自殺。年僅 26 歲。[79]

「我那天就選了乍浦路橋過河。河面不寬。我騎車，已經在下橋，突然聽到一聲響聲。還沒明白怎麼回事，就發現身邊前前後後的人，都往前衝。我馬上下了車。前面是原曙光新聞電影院（後來的外貿會場），在七層樓的底層。只聽見人們在說，跳樓了！有人跳樓了！」

文革中上海跳樓自殺很普遍，這棟乍浦大樓也是自殺者經常去的地方，主要是 1966 年。1975 年底自殺已經很少了。[80]

這時候，王祖德他還不知道，因為這樣一句議論毛澤東健康的話，使他們一家已經和將要付出什麼樣的代價。王祖德的小妹妹王祖華，當時是上海師範學院中文系二年級的學生，因此被牽連，被說成是「反動學生」，受到「批鬥」。她不能忍受人格的汙辱，對著疾馳的汽車撞上去，自殺了。

王祖德的母親張啟行，當時 58 歲，同濟大學的紅衛兵到她家裏打她，逼她。她無法承受這樣的傷害：她的大兒子被「隔離」，她的丈夫被「隔離」，她的二兒子是「反動學生」，她的小女兒已經自殺。張啟行終於在東昌路家中的閣樓上服毒自殺。因為家中無人，被發現的時候，她已經離世幾天了。

---

[78]　來源於「文革受難者紀念園」。

[79]　來源於「文革受難者紀念園」。

[80]　來源於「文革受難者紀念園」。

　　王祖德的父親王熊飛，當時 60 歲，他在同濟大學兒子的「隔離室」中被關了一段時間，又被帶回他所服務的衛生院繼續被「隔離」。他與外界隔絕，始終沒有他所惦記的家人的消息。有一天，一個偶然的機會，一個並不認識他的人，告訴了他東昌路一家人的悲慘故事，也就是他自己家的故事，他這才知道自己日夜思念的妻子和小女兒已經自殺，大兒子被逮捕，於是，在自己的「隔離室」中，他上吊自殺了。那是 1969 年。

　　在上海，在 1968 到 1969 的這一場「清理階級隊伍運動」中，根據一份「內部」的統計材料，這樣在飽受侮辱和折磨後自殺的人，有一萬多個。

　　胡山源在 1974 年 5 月 2 日寫周瘦鵑時提到：「以後我一直沒有和他通信。我回江陰長住後，聽說他已投井自殺，最近，又聽說他的長子自縊，我只有長歎，說不出什麼。」1974 年 8 月 25 日寫金仲華時說：「三五年前，忽然聽說他自殺了。為了什麼，我一點不知道。」[81]

　　謝蔚明在回憶「文革」中的《文匯報》時說：「上海《文匯報》劃右的二十餘人，包括當年跳樓自殺的梅煥藻、江顯良均獲改正」。[82]

　　小說《敵後武工隊》的作者馮志 1967 年上吊自殺。

　　「終於，在一九六六年的一天，不堪受辱的平妮母親，丁曉，在一次公開的批鬥會結束後，回到家中，割腕自盡，……平妮母親的自盡，只是『文革』中千萬個『自絕於人民』的慘劇之一。」[83]

---

[81]　胡山源：《文壇管窺——和我有過來往的文人》頁 127，176，上海古籍出版社，2000 年 9 月，上海。

[82]　謝蔚明：〈早期的《文匯月刊》和他的作者們〉，《山西文學》2001 年 2 期頁 52，山西省作家協會，太原。

[83]　陳勁松：《魏京生傳》頁 63，太平洋國際出版有限公司，1998 年 5 月，香港。

　　蕭光琰，留美博士，「十年浩劫中，他一家三口終於被迫相繼自殺身亡。」1950 年 11 月，蕭光琰向他久居的美國告別，回到了中國。……但在他回國不到九個月的時候，思想改造運動開始了。他被列為重點批判對象。當人們以嚴肅的目光追問他回國的動機是什麼時，他茫然了。是什麼呢？難道他回國前後的所作所為還不能說明他回國是想來做什麼嗎？由於事態突然，思緒很亂，他只能呆呆地忍受了思想反動、有賣國思想，帶回資料是為了向上爬，十足腐朽的資產階級思想作風。他傷心極了，只能向親人傾訴：「我愛黨冒險回國，誰知黨不愛我，把我關在門外……對新中國，我有『失戀』的感覺，感到生活失去了重心和平衡。我感到前途悲觀。」從此他患了嚴重的失眠症，長期不能工作。[84]

　　1968 年 2 月天津市委副書記王亢之自殺。

　　熊十力 1968 年 5 月 24 日自殺。

　　高仰雲，南開大學黨委書記，1966 年跳河自殺。

　　哲學家李達，1966 年 8 月 24 日自殺。

　　電影劇作家海默，1967 年自殺。

　　電影藝術家應雲衛，1967 年 1 月 26 日自殺。

　　復旦大學教授周予同，「文革」中自殺。

　　華東師大教授姚啟鈞，1966 年 8 月 4 日自殺。

　　電影演員舒繡文，1968 年在監獄中自殺。

　　著名的民主人士黃紹竑，1966 年 8 月自殺。

　　物理學家趙九章，1967 年自殺。

　　作家孔厥，1966 年在北京陶然亭自殺。

　　名演員趙慧深，1967 年 12 月自殺。

---

[84]　華民：《中國大逆轉——「反右運動史」》頁 31、32，明鏡出版社，1996 年 12 月，香港。

徐冰，中共統戰部長，1968 年自殺。

閻紅彥，雲南省委第一書記，1969 年 1 月 7 日服安眠藥自殺。

南開大學中文系教授顏毓蕆、楊佩銘；湖南師範大學教授李紋、羅綺夫婦；武漢大學教授逢彬，都是在反右和文革前後自殺的。[85]

二、分析與評價

在已收集到的 1949～1976 年間的自殺者中，以知識份子自殺者最引人注意。由於資料的來源比較分散，我在此基礎上選擇部分知名知識份子的情況作一個簡單的分析，這些名單與上面提供的自殺名單原則上不重複，但在具體分析時，可能結合不在這個名單中的情況。

姓別	生年	畢業大學	留學國家	自殺所在單位	自殺年齡	自殺方式	自殺時間
翦伯贊	1898	武昌商專	美國	北京大學	七十	未詳	1968
傅雷	1908	上海持志	法國	上海文聯	五十八	自縊	1966
老舍	1899	北京師範	英國	北京文聯	六十七	跳湖	1966
儲安平	1909	光華大學	英國	九三學社	五十七	跳河	1966
李廣田	1906	北京大學		雲南大學	六十二	跳池	1968
陳夢家	1911	燕京大學	美國	中科院考古所	五十五	自縊	1966
鄧拓	1912	光華大學		北京市委	五十四	自縊	1966
范長江	1909	北京大學		新華社	六十一	跳井	1970
許政揚	1926	燕京大學		南開大學	四十一	跳河	1967
汪籛	1916	西南聯大		北京大學	五十	不詳	1966
趙宗復	1915	燕京大學		太原工大	五十一	跳樓	1966
姚溱	1921	大同大學		中宣部	四十五	自縊	1966
李平心	1907	上海大學		華東師大	五十九	不詳	1966

---

[85] 南開大學東方藝術系寧宗一先生、中國作協陳丹晨先生提供。

楊剛	1905	燕京大學	美國	人民日報	五十二	自縊	1957
聞捷	1923			上海作協	四十八	煤氣	1971
田家英	1922			中央辦公廳	四十四	自縊	1966
張宗燧	1915	西南聯大		中科院物理所	五十二	自縊	1969
張宗穎	1917	西南聯大		中科院社會所	四十	自縊	1957
陳笑雨	1917			人民日報	四十九	跳河	1966
饒毓泰	1891	中國公學	美國	南開大學	七十七	自縊	1968
謝家榮	1898		美國	中科院地質所	六十	不詳	1966
盧作孚	1893			四川政協	六十九	不詳	1952
言慧殊	1919			上海戲校	四十七	自縊	1966
上官雲珠	1920			上影	四十八	跳樓	1968
葉以群	1920		日本	上海文聯	五十五	跳樓	1966
鄭思群	1912		日本	重慶大學	五十四	割腕	1966
楊朔	1913			新華社	五十五	不詳	1968
劉盼遂	1896	山西大學		北師大	七十	不詳	1966
田羽翔	1900	北京大學		山西大學	五十七	自縊	1957
王重民	1903			北京圖書館	七十三	自縊	1975
顧而已	1915			上影	五十五	自縊	1970
劉綬松	1912	西南聯大		武漢大學	五十七	自縊	1969
陳璉	1919	西南聯大		華東局宣傳部	四十八	跳樓	1967
張若名	1902	天津女子師範	法國	雲南大學	五十六	投河	1958
方書春	1916	中山大學	美國	北京大學	四十三	自縊	1957
羅廣斌	1924	西南聯大		四川文聯	四十三	跳樓	1967
周文	1907			中央黨校	四十五	不詳	1952
周瘦鵑	1894			蘇州博物館	六十七	跳井	1968
馮大海	1927	北京大學		中國作協	四十	跳河	1967
孟秋江	1910			天津統戰部	五十七	不詳	1967

　　愛米爾‧杜爾凱姆（Emile Durkheim）曾對自殺現象做過系統的研究，他從對宗教活動、婚姻家庭以及政治、民族群體的研究中，將自殺的類型分為三種，第一種即利己型自殺（egoistic），這種類型

自殺的根源在於個人沒有同社會融為一體；第二種為利他型自殺
（altruistic），即自殺者出於高尚的信念，如為宗教信仰或義無反顧
的政治忠誠而貢獻自己的生命；第三種為動亂型自殺（anomic），它
的產生是由於個人缺乏社會約束的調節，個人需求和欲望的實現受
到了社會的制約。杜爾凱姆將自殺的原因歸結為社會因素的思路，
給人們很大的啟發，他認為自殺與社會環境有關，正是從自殺的社
會環境中，我們才能找到某個人自殺的根源和背景。

　　1949～1976 年間中國知識份子的自殺狀況，恰好能從它們發生
的社會環境中找出根源。需要指出的是，這一時期知識份子自殺現
象和杜爾凱姆的研究是不相吻合的，或者說杜爾凱姆作為社會學
家，他所描述的是常態社會中自殺現象的一般規律，而我在本文中
所考察的是一個非常態社會中知識份子自殺的奇異現象，在這種現
象面前，杜爾凱姆有關自殺的理論，常常難以說明整體狀況，而只
在具體到某一自殺個體時，才顯示出它的意義。比如在 1949～1976
年間集中自殺的大批著名知識份子，和他們所處的社會之間的關
係，並不是一般的緊張和衝突，而是這個環境從根本上出現了有意
識地強加給知識份子的壓力，這種壓力在 1952 年、1957 年和 1966
年達到了高峰，知識份子自殺情況和這三個年頭發生的政治運動完
全成正比例。這就是說，這期間出現的知識份子自殺現象完全帶有
突發性和傳染性，個別自殺者的結局能在極短的時間內顯示某種暗
示性，使許多面臨同樣壓力的知識份子能在恐懼中感到那種結局也
是適宜於自己的。比如 1966 年 9 月 3 日傅雷夫婦自殺後，僅過了三
天，上海音樂學院指揮系主任楊嘉仁教授和夫人程卓如副教授於 9
月 6 日也自殺死去，又隔了三天，9 月 9 日音樂學院鋼琴系主任李

翠貞教授也自殺身亡，李翠貞與傅雷生前是好友。[86]上海音樂學院的音樂理論家沈知白、管弦系主任陳又新都是前後自殺的。

　　從 1949～1976 年間知識份子自殺的人數上看，在如此短的時間內，有這麼多知識份子選擇自殺的道路是令人吃驚的。它至少說明了幾種情況：

1、這個時代的整個氣氛，對於知識份子已構成極大的威脅，這個時代的政治和文化制度沒有給知識份子留下緩衝的機會。從以上的統計中可以發現，在自殺的知識份子中以早年信奉自由主義理想，並有留學和在外國生活背景的知識份子為多。因為這些知識份子曾經感受過自由社會的生活，突然改變生存環境，特別是兩者之間的巨大差別，是導致他們精神崩潰的重要原因之一。一個值得注意的例子是，當年從香港回到中國的三個著名乒乓球運動員姜永寧、容國團和傅其芳，最後全部選擇了自殺的道路。還有就是那些在 1949 年之際，本來可以選擇在外生活，由於對新政權抱有幻想，而留下來的知識份子，對於自己的選擇有一種追悔莫及之感，多數也走上了自殺之路。那些五十年代初期，受到不同程度欺騙而從美國和歐洲返回中國的留學生、華僑學生當中，自殺的人數也占相當比例。個人對自己早年選擇的反悔性和受騙後的複雜感情無法找到出路。

2、五十年代初期接二連三的政治運動，已成為一種政治文化，而且因為持續時間特別長，形成整個社會心理的普遍厭世之感，也是這一時期自殺現象大量出現的重要原因。

86　愛米爾・杜爾凱姆：《自殺論》（中譯本）頁 128、174、200，浙江人民出版社，1988 年，杭州。

3、政治運動超越日常生活的一個重要後果是，這個社會當中充滿階級對立而極少人情，個人在這樣的環境中生存，身心都極其脆弱。當時正常的社會人際關係已經受到很大破壞，個人與社會的緊張關係沒有任何渠道可以釋放。人際關係的普遍惡化，使正常的家庭、親戚、朋友，甚至長幼之間的關係都發生了變化，個人道德和人格無法對抗整個社會的無道德化，人人都有孤立無援之感。

4、五十年代以降，因為政治生活已取代了日常生活，特別是人為地製造階級對立，使整個社會普遍缺少人道主義精神，由於取消了教會，使一切與教會相關的博愛觀念都淡化了，人在這樣的社會中充滿了對未來的恐懼，人人都尚且自顧不暇，社會普遍失去了人類應有的同情。從已看到的自殺案例，可以發現，在一個人自殺以後，他們所在的單位並沒有放棄了對他們的批判，他們多數是在「畏罪自殺」的名義下，而被罪加一等的。巴金曾說過：「當時大家都像發了瘋一樣，看見一個熟人從高樓跳下，毫無同情，反而開會批判，高呼口號，用惡毒的言詞攻擊死者。」[87]高層對自殺現象缺少起碼的人道關懷，也是加劇自殺現象激增的原因。毛澤東曾對李志綏說過這樣輕鬆的話：「這次恐怕又要有千把人自殺」。

在已知的自殺案例中，幾個相對集中的自殺群體是：大學教授（學者）、作家、大學生、名演員。

---

[87]　陳丹晨：《在歷史的邊緣》頁 23、27、29，人民文學出版社，1995 年 8 月，北京。

　　西方和亞洲的日本作家自殺的情況比較為人熟知，有研究表明，西方和日本作家有自殺的傳統，而中國作家自殺的傳統是不常見的。陳丹晨在一篇比較中西作家自殺現象的文章中認為：「在古代歷史上，這種社會動亂，政治黑暗，專制迫害等等情況是經常發生的。詩人作家處境十分艱難，一般卻並不選擇自盡方法，而尋找了另一出路。」[88]

　　陳丹晨認為這與中國文人的生死觀有關。「中國傳統文人中，包括儒、佛、道各家在生死問題上有一點絕對相似的是重生輕死。」[89]可見中國作家本無自殺的傳統，但為什麼到了某一歷史時期卻集中出現一個自殺的高峰呢？這個原因只能從那一時代的政治文化中去尋找。

　　這一時期除了政治上的高壓之外，對知識份子而言，生存的空間是極其狹窄的，在這時期，受到政治迫害的知識份子，他們的處境既不同於帝俄時代的流放，也不同於中國古代的謫貶。在那樣的時代裏，在皇權之外還有民間社會，被正統貶斥，並不意味著在民間無法生存。而 1949～1976 年間，民間社會的根本消失，使一個知識份子在受到政治迫害之後，根本沒有任何迴旋的餘地。

　　知識份子是以傳播思想文化為職業的，但 1949 年後新聞自由和出版自由等權利完全消失了，這些權利的消失，使知識份子只能依賴體制生存，而一旦被體制排斥，他們只能去從事體力勞動，而對知識份子來說，失去了以上兩種自由，他們的生存能力是很低的，多數知識份子受迫害後的絕望也是由此而生的。這種嚴酷的生存環境，是導致這一期間知識份子自殺現象急劇上升的根本原因。

---

[88]　陳丹晨：《在歷史的邊緣》頁 23、27、29，人民文學出版社，1995 年 8 月，北京。
[89]　陳丹晨：《在歷史的邊緣》頁 23、27、29，人民文學出版社，1995 年 8 月，北京。

　　另外，當時對知識份子的處理方式通常是兩種，一種是將其下放到最為貧困的地區，另一種是將其遣返回鄉。改變生存條件是在肉體和物質上折磨知識份子，因為常年在一種環境下生活的人，突然改變生存環境，並不是精神上能否承受的問題，而是生活習慣就無法忍受，當年大批出生在江南的知識份子被下放到北中國的新疆、青海、山西、北大荒最偏僻的鄉間，使多數知識份子在身體上受到極大摧殘。

　　遣返故鄉的打擊則是雙重的，中國知識份子的特點是：成名的知識份子多從中國鄉間來，中國傳統文化講的是榮歸故里，衣錦還鄉，但當時對知識份子的遣返，不知是有意還是無意卻選擇了趕回老家去的辦法，讓一個好不容易才從鄉間掙扎出去的讀書人（他們多數出生在富有家庭，回到農村，回到貧下中農面前），戴上右派、歷史反革命、特嫌、階級異己份子等帽子，回到從小生長的環境裏，讓故鄉的前輩、親戚、孩提時代的朋友，都知道自己的罪行，這對一向愛面子的中國知識份子精神上的打擊是很嚴酷的。在 1949 年後的很長時間中，這種對知識份子的打擊方式，已經成為一種文化，滲透到社會生活的各個角落裏，無形中對知識份子受到迫害時的最終出路產生了影響。

　　從上表所統計的情況可以看出，在已知的自殺時間中，以 1952年，1957 年和 1966 年為三次高峰，知識份子自殺高峰的出現，和1952 年的幾次政治運動以及 1957 年的「反右」和 1966 年的「文革」完全重合，恰好揭示了這些政治運動的實質。

　　我曾按如下的思路對自殺者情況進行過調查：

（1）　自殺的具體時間、地點。

（2）　自殺的方式（跳河、樓、煙囱、海、井、糞坑，自縊，打開煤氣，服過量安眠藥，觸電，切斷動脈，臥軌等等）。

（3）自殺的直接動機。

（4）自殺時所在的具體單位。

（5）自殺時的經濟狀況（主要指收入）。

（6）自殺前的身體狀況（是否患有疾病）。

（7）自殺時的婚姻狀況（主要指是否與配偶不和）。

（8）自殺時與子女的關係。

（9）自殺時的具體年齡。

（10）自殺後單位的結論。

（11）自殺者家族有無自殺病歷。

（12）其他特殊情況。

分析以後我們會發現如下特徵：

1、自殺方式中，以最簡單，但自殺率較高的方式如跳樓、上吊為基本方式，這也表明國知識份子在選擇自殺時的絕望程度。從一般自殺方式看，知識份子選擇的方式受制於物質條件的制約，如在已知的大量自殺者中，少數人選擇打開煤氣的方式，以上海為多。當年自殺的高級官員，以服安眠藥的方式為多。其他自殺者多選擇自縊和跳樓，這要忍受更大的痛苦，這種自殺方式的單一化，正反映了自殺者唯有一死的心理。季羨林曾說「我用不著把歷史上和當前的自殺案例一一都搜集齊全，然後再從中抽繹出理論來。僅就我上面提到的一些案例，就能抽繹出不少的理論來。使用歷史唯物主義階級分析的方法，我能夠把歷史上出現的自殺方式按社會發展的程式分成不同的類型。懸樑、跳井，大概是最古老的方式，也是生命力最強的方式，從原始社會，經過封建社會和資本主義社會，都能使用。今天也還沒有絕跡。可謂數千年一貫制了。氰化鉀是科學

發達國家法西斯頭子的專用品。剖腹或跳入火山口恐怕只限於日本，別國人是學不來的。這方式在封建社會和資本主義社會都同樣可以使用。至於切開動脈僅限於懂點生理學的知識份子，一般老百姓是不懂得的。不過，我想，這也恐怕僅限於由於腦力勞動過度而患神經衰弱的知識份子，終日鋤地的農民是不懂得服安眠藥的。我為什麼說它是資本主義方式呢？中藥也有鎮靜劑，但藥力微弱，催眠則可，自殺不行。現在世紀上流行的安眠藥多半出自資本主義國家。所以說它是資本主義方式。服安眠藥自殺最保險，最無痛苦。這可以說是資本主義優越性之一吧。」

2、自殺者的年齡中，除老舍六十七歲，饒毓泰七十七歲，盧作孚六十九歲，王重民七十三歲，周瘦鵑六十七歲外，其餘三十五人，年齡約在四十五至五十五歲之間，尤以五十歲左右為高峰。這個自殺者的年齡告訴說明，在 1949～1976 年間自殺的知識份子中，以年富力強，正在事業高峰期的中年人為主，這個年齡通常是一個社會成員生活是否正常的主要判斷指標，所以此年齡段自殺者集中，對社會生活的影響是巨大的，因為這個年齡段的人一般都是上有父母，下有兒女。

3、從表中可以看出，這些自殺者分布的單位也很集中，以高等院校、作協文聯、藝術團體為主，這個職業特點，符合「思想改造運動」、「反右」和「文革」的直接指向。

4、在這些自殺者中，有張宗燧、饒毓泰，謝家榮、湯非凡四位學部委員，其中饒、謝還是 1948 年中央研究院院士，還有熊十力、周予同等國學大師。

5、自殺者中，還有一個特徵是夫妻雙方自殺現象，計有翦伯
　　贊夫婦、傅雷夫婦、吳晗夫婦、聞捷夫婦、劉盼遂夫婦、
　　劉綏松夫婦、楊嘉仁夫婦、田保生夫婦、李絋夫婦，「文革」
　　開始後，張宗穎也是和妻子呂乃朴一起自殺的。婚姻狀況
　　是觀察自殺現象的一個重要指標，一般都認為，婚姻狀況
　　的惡化是導致自殺現象增多的重要原因。但我們特別注意
　　到，中國知識份子中，夫婦同時自殺的現象恰好表明，這
　　一時期夫婦自殺人數者中，多數是婚姻狀況良好的。

6、從已知的情況分析，絕大多數自殺者都沒自殺遺傳病史，
　　自殺者的性格、年齡、經濟、婚姻的良好狀態，都不足以
　　緩解自殺者的壓力，從反面證明當時社會的恐怖程度。中
　　國知識份子的自殺問題，與 1952 年、1957 年和 1966 年間
　　政治運動對個人人格侮辱有關。這一點，有時甚至超過了
　　政治迫害，比如當年武漢大學教授劉綏松夫婦就是在被人
　　當面搧了耳光之後自殺的，其他諸如老舍、傅雷、翦伯贊
　　等都有類似情況，由此可見，由政治迫害而導致的人格侮
　　辱，是許多知識份子自殺的直接原因。

三、最後的結論

　　1949～1976 年間，中國出現大批知識份子自殺現像是人類的恥
辱，對這一現象的深入研究，有助於人們瞭解這一時期其他階層的
生活狀況，同時也有助於深入分析毛澤東時代給一個民族帶來的災
難。知識份子大量自殺現象，作為個體，可能有其特殊原因，但就
整體看，大量知識份子自殺現象的發生，是這一時期政治文化必然
帶來的結果。在一個沒有自殺傳統的國家裏，突然出現奇異的自殺

高峰，從反面證明，這一時期的政治文化確實具有改變傳統的能力，這一事實也提醒我們，在研究 1949 年以後的中國文化時，對新政權破壞中國傳統文化的能力要給予特別注意；知識份子自殺現象的集中出現，說明民間社會的徹底消失，對一個社會的正常發展影響巨大。

　　自殺現象對整個社會所產生的負面影響，不會在很短時間內消失，特別對那些與自殺現象有直接關係的人來說，他們對社會的信任程度會有所保留。因為 1949～1976 年間自殺的知識份子多數是這個社會的精英，他們在相關領域中已積累的知識和經驗突然中斷，這在很當大的程度上影響了相關知識領域進展，由於精英自殺造成的空白，自然會由二三流人才來填充，這在很大程度上決定了中國許多知識領域後來的發展水平。如著名化學家高崇熙自殺以後，無機化學這一門學科沒有帶頭人了。這樣的情況，在其他學科也不同程度存在著。

思想改造運動的起源
及對中國知識份子的影響

　　思想改造，是 1949 年以後新政權對中國知識份子長期採用的基本政策，這個過程相當漫長，有近三十年時間，直到二十世紀八十年代以後，才較少再提這樣的口號。作為一種對知識份子進行控制的主要方式，思想改造本身並不是一種政治運動。但本文所研究的思想改造運動，不是一般意義上的思想改造，而是特指 1951 到 1952年主要發生在中國各高等院校中的思想改造。因為這次思想改造是以集中過關的方式，在短時期內對知識份子思想進行強制改造，所以產生了相當大的影響，更由於這次思想改造發生在新政權開始多次政治運動的重合期，特別是由此所帶來的中國高等院校的院系調整，對後來中國知識份子的生存處境與思想狀態有很大影響，所以對 1952 年知識份子思想改造運動評價的一個基本思路是：這是一場完全的政治運動，在性質上，它與中國發生的所有政治運動都有其相似性。

一、毛澤東對知識份子的基本評價

　　從毛澤東一生對知識份子的基本評價中可以看出，他對知識份子通常是沒有好感的。有些研究者把他對知識份子的態度，與他早年在北京大學作圖書館管理員的經歷聯繫起來，可能有一定道理。他在延安時，曾對來訪的斯諾說過，他當時受夠了那些教授的氣，

他特別提到了羅家倫和傅斯年。這是學術界經常提到的。早年在北京大學的經歷，對於毛澤東來說是不大愉快的，1949 年以後，毛澤東一次也沒有去北京大學。那時北大校長馬寅初很想讓毛澤東到北大去講一次，但毛澤東不去。1951 年 9 月 11 日，毛澤東在馬寅初致周恩來的一封信上批示：「這種學習很好，可請幾個同志去講演。我不能去。」[1] 毛澤東一生對北大沒有什麼興趣，對馬寅初的邀請並不放在心上。那時新北大總是想貼近毛澤東，但毛澤東對此較為冷淡。1949 年 4 月 30 日，毛澤東對北大邀請他參加五四紀念會，也是很快拒絕了。他說：「感謝你們的邀請。因為工作的原故，我不能到你們的會，請予原諒。慶祝北大的進步。」[2] 後來毛澤東雖然給北大寫了校名，但他對北大看來是不大熱情的。毛澤東對中國知識份子，特別是自由主義知識份子的態度，在很大程度上決定了中國知識份子後來的命運。

在毛澤東眼裏，知識份子只是一種可以利用的力量，他從沒有把他們看成是具有獨立人格和精神世界的群體。對於知識份子，他一直有成見，總是不信任他們，這個評價，不僅是毛澤東個人，也可以從一個政黨的體制化行為中看得很清楚。

1948 年 5 月 25 日，中共中央曾做過一個〈關於一九三三年兩個檔的決定〉，所謂 1933 年的兩個文件是指：1、「怎樣分析階級」；2、「關於土地鬥爭中一些問題的決定」。1948 年重印這兩個決定的目的，是因為這兩個決定只有一小部分當時已不適用，刪去一點後，其餘全部在當時土地改革工作中，基本上適用。在這兩個決定中，對於知識份子的認識，也就是後來對知識份子的基本政策，而且在以後對知識份子的評價中，還沒有達到這兩個決定的認識水平。

---

[1]　《建國以來毛澤東文稿》2 冊頁 448，中央文獻出版社，1988 年 11 月，北京。

[2]　陳平原文章，《讀書》1998 年 3 期頁 122，三聯書店，北京。

在「怎樣分析階級」的決定中,對於知識份子是這樣說的:「知識份子不應該看做一種階級成份,知識份子的階級出身依其家庭成份決定,其本人的階級成份依本人取得主要生活來源的方法決定。一切地主階級出身的知識份子在服從民主政府法令的條件下,應該充分使用他們為民主政府服務。同時教育他們克服其地主的、資產階級的或小資產階級的錯誤思想。知識份子在他們從事非剝削別人的工作,如當教員、當編輯員、當新聞記者、當事務員、當著作家、當藝術家等的時候,是一種使用腦力的勞動者。此種腦力勞動者,應受到民主政府法律的保護。」[3]

1948 年 1 月 12 日,任弼時在西北野戰軍前線委員會擴大會議上有一個講話,這個講話就是著名的〈土地改革中的幾個問題〉。講話的第五部分是「知識份子和開明紳士問題」。他認為「知識份子中也有極小部分人,是堅決跟反動派跑的,但是極大部分人看到了蔣介石和美帝國主義的種種腐敗反動,而對國民黨統治和美帝國主義侵略表示不滿,對於日益發展的革命運動抱著某種程度的同情,或持中立的態度,這些人是可能爭取的,如果我們在政治上和思想上好好引導他們,給以適當的教育和改造,他們的知識和技能是可以為著新民主主義的中華人民共和國國家服務的。」[4]這個認識,到了五十年代,就變成了毛澤東的「皮毛論」。這種對知識份子的政策,也體現了毛澤東對知識份子的評價。

毛澤東對知識份子的態度,最集中體現在四十年代他在延安的兩次講話中。1942 年 2 月 1 日,毛澤東在延安黨校開學典禮大會上

---

[3] 《中共中央關於一九三三年的兩個決定》頁 14、51,中共北岳區黨委翻印,1948 年 7 月 2 日,太原。

[4] 《中共中央關於一九三三年的兩個決定》頁 14、51,中共北岳區黨委翻印,1948 年 7 月 2 日,太原。

的演說〈整頓學風黨風文風〉一文中說：「因為我們中國是一個半殖民地、半封建的國家，文化不發達，所以知識份子特別寶貴。中央文件又做了關於知識份子的決定，要爭取廣大的知識份子，只要他們是革命的，願意參加抗戰的，一概採取歡迎態度，這是很對的。因此知識份子就很光榮，土包子就吃不開。我們尊重知識份子是完全應該的，沒有革命知識份子，革命就不會勝利。但是我們曉得，有許多知識份子，他們自以為很有知識，大擺其知識份子架子，而不知道這種架子是不好的，是有害的，是阻礙他們前進的。他們應該知道一個真理，就是許多所謂知識份子，其實是最無知識的，工農份子的知識有時倒比他們多一點。」[5]毛澤東在演講中說了許多諷刺知識份子的話，從他的講話風格上可以看出，他對知識份子沒有好感。

　　在〈在延安文藝座談會上的講話〉中，對知識份子的判斷，就成了這樣的評價：「拿未曾改造的知識份子與工農比較，就覺得知識份子不但精神有很多不乾淨處，就是身體也不乾淨，最乾淨的還是工人農民，儘管他們手是黑的，腳上有牛屎，還是比大小資產階級都乾淨。這就叫感情起了變化，由一個階級變到了另一個階級。我們知識份子出身的文藝工作者，要使自己的作品為群眾所歡迎，就得把自己的思想感情來一個變化，來一番改造。沒有這個變化，沒有這個改造，什麼事情都是做不好的，都是格格格不入的。」[6]到了〈論聯合政府〉中，毛澤東雖然對知識份子在中國革命中所起的作用有相當的肯定，但他的最終結論還是：「今後政府應有計劃在從廣大人民中培養各類知識份子幹部，並注意團結與教育現有一切有用

---

[5]　解放社編：《整風文獻》頁 12、290，新華書店，1950 年 3 月，北京。

[6]　解放社編：《整風文獻》頁 12、290，新華書店，1950 年 3 月，北京。

的知識份子。」這個態度伴隨了毛澤東一生，這也是中國知識份子以後曲折經歷的思想背景。

1947 年底，毛澤東籌畫未來中國的政治體制時，他極為關切民主黨派在中國未來政治體制中的地位問題，因為中國的民主黨派大體上是知識份子群體。為此他特向史達林發出一份絕密電報，對史達林陳述自己對這個問題的觀點。在談及中國的政治形勢，重點是中共對待民主黨派和中小資產階級的態度時，他懷疑反蔣人物與美國有聯繫，毛澤東說：「美國人和蔣介石打算通過宋子文同我們開始和談，是在玩弄手法，目的是迷惑群眾。美國人和蔣介石擔心我軍可能強渡長江，儘管我們當前並沒有這樣的打算。在香港的李濟深將軍和在美國的馮玉祥將軍和其他反蔣人物，同美國有著密切的聯繫。因此將來他們可能受美國利用並為美國和蔣介石利益服務。我們對這種人的策略是，不抱太大的希望，同時利用他們為革命服務。」[7] 毛澤東說：「隨著民主同盟的解散，中國中小資產階級的民主方向不再存在。民盟成員中有同情我黨的人士，然而他們的領導者大多數是動搖份子。正是他們在國民黨的壓力下解散了民主同盟，從而表明了中等資產階級的軟弱性。在中國革命取得最終取勝時，根據蘇聯和南斯拉夫的榜樣，除中國共產黨以外，全部政黨都應退出政治舞台，這樣能大大鞏固中國革命。」[8] 從四九年以後中國知識份子所受到的一系列打擊中，可以肯定地說，針對知識份子的政治運動，是符合他「一步一步地拋棄他們」的立場的。由於史達林的反對，才出現了後來所謂的聯合政府，但這也埋下了毛澤東和民主黨派之間的矛盾，他連李濟深、馮玉祥這樣的國民黨左派都不相信，其他人就更可想而知了。特別是毛澤東對民主同盟的反感（主

---

[7]　白嗣宏文章，《亞洲週刊》2001 年 7 期，2001 年 2 月 18 日，香港。
[8]　白嗣宏文章，《亞洲週刊》2001 年 7 期，2001 年 2 月 18 日，香港。

要是民盟高層領導如羅隆基等人），種下了 1957 年「反右」時，民
主同盟從中央到地方領導幾乎無一倖免的前因。

　　1949 年 9 月 29 日，中國人民政治協商會議通過的〈共同綱領〉
第四十七條中就已透露出這樣的資訊：「有計劃有步驟地實行普及教
育，加強中等教育和高等教育，注意技術教育，加強勞動者的業餘
教育和在職幹部教育，給青年知識份子和舊知識份子以革命的政治
教育，以應革命工作和國家建設工作的廣泛需要。」[9]也就是說，對
知識份子的思想改造只是一個早晚、一個以什麼樣方式來完成的問
題，改造是必然的。

二、延安整風與思想改造

　　1949 年後中國所有的政治運動，幾乎都可以從四十年代初的延
安整風中找到源頭，無論是運動的指導思想，還是組織方式以及具
體的工作作風，延安整風實際成了 1949 年以後新政權整個意識形態
的主要來源。當年以毛澤東為首的中央學委會的幾個關鍵人物，在
四九年以後，都成為身居要職的領導如陳雲、康生、李富春、彭真、
陸定一、楊尚昆、柯慶施等等。另外，1952 年在新政權當中，負責
意識形態工作的領導人完全是延安知識份子，特別是當年延安馬列
學院的知識份子，如胡喬木、周揚、李維漢、艾思奇、范文瀾以及
地位在他們以下的于光遠、胡繩、鄧力群等，1952 年的思想改造運
動，這些延安知識份子是居於領導位置的。由於他們當年都經歷過
延安整風和審幹部運動，所以在新時代，他們對於延安早年的政治
運動並不陌生。在思想改造運動起來以後，這些當年延安的理論家
對中國社會的認識，比毛澤東還左，後來發生的「《學習》雜誌事件」

<hr>

[9]　《五星紅旗從這裏升起》頁 489，文史資料出版社，1984 年 9 月，北京。

就是一個典型（作者另有專文論述這一事件，此處從略）。因為延安整風歷來都獲得極高的正面評價，它的歷史和現實意義是不容懷疑的，就是到了八十年代初思想解放運動中，周揚依然對延安整風給予了高度評價，由此可見這一政治運動的歷史地位。其實五二年的知識份子思想改造運動，不過是把當年延安整風和審幹那一套東西，用來對自由主義知識份子重演一遍而已。

延安整風的主要目的，是毛澤東要在黨內完全排斥掉以王明為代表的留蘇背景的革命知識份子，然後建立自己新的意識形態。在延安整風時，雖然各級幹部都不同程度受到了打擊，但那些有過留蘇背景的知識份子是最容易被以教條主義為名而排斥的。1942 年冬春之交，延安各機關、學校在聽了康生作的傳達和動員報告後，紛紛成立了整風領導機構，停止了日常的基本業務工作。早已習慣遵從上級指示的幹部們正興趣濃厚的按照上級的布置，制定各人的學習計畫，日夜精讀指定的文件材料，一時延安似乎又再現了前幾年的景象，成了一所研究馬列主義理論的大學校。[10] 延安整風的一個重要目的，就是全力肅清「五四」自由、民主、個性解放思想在黨內知識份子中的影響，確立「領袖至上」、「集體至上」、「個人渺小」的新觀念。[11] 當時成立的中央總學習委員會，與五二年思想改造運動時各高等院校負責改造知識份子的領導機構，在名稱上都完全一致。1942 年 3 月至 5 月，毛澤東親自選編了幹部必讀的「二十二個文件」，下令所有參加高級學習組的幹部，必須對照文件精神，聯繫個人思想和歷史經驗，寫出整風筆記。[12] 不但要寫，還要派出檢查

---

[10]　高華：《紅太陽是怎樣升起的》頁 302、304、305、396、399，香港中文大學出版社，2000 年，香港。

[11]　高華：《紅太陽是怎樣升起的》頁 302、304、305、396、399，香港中文大學出版社，2000 年，香港。

[12]　高華：《紅太陽是怎樣升起的》頁 302、304、305、396、399，香港中文大學出

團專門抽閱幹部所寫的個人筆記，以瞭解他們對整風運動的真實態度。毛澤東利用新成立的各級學習委員會，使這個新設組織成了各級黨組織的核心，借助學習委員會高效、有力的組織措施，毛將自己一系列新概念強制性地灌輸進廣大黨員的頭腦，初步打擊了黨內知識份子的自我意識，為下一步的思想改造奠定了心理方面的條件。[13]「寫筆記」和由學習委員會來審查「筆記」，這些延安整風時，由康生、毛澤東等人發明的辦法，在知識份子思想改造運動時，全部照搬了過來；康生在延安整風時首創的所謂「批評與自我批評」，經由毛澤東首肯以後，成了新政權意識形態的重要法寶。毛澤東說：「康生同志在前幾天動員大會上所講的批評與自我批評，批評是批評別人，自我批評是批評自己。批評是整個的，但自我批評就是說領導者對自己的批評是主要的。」[14]這些極其虛偽的所謂思想方法，在後來的思想改造運動中，被強加給知識份子。知識份子在強大壓力下所做的思想彙報和檢討格式（以無限制地自毀為基本特徵），也來源於延安整風和審幹運動，當年王若飛、吳玉章、王思華、范文瀾等人所寫的檢討，可以說就是後來知識份子的樣本。[15]包括思想改造運動中一些最為人熟知的提法，也都來自延安整風。比如「脫褲子，割尾巴」，就是毛澤東的發明。

　　楊絳的長篇小說《洗澡》，是反映知識份子思想改造運動的重要文學作品，雖然是小說，但紀實的成份很大。她在小說的前言中說：[16]

版社，2000 年，香港。

[13]　高華：《紅太陽是怎樣升起的》頁 302、304、305、396、399，香港中文大學出版社，2000 年，香港。

[14]　高華：《紅太陽是怎樣升起的》頁 302、304、305、396、399，香港中文大學出版社，2000 年，香港。

[15]　高華：《紅太陽是怎樣升起的》一書中對此有精彩的論述。另見楊中美《遵義會議與延安整風》（頁 140）中的相關論述，奔馬出版社，1989 年 5 月，香港。

[16]　楊絳：《洗澡》頁 1，三聯書店，1993 年 5 月，北京。

> 這部小說寫解放後知識份子第一次經受的思想改造——當時
> 泛稱「三反」，又稱「脫褲子，割尾巴」。這些知識份子耳朵
> 嬌嫩，聽不慣「脫褲子」的說法，因此改稱「洗澡」，相當於
> 西洋人所謂「洗腦筋」。

寫知識份子改造，就得寫出他們改造以前的面貌，否則從何改
起呢？憑什麼要改呢？改了沒有呢？

我曾見一本木刻的線裝書，內有插圖，上面許多衣冠濟楚的人
拖著毛茸茸的長尾，雜在人群裏。大概肉眼看不見尾巴，所以旁人
好像不知不覺。我每次想起「脫褲子，割尾巴」運動，就聯想到那
些插圖上好多人拖著的尾巴。假如尾巴只生在知識上或思想上，經
過漂洗，該是能夠清除的。假如生在人生尾部，那就連著背脊和皮
肉呢。洗澡即是用釅釅的鹹水，能把尾巴洗掉嗎？當眾洗澡當然得
當眾脫衣，尾巴卻未必有目共睹。洗掉於否，究竟誰有誰無，都不
得而知。

「脫褲子，割尾巴」這種幾近於下流的說法，完全符合毛澤東
延安講話的風格，後來收入毛澤東選集中的有些講話刪除了下流的
詞句（高華著作中有詳細的比較）。1942 年 3 月 9 日，《解放日報》
有一篇胡喬木起草的社論〈教條和褲子〉。其中有一段說：「舉一個
例。毛澤東同志在他二月一日的演講裏，曾經說今天黨的領導路線
是正確的，但是在一部分黨員中間，還有三風不正的問題，於是你
也來呀，我也來呀，大家把主觀主義宗派主義黨八股的尾巴割下來
呀，大家叫一通，尾巴完事，那麼我們的黨豈不就十全十美了嗎？
可惜尾巴是叫不下來的。大家怕脫褲子，正因為裏面躲著一條尾巴，
必須脫掉褲子才看得見，又必須用刀割，還必須出血。尾巴的粗細
不等，刀的大小不等，血的多少不等，但總之未必是很舒服的事，

這是顯而易見的。為免得詞廣而意寬，我們就來數一數延安的家珍吧。」[17]胡喬木還說：「我們主張脫褲子，因為我們有充分的自信，知道自己基本上是健全的，只有局部的個別的缺點，而且這些缺點是會很快清除的，有些人們卻沒有這種自信，因而他們與搶著要代他們脫褲子的群眾老是鬧彆扭。」這種毛式文風，對後來中國知識份子感情的傷害非常嚴重。四九年以後，流行於中國社會的新華文體，實際就是由毛澤東開其風，然後由左派知識份子陳伯達、胡喬木、周揚、胡繩、于光遠、張春橋、姚文元等知識份子模仿運用而形成的，到六十年代中蘇關係破裂時的所謂「九評」，達到了集大成，這種文體的最大特徵就是強詞奪理，自說自話。

所謂思想改造工作，看起來是以全民為對象，實際上卻以知識份子為主要目標。這個運動雖然相對鬆散，但持續的時間很長，至1956 年 1 月知識份子問題會議時，才算告一段落，前後共達四年之久。思想改造的目的，是指具有資產階級思想的人，通過批評和自我批評，經常進行自覺的思想鬥爭方法，拋棄資產階級思想，樹立工人階級思想、共產主義思想。也就是讓知識份子放棄原有的非馬列主義思想，去學習馬列主義和毛澤東思想，並以這樣的立場、方法、觀點去解決各種工作中的實際問題。概括地說，思想改造的最後目的，就是要統一思想，使思想一元化，使個性喪失，使任何屬於個人生活的東西都納入集體，思想改造運動最直接的後果，就是知識份子不能有任何獨立性，不能有任何私人生活的空間。

具體說來，對知識份子改造的目的有三個目標：

（1） 革除知識份子資產階級思想：通過「思想改造運動」，徹底根除知識份子的資產階級和小資產階級思想，也就是

---

[17] 《胡喬木文集》第 1 卷頁 48、49、50，人民出版社，1992 年 5 月，北京。

所謂的個人主義思想、自由主義思想、絕對平等主義思想、無政府主義思想、民族主義思想，以及中國數千年的傳統學術和倫理思想，從根本上清除新政權與知識份子之間的矛盾和對立，使舊社會知識份子適應新社會，並積極為新社會服務。

（2）　打擊知識份子的不滿：思想改造有一個基本思路就是，不僅要徹底消滅一切階級異己，為社會主義革命鋪平道路，而且採取「利用、限制、改造」的政策，以迂迴曲折的欺騙手段，要使整個社會全部納入計劃經濟的體系。由於知識份子對此種措施至為不滿，所以要用思想改造來對待知識份子，迫使知識份子成為馴服聽命的工具。

（3）　控制人民的思想：使人民意識到教師和教育工作人員都改變了過去的想法，以求達到整個社會思想領域的根本變革。利用知識份子的科學技術和專業知識，來從事它的經濟、文化教育各項建設，解決各級幹部嚴重缺乏的困難。[18]

思想改造通常要經歷如下五個步驟，這五個步驟基本上是從延安整風中照搬過來的。

一是學習。用政治學習、理論學習為名，灌輸馬列主義毛澤東思想，只能接受，不能懷疑。一般採用兩種方式：一為「聽大課」，大指馬列主義政治課，所有高等院校教師必須參加，講誦者都是那些長於背誦教條而知識水準低落的幹部。二為指定有政治歷史問題的高級知識份子到臨時成立的「華北革命大學」、「華東革命大學」去學習。而在「革命大學」的學習一種什麼情況呢？

---

[18]　唐勃：《中共與知識份子》頁 275，幼獅文化事業公司印行，民國 77 年，台北。

　　劉乃元 1945 年畢業於上海聖約翰大學英文系，四十年代曾在美國駐華的軍調處做過翻譯，由於他過去和美國人的關係，1949 年以後得不到信任和使用。1957 年他成了右派。後在中國新聞學院做教授。[19]1949 年 6 月以後，他曾在華北人民革命大學學習過。現在可以通過這個知識份子晚年的回憶，來分析當年對知識份子的態度。劉乃元說：

> 那穿軍裝的幹部對我們說，我們現在已經被移交給華北人民革命大學，學習半年革命理論，然後回到外語學校，他在營房前對我們作臨別講話，他說我們這些人來自全國各地，過去的行業不同，但都沒有學習過馬列主義毛澤東思想。要幹革命不懂革命理論是不行的。他說我們現在的這所革命大學不同於以往大家熟悉的任何大學，這也許是中國有史以來的第一所真正的大學。他說，毛主席教導說：「大學者，大家學的意思」，人越多越稱得起大學。「這是咱們偉大領袖的偉大思想，你們過去熟悉的大學都是腐朽的舊東西，都應該改造。」他講得很鄭重，我們聽的人都肅然起敬。

> 這次講話給我的印象很深。這種大學的定義真是聞所未聞，除偉大領袖以外恐怕誰也想不出的。然而這卻使我懂得了為什麼新生不經考試一律入學的道理，人多是首要的，其他可以不計較。我讀了四年大學，畢業後過了四年又上了這所新式的大學，卻發現原來的大學是腐朽的舊東西。

---

[19]　劉乃元：《歷劫不悔》頁 43、47、49、51、53、58、59、67，河南人民出版社，1998年 12 月，鄭州。

　　劉乃元回憶，一個班主任這樣對他們說，大家到這裏來是改造思想，而要改造思想非體力勞動不可。大家要開始學習革命的理論，但是如果沒有勞動人民的感情，理論是沒有用的。要改造感情就必須幹體力勞動。

　　當時的所謂大課，主要是由解放區的著名理論家艾思奇講社會發展史。學生人手一冊艾思奇的《大眾哲學》，作為馬克思主義辯證唯物主義的基礎課本。學習的重點問題之一是，弄清集體主義的重要性。許多東西需要學習，因為許多新鮮事物不懂，而學過的許多東西是錯誤的或過時的。現在學的理論有一條是任何偉大的業績都是集體力量完成的，而任何個人不可能做出偉大的事情。進一步說，資產階級崇尚個人主義，而無產階級主張的集體主義。劉乃元說：

> 來到革大的第一天領導就向我們講清楚，我們是到這裏來改造思想的，要用革命理論來武裝我們的頭腦，摒棄過去學的資本主義的理論。同時確定的一條是革命理論必須無條件接受，而舊的理論必須完全徹底地拋棄而毫不猶豫。……參加革大以來我第一次懂得了，革命大學和我過去所熟悉的大學毫無共同之處。我本來以為在這裏學的是政治理論，就像過去在大學學習歷史、地理或英國文學一樣，現在看來我實在太蠢了。我在這裏其實是捲入了真正的政治。如果這也叫做學習，那實在是一種非常特殊的學習方法。

　　當時革命工作要隨時作總結，不論戰鬥、土改、建設，不管什麼工作，結束時都要總結。革大的學生也不例外，到一期學習畢業時，每個學生都要寫出一份〈思想改造總結〉，簡稱〈思想總結〉。按照要求，思想總結應該寫出半年以來學了些什麼，思想和觀點有哪些改變，也就是說思想改造有哪些收穫。每個人的思想總結都要

存入檔案，終身保存，作為參加革命以來第一次思想改造成績的記錄。劉乃元說，1950 年年初在革命大學的這場經歷，像惡夢一樣印在他的記憶中，永遠也磨不掉。此後很長一段時間他喪失了自信，覺得他是動輒得咎，總是不對的，而那些批判他的人總是對的。

二是坦白。以會議上發言、寫作自傳或學習心得報告等方式，要知識份子檢查思想上非無產階級的存在成份，揭開思想反動的一面，從而強迫否定自己原有的思想，並表明誠心誠意地接受馬列主義和毛澤東思想。坦白什麼呢？

邵燕祥是一個參加過運動的知識份子，他提供的兩份材料非常有歷史價值。一份是〈寫歷史與思想自傳參考提綱〉，另一份是〈交代問題注意事項〉。這是 1951 年，邵燕祥所在廣播事業局開展「忠誠老實政治自覺學習運動」中的材料，可以由小見大，其他單位的情況也可想見。邵燕祥認為，如果研究中國當代歷史，特別是有關政治運動、思想改造這些專題，對這些則不可不知。[20]

寫歷史與思想自傳參考提綱

1、應寫的項目

　　履歷年表。

　　家庭情況。

　　個人經歷。

　　思想總結。

2、主要的內容

　　甲、履歷年表

---

[20] 《天涯》2000 年 1 期頁 48、49、50，海南省作家協會，海口。

從出生年、月、日及地點寫起。

七歲以前概括地寫明簡歷。

七歲以後到現在為止，逐年寫明在何地、什麼學校學習，哪個機關工作及其它經歷。

參加政治活動以後到現在為止的各個時期，須注明能證明各該時期情況的證明人，開列證明人的姓名、職業及現在通訊地址。

乙、家庭情況

A、祖父一代

祖父母的姓名、籍貫、年齡、職業。

主要的經濟來源，家庭經濟收支狀況、有些什麼動產和不動產。

祖父母的政治和宗教信仰，參加過什麼社會活動，群眾反映如何。

B、父親一代

父母親的姓名、籍貫、年齡。

父母親的學歷和職業經歷。

家庭收的主要來源，生活水準和財產情況。

父母親的政治思想與信仰。

父母親參加過什麼黨派、社會活動，群眾反映如何。

C、自己一代

嫡系兄弟姊妹及旁系同輩親戚以及朋友的姓名、年齡、學歷、職業經歷。

他們的政治思想如何，參加過什麼政治團體，有些什麼政治性和社會性的活動。

他們現在何處，對革命的態度如何。

個人和他們在政治、經濟、思想上有些什麼聯繫。

丙、個人經歷

上過哪些學校，曾在什麼機關擔任過哪些職務。

在學生及服務社會時期，聽過或看過哪些關於思想、藝術、政治等方面的學說和書報刊物，對個人發生過什麼影響。

在各個時期，對國家、民族、社會、政黨及個人前途存在過些什麼樣的希望。

對各個時期國內外發生的各種事變和社會現象，採取什麼看法和態度。

參加過哪些學生運動、社會活動，經過與結局如何。

參加過哪些政治事件活動，當時的動機如何，事後在思想上有些什麼好的或壞的影響。

參加革命工作以後，在人生觀和思想上有些什麼新的收穫。

丁、思想總結

家庭和學校教育，及社會環境，給個人形成了什麼樣的政治思想和作風。

今天在工作、學習、生活上保留著哪些主要優點和缺點。

3、寫法與重點

按事情的發展過程，以經歷（如學生生活時期、職業生活時期）或思想轉變（如由一種思想顯著地轉變為另一種思想）為中心，做縱的敘述和橫的分析。

要將思想和事實聯繫起來，以各時期經歷過的事實為依據，來反映當時的思想；在分析各時期的思想時，必須以具體的事實為基礎，來說明思想的根源。

重要的轉變和發展，必須將關鍵性的主客觀原因，分主要與次要地交代。

年表著重寫七歲以後的主要經歷，可採取生平大事記的格式。

家庭情況著重寫父母一代和自己一代的經濟、政治情況及由此而產生的個人的主導的思想與作風。

個人經歷按時間的先後，著重寫與個人有關的事實，不能顯著地說明一種思想的瑣碎雜亂的事物，不必一一列舉；應偏重於主要事物的歷史性的敘述，它和思想總結的不同點，在於思想總結著重概括政治及一般思想意識與作風的轉變和現狀。

4、注意事項

寫自傳必須忠實坦白，不虛構誇張進步面，也不隱瞞落後以及反動面，應實事求是，有啥說啥。

要採取歷史的批判的態度分析過去，以說明現在。如果以今天的現實水平，去硬套過去，將新近才認識的問題說成是老早就已認清的問題，結果，不但看不清演變與發展，而且必然地會將自己的歷史與思想寫得不合邏輯，失去真實性。

廣播事業局青年團分總支　　　　　　三月七日（1951）

交代問題注意事項

本局「忠誠老實政治自覺」學習運動，即將轉入交代問題階段。所有準備交代問題的人，應注意下列幾個問題：

1、交代什麼。下列四類問題是要交代的：

甲、特務問題及反革命的重要政治問題

參加特務組織，如中統、軍統系統和特務組織；日寇的特務機關；帝國主義的間諜組織；以及參加其他反革命情報機關擔任搜集情報工作。

參加反革命軍警及憲兵等組織的重要部門。

參加其他特務性質的組織及特務週邊組織。

自覺幫助特務及反動派經常進行反革命活動，如破壞革命運動、學生運動、破壞工人運動、密告或捕殺進步份子與破壞進步組織之行為。

乙、一般政治問題及一般政治性問題

參加反動黨派團體；國民黨、三青團、青年黨、國社黨、民族革命同志會、復興社、勵志社以及其他反動的黨派團體；敵偽的新民會及其它反動組織。

參加反動的會道門及封建團體如青紅幫、一貫道、九宮道以及其他反動會道門用封建團體。

參加宗教團體中的反動組織如「聖母軍」、「公教報國團」。

曾經在一時或偶然進行過反革命的活動如進行反人民反共反蘇宣傳，參加反蘇遊行，反對或破壞各種進步的團體和運動。

其他一般政治問題或帶有政治性的問題。

丙、隱瞞、偽造、誇大、縮小政治性或非政治性的問題：如隱瞞和偽造自己的歷史、政治經歷、偽造或誇大自己某一時期的思想（如落後或反動的思想偽造成進步思想），偽造或誇大自己的社會關係的進步性，偽造自己參加革命及共產黨、青年團的時間，偽造自己參加進步團體甚至參加共產黨，偽造家庭出身、本人成份，升降年齡，以及偽造其他政治性問題或非政治性問題而自己認為需要交代的問題。

丁、社會關係，下列四類的社會關係要交代

一、陷害自己或使自己參加反動組織和活動的人。

二、自己知道的參加各種反革命組織反動黨團會道門、進行各種反革命活動的人。

三、對自己的思想行為有重要影響的人。

四、瞭解自己各階段歷史、活動情況的人。

2、交代問題的標準、要求和態度：交代問題的唯一標準，關係完全合乎實際情況，也就是說交代的情況是完全真實的。交代問題要求真實（不縮小也不誇大）、明確（不含糊）、徹底（不留尾巴）。交代問題的態度是忠誠老實，自覺自願，主動交代。

3、交代的方式方法：寫成書面材料，在會上或會後交代。

廣播事業局學習分會　　　　　　　　　七月十三日（1951年）

　　看到這兩份材料，有一個問題會擺在面前，這是誰設計出來的？設計者是在什麼理念支配下想出這種方案的？這是基層的一般幹部所為？還是從上到下有一個統一行動的思想背景？設計這方案的最終目的是什麼？等等。在思想改造運動當中，凡受過大學教育的人，尤其是從當時名牌大學出來的學生，沒有一個不糟蹋自己所在的大學的，特別是那些出身教會學校的人，好像自己上了教會學校就和參加過美國特務組織一樣。看到這樣的材料，也許就會明白，那些檢討的格式都不是自己想出來的，而是有人給你設計好了的，你只要按照那個「提綱」來寫就可以了。而那個「提綱」可以說基本上就是一個類似「逼供」的指南。

　　其中有一條是這樣說的：「七歲以後到現在為止，逐年寫明在何地什麼學校學習，哪個機關工作及其它經歷。」看了這一條，就可以明白，設計這個方案的人，不是文盲，就一定是一個心理變態者。為什麼呢？稍有生活常識的人都知道，一個人從七歲到他們成年，還有至少七年時間，如果以法律規定成年人標準十八歲來算，從七歲到十八歲則時間更長，這個時間對於一個人的成長，特別是對於一個人的政治信仰並不具有什麼決定作用，你讓一個人，從七歲以後就寫明他幹過什麼，這有什麼意義呢？一個重大的政治運動，無

聊到了這樣的程度，實在難以令人置信。一個時代政治文化精神的終極目的，就是要把所有人的精神和個人生活控制到他們所設想的程度，這不僅是計劃經濟，而是計畫思想了。

從以上的材料中，可以解析出許多歷史內容。這兩份材料都特別在意每個人的出身，凡事都要查到三代以上，這個思路，導致了「文革」時期的血統論。這是五十年代初的材料，但也不是什麼新發明，它還有更長的歷史。

史學家趙儷生曾說，1944 年，他在山西晉城參加土改，因為當時趙的一些舊日朋友都是當地的負責人，對他在政治上還信得過，就讓他在資料室看材料，他看到了當地出版的《新華日報》合訂本和一些非「內部」的上下行文件。這些文件讓趙大吃一驚，他結合他在長治市所看到的情況，發出了這樣的感慨：「就是『左』！」他說：「在這一帶的文化部門，主要是小學和初中或師範裏，人們怎樣發動學生展開在教師中的階級清洗運動。學生中有各種名目的組織，最主要一個叫『翻先隊』，這是指查教師的三代甚至三代以上，看他們的先人在『地富』、『中農』、『貧雇』中屬於哪一個陣營。只要沾上『地富』，那就堅決清洗。試想在舊中國、在文化相對不發展的晉東南，能受較高教育而稱職當教師的，不是『地富』家庭出身的有幾個？於是大量教師被清洗下來，逐回家去勞動；有的給胸口掛上『地主』、『惡霸』的牌子監督上課。這種劃階級的做法在學生中發展得更惡劣，像地富子弟要背貧雇子弟去上學；貧雇子弟可以尿在地富子弟的頭上叫『洗腦筋』；地富子弟要替貧雇子弟做作文、演算草、放牛、割草，女的要代替紡花、做鞋，都有定額，不足定額者開會鬥爭。考試成績，要根據卷面扣分加分，如貧雇子弟加五分，地富子弟減五分；個別地方規定，不管卷面如何，貧雇子弟一律八十分，中農子弟四十分，地富子弟十五分。學校出告示，『翻先

隊隊長（學生）名字在前，校長名字列在其後……」。[21] 瞭解這樣的情況，再想五十年代初，對知識份子的思想改造和文革當中對「黑五類」的態度，也許就不會感到驚奇了，這有邏輯的必然。

因為目的是計畫思想，所以著眼點特別在於每一代人的政治、經濟和宗教信仰。比如材料中對祖父一代有這樣的要求：「祖父母的政治和宗教信仰，參加過什麼社會活動，群眾反映如何？」對父親一代要求：「父母親的政治思想與信仰。父母親參加過什麼黨派、社會活動，群眾反映如何？」到了自己一代，就問得更詳細了。除了嫡系兄弟姐妹以外，旁系的同輩親戚以及朋友的情況都要交代清楚。其中有一條：在學生及服務社會時期，聽過和看過哪些關於思想、藝術、政治等方面的學說和書報刊物，對個人發生過什麼影響。」這種計畫思想的思路，對後來中國知識份子的影響是非常大的。

三是批評與自我批評。「批評與自我批評」，是延安整風對知識份子進行思想改造的主要武器。借用民主評議之名，開展公開鬥爭，要知識份子先作自我批評，再由群眾來批評（如學生控訴老師、兒女控訴父母，以及妻子、朋友、鄰居等控訴），鼓勵掀起鬥爭高潮，以進行反覆的鬥爭，從而運用操縱群眾的方式，決定其是否進步與能否過關。

四是改造。逼迫知識份子參加「社會活動和政治鬥爭」，企圖徹底改造知識份子的思想、觀念與意識形態。如組織他們參加「土地改革」、「鎮壓反革命」、「抗美援朝」、「三反」和「五反」等。

五是總結。是為無產階級服務，還是為資產階級服務，這是社會主義革命時期知識份子的根本問題。對知識份子進行思想改造，就是要解決這個問題，所以要知識份子將自己學習、改造的過程，

---

[21]　趙儷生：《蘺藿堂自敘》頁 120，上海古籍出版社，1999 年月，上海。

作出總結報告,把思想上的黑點和黑線肅清,搞清楚為誰服務的問題。如果發現覺悟的程度不夠,還需要再進行改造,強迫補課學習。

所謂思想改造,就是西方翻譯的「洗腦筋」(劉青峰認為,思想改造與西方的「洗腦」不同,胡平認為這個說法是專指中國思想改造的,他的根據是兩個美國人五十年代初的著作。這裏只是在習慣的意義上使用這一說法)。要把舊的封建主義思想、資本主義思想,總之是非馬列主義的思想都排去,而代之以正統思想──馬列主義。

土改運動鬥爭了地主;鎮壓反革命運動鬥爭了在社會上的影響力的人;抗美援朝清算了西方關係和影響;三反五反鬥爭了工商界。還有一部分人在社會上很有勢力,作為社會活動的領導者,這群人就是知識份子,特別是高級知識份子,對這些人不能不利用,但不能不使其先屈服而後再加以利用,那就非要用轟轟烈烈的運動不可。

思想改造運動主要是在學校裏進行,方式也是編小組,在小組裏個人檢討,別人批評。有重點的對象便到大會上作檢討,群眾再批評提意見。所謂思想改造,實際上絕不是限於抽象的思想觀念,而是要結合實際。作思想檢討的人,就是把一生歷史活動報告出來,那種活動是什麼思想,並且為什麼有那種思想。所以思想改造在學校裏,也就是教師們交代歷史,交代其思想來源。當時中國三、四十歲以上的高級知識份子,都是生長在舊社會的人,他們的歷史、活動、思想,自然都與舊社會有關。今天拿馬列主義的尺度來衡量、批評、指責,他們只有通身是病,處處不合。所以教師們過思想改造的關是很困難的,很痛苦的,而壓迫凌辱加於他們身上的是難於忍受的。

思想改造不是一檢討批評就算了事。檢討必須由小組或大會通過,才算過關。所以有些教授雖然做了八、九次檢討,以致痛哭流涕,還是過不了關。其嚴重者多是涉及政治問題,那就走到鎮反或

其他帶有鎮壓性的運動範圍，那麼這個人就有被逮捕法辦或勞動改造的可能。所以在文化機關、學校、藝術團體……雖然在思想改造的文明詞句的偽裝下，而參與這個運動的人是面對著不可抵抗的暴力鎮壓。至少在知識份子心中，如果過不了思想改造的關，自己吃飯的問題是嚴重到不堪設想。在當時的社會裏，以出賣知識吃飯的知識份子，又有何法能求得生存？思想改造也是含有恐怖性的，而被蹂躪的知識份子，主要是大學教授，[22] 在運動中已是處在牛鬼蛇神的世界，而不是清高的教育。

思想改造運動用意之一，是打碎知識份子的獨立人格，不讓其有超然物外之想；什麼事都有階級性，思想也有階級性，絕沒有超階級的行為和思想。如果你超然物外，就是反對無產階級的領導，另一面就是維護資產階級的思想和政權。必須把知識份子的獨立人格攻破，叫你自我批評，還叫群眾批評；就是叫你當眾出醜，再也見不得人。讓你在眾目睽睽之下，失去自己的尊嚴。運動的一般情

---

[22]　周鯨文：《風暴十年》頁 228、231、232、233，時代批評社，民國 51 年，香港。溫濟澤 1942 年在延安中央研究院批判王實味時寫下了《鬥爭日記》，從中可以看出延安群眾運動的鬥爭模式，以及這種模式對後來群眾運動的影響。日記中說「從早晨七點種起床，就不斷地像潮水一樣地湧來了一千多個旁聽者，他們來自七十幾個機關（學校在內）大家圍繞著主席台，坐在操場（臨時會場）上。當時主席團宣布『座談會繼續開會』的時候，同志們不禁好笑起來。——從來也沒有見過這樣盛大的座談會！……下午休會的時候，主席團決定：下午請各機關各學校選派代表來參加座談會（不然，一千多人的座談會，是沒有辦法開得好的）。……有些同志提供出一些新的材料，關於王實味日常生活為人的材料。這些材料證實在王實味的靈魂裏，真不知有多少『包膿裹血』的『黑暗和骯髒』的東西呵！」（《王實味文存》頁 312，上海三聯書店，1998 年 12 月，上海）

在批判王實味的運動中，可以看出，一旦一個人在政治上被認為是有問題的，他周圍的同事和朋友就會立刻將他作為敵人對待，王實味後來的命運，不能簡單看成是延安對一個知識份子的思想批判，而是一種政治運動的模式是如何產生的。在批判王實味時，陳伯達、艾青、張如心、丁玲、李維漢和范文瀾這些延安知識份子，都曾對自己同事的思想認識問題，進行過無理的質問和批判。這些人在幾十年以後，幾乎同時成為了不同政治運動的犧牲品。

形是在小組裏每人作檢討，自我批評，給在座的別人批評。「鬥爭對
象不是集中到少數人身上，而是以他們為典型，給群眾以思想教育。
在大會鬥爭是嚴厲的，其瘋狂的程度，不亞於土改鬥地主，在鎮反
中鎮壓反革命。通常坐在大會台下的是被鬥爭者的同事——教書先
生；是群眾——自己教授的學生。他們指著鼻子罵你，說你骯髒、
頑固、舊時代的走狗；你的舊知識是害人的，有毒素的，你全身都
是細菌，而你自己還恬不知恥的以此自高自大、自豪、自滿，看你
的樣子，簡直都沒有人形。這樣的汙辱對一個大學教授來說，其人
格的汙辱是非常之大的，教師們成了階下囚，學生成了審判員。中
國傳統的尊師重觀念被思想改造一掃而空。」[23]

三、「思想改造」詞語梳理

　　邵燕祥在回顧他參加革命的情形時說，1949 年後，作為一個知
識青年，帶著要改造自己的自覺，進入新生活。知識份子的精神磨
難，不是從反胡風開始的；1949 年後，所有的知識份子都被稱為「接
受革命」或者「參加革命」，在大陸生活的人其實是沒有其他選擇的，
從飽經滄桑的老知識份子到十幾歲的學生概莫能外，而且大家從不
諱言「思想改造」，認為這是一個光榮的政治任務，與此同時還有學
習，這是一個非常流行的詞，學習與改造是一而二，二而一的，共
產黨建立新政權時帶來的新事物，包括各種政策檔都是學習的內
容。這也不是從建國後開始的，在延安整風運動中提出的口號，在
建國後仍然是經典，那就是「堅持真理，修正錯誤，聯繫實際，改
造思想」十六字訣。改造思想最終落在了知識份子的頭上，這既是
學習的方針，又是整風精神，也就是進行對人的改造，所謂改造舊

---

[23]　同注 22。

人、塑造新人的途徑就是這樣的。[24] 詞語的流行體現一個時代的政治文化精神，所以有必要對某種特別流行的歷史詞語進行梳理。

四十年代起，從延安開始，「改造」這個詞就很流行，它主要是針對知識份子而言的（同時也包括一些開明紳士和工商業者）。毛澤東在〈改造我們的學習〉、〈反對黨八股〉、〈在延安文藝座談會上的講話〉中使用「改造」一詞時，都是在教育知識份子時說的。在延安時期，對於知識份子的思想「改造」，從來就沒有放鬆過。但作為一個專有名詞的「思想改造」，卻是從 1949 年以後才出現的。在這之前，對於知識份子的態度可以說就是要「改造」，但卻還沒有特別說明是要「改造」思想，而是要「改造」一切。那時對於知識份子的一個口號是「爭取、團結、改造、培養」。這是 1949 年 9 月 29 日，中共中原中央局專門制定的方針，這個方針後來成為所有解放區對待知識份子的政策。這個指示中這樣認為：「爭取、團結、改造、培養知識份子——這是全解放區目前的重要任務之一」。[25]

1948 年中共中央曾專門做過「關於爭取和改造知識份子及對新區學校教育的批示」，在這個通知中說：「爭取和改造知識份子是我黨重大的任務，為此應辦抗大式的訓練班，逐批地對已有的知識青年施以短期的政治教育。要大規模的辦，目的在爭取大多數知識份子都受一次這樣的訓練。」[26]（五十年代初期，「思想改造」是一個非常流行的名詞。先有了「思想改造」，然後才有了「思想改造運動」。它們之間有一定的聯繫，但卻不完全是一回事。）

---

[24] 應紅：〈邵燕祥：精神與人格的重構——關於知識份子思想改造軌跡的對話〉，《青年文學》1999 年 3 月期，中國青年出版社，北京。
[25] 《新文化‧新教育》頁 53，新民主出版社，1949 年 2 月，北京。
[26] 中共中央政策研究室編：《政策匯編》頁 245，1949 年 3 月，北京。

　　徐特立在談新民主主義時期的教育時說：「關於舊知識份子之改造：對於舊文化工作者、舊教育工作者的態度，是採取適當辦法，教育他們，使他們獲得新觀點，新方法（這是唯物史觀的觀點和方法，在下面就要說的），為中國人民服務。」[27]

　　到了五十年代初期出版的一些新知識詞典中，都把「思想改造」作為一個專有名詞解釋。當時集體編著的《新知識辭典續編》，對於「思想改造」這樣說：

> 一定的階級，產生一定的反映其階級利益的思想，如資產階級思想、小資產階級思想等。凡是其他階級出身的人參加無產階級革命必須具有無產階級思想。這種使思想轉變的方法過程，叫做思想改造。[28]

《人民學習辭典》中對「思想改造」是這樣解釋的：

> 一定的階級產生一定反映本階級利益的思想。例如：資產階級思想、小資產階級思想、工人階級思想等。只有工人階級的思想體系——馬克思列寧主義的哲學和社會科學最能反映

---

[27]　鄧初民：《尋找知識的方法》（增訂本）頁95，文化供應社印行，1949年8月，延安。中共華東局秘書長魏文伯1949年8月26日在上海復旦大學登輝堂曾做過一次講話，題目就是〈知識份子改造問題〉：中國知識份子有其特有的優點，雖有缺點，但可以改造。所以共產黨對知識份子採取「爭取、團結、教育、改造」的政策。引導他們走上光明道路，為工農兵服務。目前，我黨在各地舉辦軍政大學、人民革命大學及其它各種短訓班就是「爭取、團結、教育、改造」知識份子的具體表現。魏文伯說：「要準備過三關，就是封鎖關、土改關和社會主義關。第一，在美蔣反動派的封鎖面前，不動搖、不幻想，要準備鬥爭。第二，土改時不動搖妥協，堅決站穩貧農立場。第三，站穩工人階級立場，和資本家的不法行為作鬥爭，過好社會主義關。」（張騰霄主編《中國共產黨幹部教育研究資料叢書》第4輯頁344、345，中國人民大學出版社，1989年11月，北京。

[28]　《新知識辭典續編》頁259，上海北新書局，1951年10月，上海。

客觀真理。凡是其他階級出身，願意追求真理的人，都應當放棄自己階級的立場、偏見，站在工人階級的立場，改造自己的思想。凡是站在工人階級立場，排除非工人階級思想，使思想轉變的方法過程，叫做思想改造。[29]

《各科常識問答》中關於「改造」一詞：

把舊的制度和舊的事物重新改變它的基礎和結構，叫改造。又人的思想和生活經過重新教育和鍛煉，棄舊更新，也叫改造。[30]

《學習辭典》「思想反省筆記」：

根據革命大學第一期一部分學員的思想總結（四十篇短文）而編成的一本書。這代表了一萬多學員經過馬列主義理論學習後的收穫，反映了中國舊知識份子的思想大轉變。各種家庭出身、各種社會成份的人自敘著思想轉變過程，剖析自己的主導思想及其根源，並敘述了走進「革命熔爐」——革大，經過三個月學習後，怎樣的找到他們共同的目標：「為人民服務」。由這些短文中可以看到舊中國的罪惡，和新社會的真理的光芒。[31]

對「思想改造」一詞是這樣說的：

一定的階級立場的人，總有一定的對世界和歷史的認識的思想體系，其中也必一定的反映其階級的利益。如農民的保守，

---

[29]　陳北鷗編著：《人民學習辭典》頁224，上海廣益書局，1953年，上海。
[30]　《各科常識問答》（改定本）頁5，北京打磨廠益昌書局印行，1951年，北京。
[31]　《學習辭典》頁306，天下出版社，1951年5月，北京。

小資產階級份子的自私自利，資產階級份子的剝削享樂等等。如果這些舊社會出身的人，對新社會存著善良的願望，有著深切的覺悟，對無產階級革命懷了高度的熱情，而要求進步，要求參加革命，為著全體革命階級的長遠利益而想做一個新制度下有用的人，則必須進行思想改造。在「自由思考，追求真理」的原則下，暴露自己本階級的主導思想，與無產階級的思想做比較，徹底克服自己思想中存在著的不正確的傾向，加以揚棄，提高到無產階級的思想水準。這個改造的過程，是痛苦的，是長期的，是要經歷各種考驗的。必定確實立在無產階級立場，才能接受馬列主義真理，才能成為一個依據科學方法，有獨立思想能力，運用馬列主義觀點方法解決問題，全心全意為人民服務的人。

《新名詞詞典》對於「思想改造運動」是這樣說的：

思想改造是改造舊中國、建設新中國的根本問題之一。1951年10月，毛主席在人民政協一屆全委會三次會議中，把這種思想改造首先是各種知識份子的思想列為全國人民當前的三大中心任務之一，可見這種思想改造運動的重要性。這一思想改造的學習運動，起先是從北京天津的高等學校教師在中央人民政府教育部的領導下，開展了以批評和自我批評方法進行有系統的思想為開端的。接著，北京的中小學教師也在文教局領導下進行了思想改造的學習，北京的文藝界與科學工作者也都在有關部門的領導下開始了文藝整風和思想改造的學習運動。華東文化教育界，為著響應毛主席這一號召，於十二月間成立了華東毛澤東思想學習委員會，以統一領導全區的思想改造學習運動。該學委會成立後，立刻進行了各

項準備工作，1952 年春就開始了高等學校的思想改造運動，接著又開始了文藝界整風和新聞界整風的學習，中小學教職員也逐步開始了思想改造的學習運動。除華北華東地區外，其他各校的思想改造運動也先後開展了。

這次思想改造運動，是堅決貫徹毛主席所指示的「團結教育改造爭取」的方針，和「治病救人與人為善」的方針。思想改造的過程，就是在自覺自願的基礎上進行自我教育和自我改造、亦即自我鬥爭的過程；思想批判從嚴，是非黑白必須分清，只要能認識錯誤，就能得到人民的寬大與諒解。而在這個方針和政策之下，各地分別做了開展這一運動的適當的部署，又根據各種不同的情況與對象，採取了切合實際的具體方針與步驟。這樣，就使得這次運動，始終保持著正常而健康的發展，並取得了巨大的勝利與成績。首先是揭發與暴露了嚴重的貪汙、浪費和官僚主義的現象，初步樹立起廉潔樸素、愛護國家財產的思想作風。其次是徹底揭發和肅清了封建、買辦、法西斯思想，特別是嚴格清算了帝國主義的殘餘影響，劃清了敵我界線，大大提高了全體人民的愛國主義的政治覺悟。再次是肅清批判了各種資產階級及小資產階級思想，特別是個人主義、宗派主義、教條主義以及超階級、超政治、純技術觀點等等錯誤思想，劃清了工人階級和資產階級的思想界線，初步樹立了工人階級及其思想的領導地位，一致認識到必須學習馬克思列寧主義和毛澤東思想，誠心誠意為人民服務。最後是在思想批判的基礎上，許多人都自覺自願地忠誠老實地交待了自己的歷史問題與政治問題，表示了徹底改造的決心。各種知識份子經過思想後，對於政

治水平和思想水平，大大提高了一步；同時文化教育界，普遍加強了內部的團結合作，出現了一片新氣象。大家認真學習，積極工作，並已經提高了和正在繼續提高著人民文化教育的質量。這就為我國在各方面徹底實現民主改革和逐步實行工業化準備了重要條件之一。[32]

《學習問題解答》有讀者問：思想改造是不是和共同綱領規定的人民有思想的自由權相違背？書的作者這樣回答：

在反動派統治的舊中國，只有反動派的壓迫、統治、麻醉和欺騙，那時候，人民的思想自由權是被剝奪了。在人民作主的新中國，人民才有了思想的自由權。正像毛主席說過：「人民的國家是保護人民的。有了人民的國家，人民才有可能在全國範圍內和全體規模下，用民主的方法，教育自己和改造自己，使自己脫離內外反動派的影響……，改造自己從舊社會得來的壞習慣和壞思想，不使自己走入反動派指引的錯誤的路上去，並繼續前進，向著社會主義和共產主義社會發展。……──可見，思想改造是人民的權利，是人民在自覺自願的基礎上，使自己進步的主要方法，是對人民有利的；思想改造，並不表示沒有思想的自由，相反的，正充分表示了思想的自由。[33]

《新知識辭典》解釋「思想改造」：

一定的階級產生一定的反映本階級利益的思想，如資產階級思想、小資產階級思想、工人階級思想等。在各種思想中，

[32] 《新名詞詞典》頁 3070，春明出版社，1953 年，上海。
[33] 周修睦編著：《學習問題解答》第二輯頁 119，上海國光書店 1953 年 9 月，上海。

最符合社會發展規律的要求，最大公無私，並抱有解放全人類的崇高目標的，只有工人階級思想。思想改造就是指具有資產階級思想的人，通過批評和自我批評，經常自覺地進行思想鬥爭等方法，拋棄資產階級思想，樹立工人階級思想、共產主義思想。例如，知識份子的思想改造，就是要把自己改造成為工人階級的知識份子。思想改造有巨大的意義，毛主席在政協一屆三次會議的開幕詞中就說過：「思想改造，首先是各種知識份子的思想改造，是我國在各方面徹底實現民主改革和逐步實行工業化的重要條件之一。」解放以來每一次政治運動，對人們的思想改造都有一定的影響，但是多數知識份子還不能說已經完成了這個改造，1957 年反右派鬥爭中暴露出來的知識份子的思想混亂情況，就是一例。然而，由於我國的社會制度已經起了變化，資產階級思想的經濟基礎已經基本上消滅了，這就使大量知識份子的世界觀不但有了改變的必要，而且有了改變的可能，只要每個人長期、耐心、自覺的努力，是可以使自己改造成為一個全心全意為人民為社會主義服務的人的。[34]

　　這些辭典的解釋大同小異，可以看出當時對這個名詞的認識。由「思想改造」到「思想改造運動」，這期間有過一些變化。

　　在五十年代初期，人們常常聽到「思想改造」這樣的說法，但這僅僅是一種要求從舊時代過來的各類人，都要適應新時代的一個普及性的新辭彙，它成為一種運動還是一年多以後的事。由「思想改造」成為後來的「思想改造運動」，固然是一個時代政治文化精神體現的必然結果，但在這一轉變過程中，知識份子自己也應當承擔

---

[34]　《新知識辭典》頁 1006，知識出版社，1958 年月 6 月，北京。

一定的歷史責任，就是說，後來發生的「思想改造運動」，是由時代本身壓力和知識份子的主動性相結合，才成為一場給知識份子帶來災難性後果的政治運動。

　　思想改造的前提是如此荒謬，那麼它又何以在三十年間始終不墜，成為一個大家對之畢恭畢敬的東西？胡平首先從歷史的角度對思想改造運動的起點作了一個闡發：新政權對 1949 年的勝利，在理論上做足了文章，把成王敗寇的結果說成是歷史的終結審判和絕大多數中國人的選擇，從而對所有人，尤其是知識份子在思想上造成了巨大的壓力，為接受思想改造確立了社會政治環境。然而，思想改造始終有主動與被動、自覺與不自覺的二重性。就是說光有外部壓力，沒有被改造者的主動迎合，思想改造是不會生效的。當時利用的是人追求生命意義和真理、昇華道德水準的崇高願望。此外，從心理學的意義上，還利用了人的從眾性來強化輿論一律的環境，使得個人難以發展和堅持一套和占壓倒優勢的意識形態不同的想法。當然，所有這些思想和社會環境的無形壓力，離開了暴力作後盾其效果是有限的。在那些動員、學習、討論和表態的背後，是從組織處理到群眾批判和下放勞動這些懲罰性的措施，而對於那些仍然堅持獨立思考的人，則有專政機器來伺候。所以「思想改造的實質是一種馴化，把個人變成黨的馴服工具，即所謂『聽話』。在五十和六十年代，黨要求個人向黨『交心』。……思想改造越來越變成形式主義和走過場。這時人僅僅在表面上被『馴化』，每個人都知道自己嘴上說的和心裏想的不一樣。」[35]

---

[35]　程默：〈思想改造尚未成為歷史〉，《開放》頁 95，1999 年 12 月號，香港。胡平：《人的馴化、躲避及反叛》頁 5、22，其中有關於「洗腦」的說明，香港亞洲科學出版社，1999 年 6 月，香港。

　　知識份子在極短的時間內，對思想改造普遍認同是如何發生的，這是評價中國現代知識份子時無法回避的問題。劉青峰認為，中國知識份子的道德勇氣主要來源有三，一是道德勇氣來源於內心；二是道德勇氣來源於文化知識，三是道德勇氣來源於對外在規範的熱忱。而思想改造運動正是從上述三方面對知識份子的道德勇氣進行打擊。劉青峰說：「要摧垮知識份子道德勇氣最有效的辦法是，用否定傳統的道德勇氣三大來源的方法，使他們再也不能利用這些資源，於是傳統的道德勇氣就能藉助於人們下意識中存在的傳統思維方式而被打倒。思想改造運動之所以在短短的時間內征服了絕大多數知識份子，正是採用了這種方式。」[36]這一論述非常深刻，但進一步的問題在於，是有人預設了知識份子必須要經過思想改造？還是知識份子在時代轉換之際，內心確實也有這種要求？這就要求解釋知識份子思想轉換的發生是從那一年開始的？如果是始於1951年，可以解釋成是在壓力下的被迫選擇，但如果早於這個時期，壓力說就未必有足夠的說服力。根據許多材料判斷，中國知識份子，特別是那些自由主義知識份子的轉變，並不發生在五十年代初期，而是更早，四十年代以聞一多、吳晗為代表的知識份子的極端左傾，也許正預示了自由主義知識份子後來的歷史選擇和悲劇命運，這一切可能都與他們早期傾向社會主義思潮有關。以下試析1949年秋天一些知識份子所寫的檢查性質的文章。[37]

　　裴文中寫了一篇〈我學習了什麼〉。發表在1949年10月11日《人民日報》上。文章注明於四九年九月二十三日。他在文章中說：

---

[36]　劉青峰：〈試論文革前中國知識份子道德勇氣的淪喪〉，《知識份子》1990年冬季號頁38、39，紐約。

[37]　《我的思想是怎樣轉變過來的》頁1、2、16，五十年代出版社出版發行，1950年4月，北京。內收裴文中、張治中、吳晗、俞平伯、王芸生、葉淺予、費孝通、羅常培、蕭乾、李子英、謝逢我、馮友蘭共十二篇文章。

從北京解放到現在，在短短的半年期中，我曾得到了很多的寶貴的學習機會，使我底思想在轉變中，使我這樣一個典型的小資產階級人物在蛻化中。

我首先要感謝幾位年輕的朋友，他們在北京圍城之前，曾交給了我許多文件，使我先有閱讀的機會。北京解放之後，他們又立刻自動地組織起學習會，我也參加，同他們共同學習。我們共同學習了一個多月，我自己所得很少。那時的我，正好像大夢初醒，睡眼矇矓，對於一切，似明白，不明白！

他還說：

回到北京之後，六月初我參加了行政人員的訓練班，學習了一個很短的時期，後來又參加了一種技術人員的學習會。到了現在，這三個月的正式學習，已經作了初步的結束，我們以後要長期學習業務了。除了正式學習之外，我又參加了許多會。我是有會必到的，到了必要開完，我底意思是要在「會」中學習。在每一個會上，許多人的講話，我都用心筆記下來。這個使我在政治上漸漸有些認識。

裴文中是一個古生物學家，並不熱衷於政治，所以他的檢討有一定代表性，他雖然還不完全理解新社會的一切，但他的基本判斷是自己的過去有問題。公平地說，四九年之際，出於現實的政治考慮，新政權對知識份子還是相對尊重的，這主要表現在對他們的生活上也有一定的照顧，當然主要體現在四十年代幫助過他們的那些知識份子身上，也包括一些當年國民黨的高官。〈怎樣改造〉是張治中1949年12月6日對當時駐迪化起義部隊的一個講話。張治中說：「不久，中共統一戰線部為我準備了一所在北平是相當講究的西式

平房，有花園、有草地、有新式設備，比這裏『新大樓』還要好。這房子過去是一個德國人蓋的，後來給一個當交通總裁的日本人住，抗戰以後成為孫連仲的公館，在那裏，我住了六個多月……。」張治中還說：「在這時候，……中共朋友們也常常到我家裏談天，像周恩來先生，林伯渠先生諸位，特別像毛主席和朱總司令在他們百忙之中還要親自看望我。他們常常表示，唯恐我在北平有什麼不方便，有什麼招待不到之處。這種友誼，這種熱情，實在令我感動。」吳晗寫了〈我克服了「超階級」觀點〉，這不奇怪，因為吳晗的轉變比較早。

　　值得注意的是馮友蘭、俞平伯和王芸生這樣的知識份子。馮友蘭說：「解放以後，我對於過去我的哲學思想，並沒有認真地進行批判。它基本上還是原封不動地存在我的心裏。我想只要不再理它就行了，其實這是不行的。你不要理它，它要理你。我有這個思想體系，本沒有把它批判掉的時候，它就是我的世界觀。一個人有一種世界觀，他就必然要用那種世界觀來觀世界，就好像戴了一副有色眼鏡一樣。他所看見的一切，都必然要受歪曲。我想我以後專搞中國哲學史了，不要管我的哲學思想。可是戴著這副眼鏡，看中國哲學史，也只能是歪曲的中國哲學史。」[38] 馮友蘭對中國文化應該說有深入的瞭解，但他在五十年代初的轉變卻是最快的，他的轉變還不同於郭沫苦，郭的轉變在很早以前。

　　還有俞平伯。他在〈回顧與前瞻〉中說：「五四當時氣勢雖然蓬勃，但不久內部在思想上起了分化作用，外面又遭反動殘餘勢力有壓迫，這些人們雖然想做，要做，預備做，卻一直沒有認真幹，（當然在某一意義上亦已做了一部分）現在被中共同志們堅苦卓絕地給

---

[38]　馮友蘭：《四十年的回顧》頁 57，科學出版社，1959 年 5 月，北京。

做成了。這大時代之所以大，大在它的實行上，思想領導的正確性當然是根本的，不待言。好比在民國八年五月四日開了一張支票，當時看來很像空頭支票，卻在三十年後的今天給兌了現，像我在北京約略住了半輩子不曾移動的人，坐著等光明的到來，自然很像奇蹟。」[39] 而當年《大公報》的主筆王芸生則在〈我到解放區來〉中

---

[39] 《五四三十週年紀念專輯》頁 176、54、92、20、34、73、183、194，新華書店出版，1949 年 6 月，北京。柯仲平曾說過這樣一件事：「1947 年秋天，中共召開全國土地會議，頒布中國土地法大綱的時候，柯仲平由陝北趕來石家莊市附近參加，因為多年生活在落後的農村，他久已不擦牙了，笑開口，滿嘴的黃牙，後來給毛主席看見了，才對他說：『老柯，找個牙刷擦擦牙吧！』知識份子出身的人能夠改造到這麼徹底，甚至獨有的潔癖也不見痕跡，我們不能說這是矯情做作，原來他本身就已變為一個不擦牙不拭別人的煙斗的道地的中國農民了。又如，據說有一次，陝北的農民代表去見毛主席，幾個人當場把毛主席抱住，叫道：『毛主席！我們的大恩人，今天我們總見到你了！說時口沫四濺在毛主席的臉上，毛主席卻若無其事的和他們熱烈攀談。這些雖是小節，卻具體地說明了革命的知識份子改造的過程。只有實際鬥爭的鍛煉，與人民生活在一起，使人民覺得你就是他們生活之中的一個，而不是由外面加進來的賜恩者或真命天子，知識份子才能徹底根除自己身上的舊毒，培養勞動人民那種樸實健康解放的氣質和作風。』因此，每個經過改造的知識份子，都少不得經歷這段過程。陶行知、聞一多——這中國新知識份子的典型，就曾有過這麼坦白的反省。陶行知先生說過：『我本來是一個中國的平民，無奈幾十年的學校生活，漸漸把我向外國貴族的方向轉移，學校生活對我的修養，固有不可磨滅的益處，但是這種外國貴族風尚卻是很大的缺點，好在我的中國人性，平民性是很豐富的，經過一番覺悟，我就像黃河決了堤向那中國的平民的路上奔流回來了。』聞一多先生也說過：『我受了幾十年的歐美教育，無法擺脫，結果是落伍了，現在一旦覺悟，就要從頭做起。陶聞兩先生的話，典型地刻劃出中國知識份子走回到人民中來的曲折道路，這就是首先要摧毀學校與社會，學習與實踐中間的一堵高牆。』「曾做過大公報總主筆的王芸生先生，是一個一直都有以『自由主義』自許的讀書人，一心想要在這中國社會的亙古巨變中超然起來，他們想不左不右地從中間打出一條出路，但是，當他進入華東解放區，轉到解放後的北京，他終於完成了他思想上的蛻變，在〈我到解放區來〉的一文裏，他坦白地反省說：『我雖出身於貧無立錐之地苦孩子，且在五四以後投身過大革命的洪流，但基本上仍是走舊知識份子的路，苦讀勤修，出人頭地，所謂『出人頭地』，就是在既成社會中向上爬。結果自己看看爬到反動的上層，沾染上渾身的小資產階級的氣氛。在生活與意識上，脫離了人民大眾。儘管個人始終固守著一份做人的矜持，也止於舊知識份子『窮則獨善其身，達則兼善

說了四句話：「拋棄舊習慣，丟掉舊成見；一切重新學，一切從頭幹。」費孝通當時已對歐美做過多次訪問，並寫出了很多關於歐美政治的文章，他在四九年到了一次解放區，後來又參加了一次北平的人民代表會，就做出了這是人民真正有了民主的結論，那時費孝通已是四十歲的知識份子，思想轉變如此輕率，讓人感到難以理解。〈試論買辦文化〉是蕭乾寫於 1949 年歲暮的一篇文章，發表在 1950 年 1 月 5 日的《大公報》上。蕭乾說：「整個國家需要理解的是社會主義先鋒——蘇聯所開闢的道路，所立的模範；因為認識了蘇聯，即等於認清了我們眼前的路。但濡染了買辦文化的中國人，除了這個以外，還另有認識蘇聯的理由在。那便是：用蘇聯的真相來徹底洗滌

天下』的想法，不是深入於民間，縱有熱情與正義感，卻是一種施予式的悲憫，不是與人民大眾的疾苦血肉相連的，縱有強烈的愛國心，使我始終站在反帝國主義的戰線上，但未能把握到階級的立場，籠統的國家觀念，是常會被反動的統治階級利用的。這樣儘管個人在主觀上不作惡，在客觀上常常會遠離了人民，給反動統治階級利用了。這是最應該反省警惕的。」（楊群：《青年的改造和修養》頁 17、18、48、50，初步書店刊行，1951 年 10 月，香港。）何其芳 1943 年在延安寫的〈改造自己改造藝術〉中說：「因為被稱為文藝工作者，我們的包袱也許比普通的知識份子更大一些，包袱裏面的廢物更多一些，我們的自我改造也就更需要多努力一些。這種改造，雖說我們今天已有了思想上的準備，還要到實際裏去，到工農兵中間去，才能完成。其次，文藝工作者在今天還有一重改造藝術的責任。過去的文藝作品的毛病，一般地可以概括為兩點：內容上的小資產階級的思想情感與形式上的歐化。總之，沒有做到真正為工農兵。使文藝從小資產階級的變為工農兵的，從歐化的變為民族形式，這也是一種改造。而且同樣是需要長期努力的改造。然而改造藝術的最基本的前提也就是改造自己（雖說並不是全部問題）。經過了自我改造之後，我們有了無產階級眼睛去看事物，有了無產階級的心去感覺事物，我們就能從中國人民的各種鬥爭生活中去正確地解決文藝的內容問題。」（何其芳：《關於現實主義》頁 65、66，新文藝出版社，1957 年 8 月，上海。）田家英乾脆說：「所謂知識份子的改造，主要的就是從實際生活和工作的鍛煉中，逐漸地改造自己的思想意識。……我們改造自己的方向，就是要自覺地把自己鍛煉成為無產階級的戰士。無產階級的戰士，正如史達林所說，這是『特殊樣式的人』，『是由特別材料製成的。』」（田家英：《學習「為人民服務」》頁 5，人民出版社，1951 年 4 月北京。）

英美在我們血液裏灌輸的反蘇毒素；燦爛的社會主義文化，以代替腐朽頹廢，脫離群眾的資本主義文化。這是剷除買辦文化最積極根本的途徑。」思想改造還沒有到來的時候，許多知識份子已經開始放棄自己的尊嚴，他們的文章有一個特點就是，自己最有什麼，就要特別批判什麼，蕭乾本來就是最洋化的知識份子，當年郭沫若就以此批判，他在內心深處特別害怕人們說他有買辦思想，所以特別要寫那樣的文章。

再來看沈從文。1951 年 11 月 8 日，在四川內江參加土改的作家沈從文，在給妻子張兆和的信中說：[40]

> 一出來，手中即只有一件事，放下包袱，去掉感傷，要好好的來為國家拼命作事下去，來真正做一個毛澤東小學生！因為國家實在太偉大了，人民在解放後表現的潛力，無一處不可以見出。共產黨在為人民作事工作上，也實在是無所不至。許多地方減租反霸中已把封建武力和土豪特權打垮。許多地方人民都站起來作了主人。青年人更加可愛。到路上，有些窮人聽說我們從北京來，都說是「毛主席關心窮人，天下窮人是一家」。這句話不僅表現人民信賴，實在還是無可比擬的力量！我們活在北京圈子裏的人，見聞實在太小了，對於愛國主義的愛字，如不到這裏地方來看看，也是不會深深明白國家人民如何可愛的！三三，要努力工作，你定要努力拼命工作，更重要還是要改造，你還要改造，把一切力量用出來，才對得起國家！要對工農幹部更虛心的學習，對學生特別熱心，國家實在要所有工作幹部，都如此來進步。

---

40 沈虎雛編選：《從文家書》頁 172、182、190 頁，上海遠東出版社，1996 年 2 月，上海。

1951 年 11 月 19 日，沈從文給妻子的信中說：

> 少拿點錢，多做點事，用作多久以來和人民脫節的自贖。看看這裏幹部的生活儉樸和工作勤苦，三姐，我們在都市中生活，實在有愧，實在罪過！要學習靠攏人民，抽象的話說來無用，能具體的少吃少花些，把國家給的退還一半，實有必要。如北大不即要我們搬，務必去和張文教同志商量商量，拿一半薪已很多。餘捐獻給抗美援朝去好，還公家好。我相信你是能理解，能做到的。比起來，我實無資格用國家這個錢！我們不配用國家那麼多錢的。不配用。你來看看即明白了。

同一封信中還說：

> 我們在這裏，有三個人帶《毛選》來，在一張桌子一盞清油燈下同讀，也是一件極動人的事情，或極意外的事情。各有所得，各有所體會，但又有某一點完全相同，即對於是這個重要歷史文獻的深一層理解。三個人中一個是鄭昕，北大哲學系，我們的團長。一個查汝強，北京市黨部，我們的秘書長。和周小平一樣，才廿六歲，十五歲即工作。一個是我，一點不懂政治，卻深深懂文學如何和歷史結合，和人民結合，和某一階層結合，用何種方式來表現，即可得到極高政治效果的土改隊中無固定職務的工作人員。

> 這幾天村中正在鬥爭一個大地主，由全村農民把一、二十年前一、二斤甘蔗或相似小事，到拉壯丁家小死亡大事，一個一個的申斥，特別是老婆婆對於鄉保長兼地主的申斥，事越瑣碎越使人起嚴肅感。因為這即是階級鬥爭和農民革命。封

建的徹底消滅，新國家基礎的建立，都由之而來。也只有從
這個嚴肅而殘酷的鬥爭發展中，來讀《毛選》之〈實踐論〉
和日來北京方面文藝工作者檢討文件，才更深一層明白個人
提高學習政治認識的重要，以及文藝服從國家要求的重要性。

　　這些知識份子的變化，可能確有文化傳統受到打擊的原因，但
同時它也要注意到一個事實，就是在四十代，那些有留學歐美背景
的自由主義知識份子，到底在多大程度上還保留了中國傳統士人品
質？同時他們是否真正學到了西方知識份子的獨立品格？黃仁宇在
他晚年回憶錄《黃河青山》中，特別批評了聞一多、羅隆基和民主
同盟。[41] 其中除了批評他們不瞭解中國的實際以外，還暗含著對他
們個人品質的評價。這也讓人想到陳寅恪的一個見解。陳寅恪說：「縱
覽史乘，凡士代夫階級之轉移升降，往往與道德標準及社會風習之
變遷有關。當其新舊蛻嬗之間際，常呈一紛紜綜錯之情態，即新道
德標準與舊道德標準，新社會風習與舊社會風習並存雜用。各是其
是，而互非其非也。斯誠亦事實之無可如何者。雖然，值此道德標
準社會風習紛亂變易之時，此轉移升降之士代夫階級之人，有賢不
肖拙巧之分別，而其賢者拙者，常感受苦痛，終於消滅而後已。其
不肖者巧者，則多享受歡樂，往往富貴榮顯，身泰名遂。其故何也？
由於善利用或不善利用此兩種以上不同之標準及習俗，以應付此環
境而已。譬如市肆之中，新舊不同之度量衡並存雜用，則其巧詐不
肖之徒，以長大重之度量衡購入，而以短小輕之度量衡售出。其賢而
拙者之所為適與之相反。於是兩者之得失成敗，即決定於是矣。」[42]

[41]　黃仁宇：《黃河青山》頁 223、225，聯經出版社，2001 年 1 月，台北。
[42]　陳寅恪：《元白詩箋證稿》頁 82，古典文學出版社，1958 年，上海。

　　五十年代初期，在知識份子的轉變中還有一個現象是，那些年長的、對中國文化有較深認識的知識份子不易轉變，如梁漱溟、陳寅恪、鄧之誠、潘光旦、錢穆、顧頡剛等，轉變快的差不多都是四十歲以下的知識份子。這可能與年齡、個性和受傳統影響的深淺有關，當然這只是一個感覺性的判斷，不一定準確，像陳垣、金岳霖等就不能作如是觀。錢穆在《莊子纂箋・序》中一段話，是有感於當時思想改造運動中知識份子的表現而發的感慨：「報載平津大學教授，方集中思想改造，競坦白者逾六千人。不禁為之廢書擲筆而歎。念蒙叟復生，亦將何以自處。作逍遙之遊乎？則何逃於隨群虱而處褌？齊物論之芒乎？則何逃於必一馬之是期？將養其生主乎？則遊刃而無地。將處於人間乎？則散木而且翳。倏忽無情，渾沌必鑿，德符雖充，桎梏難解。計惟鼠肝蟲臂，唯命之從。曾是以為人之宗師乎？又烏得求曳尾於途中？又烏得觀魚樂於濠上？天地雖大，將不容此一人，而何有乎所謂與天地精神相往來？……此六千教授之坦白，一言敝之，無亦曰翟墨是而楊朱非而已。……天不喪斯文，後有讀者，當知其用心之苦，實甚於考亭之釋離騷也。」[43] 錢穆的話，對理解中國知識份子與傳統的關係極有啟發。

　　黃平認為，雖然各種類型的知識份子都先後捲進了思想改造運動，但這次運動所主要針對的是非體制知識份子。在毛及其同事們看來，新中國建立之初科學技術人才相對說來極度短缺，「舊知識份子」所擁有的知識、技術應該被用於新中國的建設；而且，由於新體制及其代表人物的巨大感召力，從舊社會過來的知識份子也能夠如此，這是把他們一概包下來的主要原因；另一方面，按照新意識形態闡釋，這些知識份子不論是由於其出身或所受的舊式教育，都

---

[43] 轉自余英時文章〈新亞精神與中國文化〉，《新亞生活》28 卷 3 期，頁 2，香港中文大學新亞書院出版，非賣品。

在頭腦中有一個資產階級或小資產階級的精神王國，故不能原封不動地使用，而必須經過思想改造轉變立場和感情。

思想改造運動第一階段是瞭解新式話語規則的階段，從著名學者到普通教師，都參加到了逐日逐句的嚴肅而認真地閱讀、領會有關政策文件和「經典著作」的帶有強制性的被動性色彩的學習之中，通過學習，這些舊式的非體制知識份子開始被灌輸一整套對他們來說幾乎是全新思想觀念和思維用語。第二階段是清理原有話語的階段，這些知識份子根據所學文件和著作去發掘自己頭腦中的各種非無產階級的「骯髒思想」，包括個人主義、自由主義、進步包袱、名利思想等等，其中特別是親美崇美思想。最後一個階段是意識形態上的自我批評批判階段，知識份子將他們所學習、所清理的東西寫成書面的自我批評批判文字並在不同規模的場合宣讀或發表，以求完成「洗澡」。[44]

從 1951 年 9 月 30 日至 1952 年 12 月 26 日，《人民日報》和《光明日報》等主要報刊發表了大量著名知識份子寫的有關思想改造的文章。從內容上看，這些文章主要是自我批評性的，而且大多出自非體制知識份子之手。體制知識份子在思想改造運動中所發表的，主要是代表權威闡釋運動的意義和必要性，例如胡喬木、周揚、艾思奇、郭沫若、范文瀾等，都在《人民日報》、《光明日報》以及諸如《學習》雜誌之類的報刊上發表了署名文章，論述思想改造的重要性；而民主人士則基本上是以著名社會賢達或民主黨派領袖的身份呼籲知識份子響應號召投入到思想改造運動中去，這可以從黃炎培、章乃器、陳叔通、李濟深、鄧初民、譚平山、周建人等人的文

---

[44] 黃平：〈有目的之行動與未預期之後果——中國知識份子在五十年代的經歷探源〉頁 40、41，《中國社會科學季刊》1994 年秋季卷，香港社會科學報務中心，1994 年，香港。

章中看出來；真正作為改造對象在報刊上發表自我批判性文字的，是舊式的非體制知識份子：馮友蘭、梁漱溟、金岳霖、張東蓀、沈從文、錢端升等。這些非體制的知識份子的自我批判文章，大都是對自己或自己過去所受的教育、所從事的工作的檢討。例如「批判過去協和的一切」，「否定過去」，「從頭學起」，「肅清崇美思想」，「批判我的崇美奴化思想」，「批判我為反動統治階級服務的教育思想」，「檢查我追求教授名位的思想」，「清除我的清高思想」，「批判我的剝削思想」，「斬斷與舊協和的一切聯繫」，「進步包袱是思想的敵人」，「名譽地位給我的毒害」，「我替美帝作宣傳」，「批判我的反動買辦思想」等等。

　　這些出自著名知識份子之手的自我批判，大多是按照所學文件精神檢討反省自己，自然沒有什麼文采可言，相反卻有相當多的從文件上抄來的帶有很強政治性色彩的官方正式的政策性用語。不論自我批判者是否被迫或真的願意這麼公開揭露自己，他們不可能不知道自己在做什麼，至於這樣做的結果，例如長此以往知識份子將自覺、不自覺地習慣於使用這種具濃烈政治色彩的官方語言去應付各種政治運動，去批判別人或批判自己，去參加日常的政治學習與評論，並進而去進行日常的思維與交流，去改變自己原來定已形成或確立的思維語言，在相當大的程度上可以說是他們當時所無法預期的。正是這些出自昔日的學界著名人士之口的自我批判，參與了在社會公眾中對知識份子形象的勾劃。以前被奉為大師的人物在承認自己也有這麼多齷齪思想，也需要當眾「脫褲子，割尾巴」的過程中，為自己日後的公眾形象塗上濃重的一筆。不論思想改造運動與後來的運動比較起來多麼溫和，從知識份子的配合程度與運動的直接結果看是多麼成功，從長而論，思想改造運動是中國知識份子在新中國建立後，經歷的第一次大規模的思想觀念與話語形式的轉

換，無論是否出於自願，當他們在用新式的、帶有濃厚政治色彩的正式語言否定自己的過去的時候，也就投身於建構代表權威與支配的正式語言本身的過程，同時這也是知識份子自己參與下，第一次在社會公眾面前重新確立知識份子的政治─意識形態。[45]

四、統戰和宣傳工作對思想改造的作用

經過延安整風運動，新政權對知識份子雖然要改造，但對他們將來在中國社會中的作用還是有相當認識的。他們從來沒有放棄知識份子，新政權對知識份子的統戰工作做得是比較好的，也是比較早的。當然統戰工作之所以能有成績，與四十年代知識份子的整體思想狀況有密切關係，當年嚮往延安也是青年知識份子的一種願望，特別是燕京大學，有許多學生後來成了新政權的外交人才來源，還有像《大公報》那樣有影響的、以自由主義為基本取向的報紙，在四十年代末實際上已有很多共產黨員在其中，比如范長江、楊剛、李純青、徐盈等，所以在政權轉移的時候，對文化部門的接收都非常順利，當時由北方局城工委領導下的清華地下黨，也起了很多作用，四九年以後他們當中的一些骨幹如蔣南翔、袁永熙等人，都成了新政權教育部門的重要領導。從清華大學的接收中可以看出當時的一些情況。

1948 年 12 月間，光未然作為北平軍管會文化接管委員會的先遣人員到達北京。他當年在昆明就是以做大學教授工作為主的，在聞一多的轉變中，他也配合華崗做過許多工作。他到北京的任務是

---

[45] 黃平：〈有目的之行動與未預期之後果──中國知識份子在五十年代的經歷探源〉頁 40、41，《中國社會科學季刊》1994 年秋季卷，香港社會科學報務中心，1994 年，香港。

向清華和燕京兩所大學宣傳、解釋中共的政策。他在 12 月 28 日的
日記中說：

> 隨榮高棠去看了張奚若與曹靖華（二教授，熟人），略事寒暄。
> 同學們來，要求到大禮堂講話。我和高共談了一小時，談話
> 要點是：北京解放的日子已十分迫近，同學們最好趕快組織
> 起來，學習政策，準備入城宣傳。談後應燕京同學邀，又到
> 燕京作了同樣的鼓動。會見了陸志韋校長。兩校大禮堂均座
> 無虛席，火點起來了，同學們當夜開始討論，建立了入城宣
> 傳的機構。[46]

12 月 30 日：

> 上午對清華同學講解宣傳要點，仍以市委宣傳部的宣傳大綱
> 為依據。中午在燕京翁獨健教授家吃飯，晤嚴景耀（燕京教
> 務長）、雷潔瓊教授夫婦。下午對燕京同學解答他們學習中提
> 出的有關政策的各種問題。大禮堂中又是滿座，講台上裝了
> 擴音器。

1949 年元旦：

> 上午我張宗麟同志去嚴景耀家。吃過午飯後，嚴約了燕京進
> 步與中間的教授十餘人舉行新年座談會。教授們提出若干問
> 題，由我們解答，屬於教育方面的問題，由張解答；一般政
> 策的問題，由我解答。屬於宗教方面的問題，我解答的比較
> 具體、詳盡，得到宗教學院趙院長的首肯。他把捷克教會的

46　光未然：〈北京解放前夕西郊工作日記〉，《北京觀察》，1999 年第 4 期頁 49、50，
北京市政協主辦，北京。

宣言朗誦一次作為補充。會後他告訴嚴景耀，他要根據今天
聽到的，親自進城去廣為宣傳。

1月10日：

早飯前，請來了張奚若、李廣田、錢繼昌教授，就我們的初
步接管方案，徵詢了他們的意見，他們基本上同意。認為這
樣做是很穩健的辦法。十時到清華，馮友蘭及校委員會諸負
責人均在座預候，錢俊瑞對他們聲明了初步接管辦法，1、實
行新民主主義的教育方針；2、組織機構暫時依舊，只取消（國
民黨的）訓導制度及停止國民黨團公開及秘密的活動；3、經
費由我們完全負責，原職原薪。馮友蘭等表示同意接受，繼
續負責。在他們那裏吃了午飯。

下午二時開全體大會，馮友蘭主席，當他說道：「從今天起，
清華就是人民的清華了」，台下掌聲雷動，持續數分鐘，錢俊
瑞同志說明初步接管方案，約半小時，即行散會。

散會後參觀了圖書館，隨即參加教授會。錢在該會上對我們
的基本政策有所解釋。張也談了些，我和李均未談。接著參
加了該校生活委員會，評論發薪的具體辦法。晚飯後回到清
龍橋。

今天進行得很順利。錢的談話很具體，必給予該校師生以良
好印象。

當年在昆明，光未然就與許多西南聯大教授熟悉，所以讓他來
接收清華大學可謂合適人選，另外當時的政策和軍隊與幹部的表現
也確有新氣象，這給知識份子留下了較好的印象。馮友蘭回憶當時

的情景時說:「清華的師生也都跑到海甸歡迎解放軍,同他們談話,很是親熱。叔明也到海甸去了一趟,回來說,她看見在校門口站崗的那位解放軍同志,是赤著腳穿鞋,她打算送他一雙襪子。我說:『你去送試試,恐怕他們不要。』她拿了一雙襪子,去了不久,回來說:『他果然不要』。解放軍的這類舉動,使各階層人民都對於共產黨有了無限的敬佩之心。常看見書上說,某某軍所到之處『秋毫無犯』,以為是溢美之詞,未必真有那樣的軍隊。可能過去是沒有的,解放軍可真是『秋毫無犯』。」

　　馮友蘭說「事後我聽說,解放北京以前,黨中央預定了一個處理各大學的政策,第一步是『按而不管』。事後我體會到,這全是政策完全落實了。文管會第一次來清華,本來就應該派軍代表的,可是沒有派,而是讓原來的那些人繼續維持校務,只派來聯絡員進行工作上的聯繫,先是兩個一般的工作人員,後來是原在清華生物系任教員的吳征鎰,這就是『接而不管』。過了一段時間才派軍代表,這就是真正的接管了。這可見黨中央對北京這些大學是很重視的,對於它們的處理也是很慎重的。」[47] 馮友蘭、錢端升、費孝通、張奚若等知名教授後來都不同程度參與過清華的校務領導。這些政權轉移時被特別看重的知識份子,在以後的轉變中,也都起了帶頭作用,不過他們的最終命運也與他們的帶頭作用相關,在 1957 年「反右」的「文革」中,他們中的許多人都不同程度地受到了更大的傷害。

---

[47]　馮友蘭:《三松堂自序》頁 123、125,三聯書店,1998 年 11 月,北京。陳垣四九年給胡適的信,就是在他周圍幾個年輕黨員的幫助下所寫,經范文瀾之手交給《人民日報》發表的。信的起草者就是後來成了陳垣長期學術助手的劉乃和。(此事鄧瑞全有專門文章講述,見《黃河》雜誌 1999 年第 5 期,山西作家協會,太原。)

　　至於宣傳工作，新政權更有優勢。從延安時代起，陳伯達、胡喬木、艾思奇、周揚、范文瀾、胡繩、于光遠、田家英等，就特別長於做政治宣傳工作，他們多數是名牌大學出身，本人又有學術興趣和相當功力（五十年代翦伯贊、吳晗、陳垣都對陳伯達影響不錯，但文革中翦、吳的遭遇都與陳有關，陳是吳承仕的學生）[48]，所以在宣傳方面，也很有成績。

　　對於知識份子的思想改造，較早從理論上給予闡述的正是這些理論家。陳伯達在〈五四運動與知識份子的道路〉一文中曾說：「在前一個歷史階段，工農運動與馬克思列寧主義在中國思想領域上所引起的大革命，既促進了許多知識份子相繼走進了為人民服務的行列；在今後新的歷史階段，人民迫切地需要更多更多的有用的知識份子，而由於人民解放軍的勝利正在促進全國知識界一個為人民服務的空前新高潮；和這種新高潮在一起，也就必要舊知識界又來一個關於宇宙觀、人生觀的思想大革命。知識份子們必須根據百年來——特別是三十年來中國人民革命的實際經驗，用馬克思列寧主義——毛澤東思想的新觀點、新方法，用辯證唯物論和歷史唯物論的新觀點、新方法，在一切學術部門（不論是哲學的、經濟的、政治的、歷史的、文藝的，以及各種自然科學的），去對自己來一個『重新估定一切價值』，進行批判與自我批判。」[49]范文瀾說：「今天，轟轟烈烈的革命勝利，其顯而易見易聞，比雷庭泰山不知要高大多少倍，大量知識份子傾向或湧入革命陣營，這決不是偶然的現象。可是還有一部分人捨不得舊有的一套，不願意改變自己的立場、觀點、方法，有的自嫌遲暮，懶得再下功夫去改造。這兩種想法都是不對的，新中國偉大的建設工作——經濟的、政治的、文化的、軍

---

[48]　《陳伯達遺稿》頁 91、92，天地圖書有限公司，1998 年，香港。
[49]　同注 39。

事的——正開始，只要參加這個工作總是早而不算遲的，關鍵在於
立場觀點方法的改變是否早而不遲。如果願意改就要改的機會，但
遲到不祿而還沒有而還沒有改，那就算是遲了。我也是一個知識份
子，雖然經過改造，卻改造得很不夠，願意和我的同伴們共同努力，
攀著時代的輪子，永遠前進。」[50] 五二年，周揚在〈毛澤東同志「在
延安文藝座變會上的講話」發表十周年〉一文中說：「思想改造是以
工人階級的先進思想去克服一切落後思想，這就包含了一個人的整
個世界觀、人生觀的改變，整個思想、情感、心理、習慣、趣味的
改變；對於被改造者來說，必然要經過一個相當時間的、劇烈的、
痛苦的內心鬥爭的過程，這個過程時間的長短、痛苦的大小，就要
看個人主觀上自覺的程度和努力的程度來決定了。」[51]

　　對思想改造必要性與合理性的理解，許多知識份子都要與「五
四」運動聯繫起來，好像「五四」的精神就是要向工農學習似的，
這可能與中國知識份子普遍具有的民粹主義傾向有關，他們總是對
自己通過知識所獲得的社會地位不自信，以為是不合理的，總有內
疚的心理，似乎只有回到工農的地位，他們才感到安慰。陳學昭在
〈「五四」精神和知識份子的思想改造〉中說：「革命很快要在全國
勝利，革命力量由農村推進到城市，城市裏有很多知識份子，中國
的文化落後，知識份子是國家的寶貴財產，但是知識份子必須改造
自己的思想，去掉自高自大，輕視勞動的觀點，並樹立革命的人生
觀，才能為革命事業，才能為廣大人民服務。好在今天革命力量的
強大，對於知識份子的思想改造是一個便利的條件，只要知識份子
努一把力，不要使自己掉在革命隊伍的後邊，而是自動自覺的跑向
前去，那麼思想改造的過程一定可以縮短，痛苦也可以減少，時間

50　同注 39。
51　《周揚文集》第 2 卷頁 146，人民文學出版社，1985 年 10 月，北京。

也不至於浪費。城市裏有很多知識份子，更多的是工廠和工人，以及其他的勞動人民，到工人中間去，到勞動人民中間去，去幫助提高工人的文化，開展他們的文娛運動，這對於改造自己思想，體驗勞動，是一個最好的實踐。」[52] 羅常培〈紀念「五四」的第三十年〉也說：「可是咱們認真檢討一下，這三十年來，國人對於科學的貢獻究竟有幾樁能發揮民族自己的智慧，適應人民大眾的需要？對於民主，有很多人也是崇尚假民主。以資產階級的假民主為裝飾，而不能徹底瞭解，並推進人民大眾反帝、反封建、反官僚資本的新民主主義。自然我不是說，這三十年來咱們沒有值得尊重的科學家和革命家。相反的，我知道咱們確有一些恪守崗位的科學人材，埋頭實驗室裏得到獨立自發的貢獻；更有無數身體力行的革命志士，與廣大的工農群眾相結合，不惜摩頂放踵的犧牲自己去爭取人民大眾的福利。可是，也仍有一些只是口頭叫喊的，不是實事求是的；言論民主，行為不民主的也不乏實例。這種幼稚病是成年人不該有的。」[53] 歐陽予倩〈回憶與感想〉文章中說：「中國的人民站起來了！全中國就要解放了。毛主席說：這還是萬里長征的第一步。這個召示，使用我們感到今後的責任更重。的確，建設一個獨立自主的新中國，真是千頭萬緒。因此每一個都要確定自己努力的方向，要在一定的歷史階段裏完成新民主主義的建設，因此對於中國共產黨的領導不能有所懷疑。」[54]

　　知識份子幾乎是在一夜之間，把自己的獨立性全部交了出去，他們不會想到這樣做的後果，從此以後，一個階層在社會上獨特地

---

[52]　同注 39。

[53]　同注 39。

[54]　同注 39。

位的消失，此後，中國社會再沒有一種獨立為文化、為道統負責的力量了。

　　思想改造的最理想目標是這樣的：「接受黨的領導，具體地說就是一切聽黨的話。好好聽黨的話，黨叫做的事情就做，黨不叫做的事情就不做，同時在運動中要認真地領會黨所以叫我們這樣做的意圖是什麼。這樣是提高政治水平，提高思想水平，站穩工人階級立場，不犯錯誤最可靠的辦法，也是進行思想改造的快捷方式。聽黨的話，接受黨的領導，是具體的，不是抽象的。不僅要聽黨中央和毛主席的話，而且要聽你所在的單位黨組織的話，有事向黨組織報告，有困難向黨組織請教，這才是真正的接受黨的領導，聽黨的話。」[55] 劉再復曾指出，二十世紀的中國知識份子在理性層面和社會實踐層面上，對農民的盲目崇拜，確實造成了一種不必要的自我貶抑和自我矮化，以至在接受「改造」命題之後無休止地自我踐踏和自我奴役，這就使得自己進一步喪失知識份子的獨立本性，順理成章地變成革命王國的馴服臣民。他說：「中國知識份子的改造，除了農民化過程之外，還有一個國有化過程。國有化是在經濟國有化的同時，要求精神文化的國有化和個體心靈的國有化。這種國有化的基本內容是通過對『個人主義』的批判，逐步磨滅知識份子的個性、個人生活空間和獨立思考的能力，把他們變成國家機器中的螺絲釘，變成政治服務的工具。1949 年之後，不斷地批判『知識私有』，不斷地批判個人主義，把知識份子的工作全部納入國家計畫。」[56]

55　陳靜波：《知識份子思想改造的關鍵──立場問題》頁 50，吉林人民出版社，1958年 8 月，長春。

56　劉再復：〈歷史角色的變形：中國現代知識份子的自我迷失〉頁 42，《知識份子》1991 年秋季號，紐約。

五、思想改造運動的形成

作為政治運動的「思想改造」的出現，與兩個人有直接關係，一個是馬寅初，另一個是周恩來。

「思想改造運動」的起源可以從 1951 年 9 月 3 日算起。這一天，周恩來和北大校長馬寅初有一次談話，據《周恩來年譜》記載：「和北京大學校長馬寅初談話，聽他介紹北大湯用彤、張景鉞、楊晦、張龍翔等十二位教授響應周恩來八月關於進行思想改造的號召，發起北大教師政治學習運動的情況，並就馬提出擬邀請中央負責人為北大教師學習會作報告事交換意見。九日，致信毛澤東、劉少奇，報告本月以來馬寅初以口頭和書面邀請周恩來和其他中共中央負責人為北大教師會作報告，以推動思想改造為目的的學習運動開展的情況。」[57] 當時北大校長馬寅初給國務院總理周恩來寫了一封信。他在這封信中說：「北大教授中有新思想者，如湯用彤副校長、張景鉞教務長、楊晦副教務長、張龍翔秘書長等十二位教授，響應周總理改造思想的號召，發起北大教員政治學習運動。『他們決定敦請毛主席、劉副主席、周總理、朱總司令、董必老、陳雲主任、彭真市長、錢俊瑞副部長、陸定一副主任、和胡喬木先生為教師。囑代函請先生轉達以上十位教師。』」[58] 如果按中國傳統知識份子的標準來說，馬寅初這封信是有損他個人名節的，以北大校長的身份，請政界顯要來做北大的教師，這不是書生本色。馬寅初的信最後轉給了毛澤東。1951 年 9 月 11 日，毛澤東在馬寅初給周恩來的那封信上批示：「這種學習很好，可請幾個同志去講演。我不能去。」

---

[57]　《周恩來年譜》上卷頁 179、175，中央文獻出版社，1997 年 5 月，北京。

[58]　《建國以來毛澤東文稿》第 2 冊頁 448、526，中央文獻出版社，1988 年 11 月，北京。

　　馬寅初給周恩來信中提到的「響應周總理改造思想的號召」，是指 1951 年 8 月 22 日周恩來為全國十八個專業會議和政府各部門負責人作的題為〈目前形勢和任務〉的報告，周恩來在這個報告中說：「從舊社會過來的知識份子，在過去不是受著封建思想的束縛，就是受著帝國主義奴化思想的侵蝕；現在要為新中國服務，為人民服務，思想改造是不可避免的。只有這樣，我們才能夠進步，我們的思想感情，我們的行動，我們的生活方式才能夠適合於人民的利益，而不違背人民的利益。」[59] 五十年代初期，所有留下來的知識份子的心理狀態是很複雜的，在強大的壓力下，他們有恐懼感，但同時也對新政權存有幻想。他們要求改造自己的思想，不能說沒有一點自覺性，但主要還是外在的壓力。這一點從當時兩個知名教授顧頡剛和鄧之誠的日記中可以看得很清楚。

　　顧頡剛在日記中說：「1951 年春，鎮反運動起。六月，妻兄等被捕，因為〈顧頡剛囑〉。七月十三日，抵蘇，本擬理書，不意遇李文實之變，彼前幾日在蘇被捕。『今年渠到蘇，極欲閉門讀書，而政府竟不許之，未免可惜。』十一日，返滬。十二日，又離滬赴寧，為妻兄事設法。」[60]

　　七月九日，運動正式開始。「此次學習，可怕者三：天正熱，不堪炎熱，一也。刺激太甚，使予接連不得安眠，二也。開會太多，無寫作自我批判之時，三也。」

　　1952 年山東《文史哲》3 月號上發表了童書業〈古史辨派的階級本質〉和楊向奎〈古史辨派的學術思想批判〉，對這兩篇文章，顧

---

[59]　《周恩來年譜》上卷頁 179、175，中央文獻出版社，1997 年 5 月，北京。
[60]　顧潮編：《顧頡剛年譜》頁 343，中國社會科學出版社，1993 年 3 月，北京。

頡剛說：「均給予無情之打擊，蓋思想改造，有大力迫之，使不得不然也。……」[61]

顧頡剛1952年7月13日日記中說：「思想改造，一定要寫文章，說過去是如何如何的不好，此於我真是一難題，以向日予自覺是一不做壞事的人也。」

7月19日：「予在三反中是一個不重要的腳色，本想不出什麼來。自聽了兩天的報告與提意見，居然想出十一條，然皆雞毛蒜皮也。蓋貪汙、浪費，在舊社會中本亦視為惡德，故予兢兢不敢犯，茲所提者皆平常不視為貪汙者也。」

7月23日：「近日每夜必藥，可見血壓又高。在此緊張場合中，何法使血壓正常耶！。」

7月30日：「竟日開互助小組，論個人思想。李琦來，大聲斥責，至六時半散。……李琦同志因本組同人認識不夠，批評不真切，幫別人提意見亦不足，破口大罵，真有『到此方知獄吏尊』之感。」

7月31日：「人家自我批評，必要我加以批評，這在我是極困難的事。我從小養成的習性，要我六十歲改了，真是天大的難事。」

8月9日：「聽李光信交代思想，未及半，即為李琦喝住。……光信為人，拘謹之甚。生平唯做教員，亦無害人民之事實。思想交代，在彼實無可交代者。然而不能不交代，則唯有硬帶帽子，把唯利是圖，投機取巧，損人利己等往頭上套。李琦知其非也，不俟其說畢，即令停止改寫。此實難事，蓋彼如不套，便不得作交代矣。三反之時，不貪汙不如貪汙。思想改造時，則不反動不如反動，以貪汙反動者有言可講，有事可舉，而不貪汙、不反動者人且以為不真誠也。好人難做，不意新民主主義時代亦然，可歎矣！光信已兩

---

[61] 顧潮：《歷劫終教志不悔──我的父親顧頡剛》頁247，華東師範大學出版，1997年12月，上海。

夜不眠，逼之過甚將成精神病，更可憐！」(7 月 24 號日記中說：「予所開貪汙單，解放前一千二百餘萬，解放後四十八萬。予戲語劍華云：『可套金剛經語曰：所謂貪汙，即非貪汙。』劍華大笑。」)

8 月 11 日：「本來十五、十六兩日上海學院供應大學入學生考試，思想改造可停兩天，今又改變，試場易地，改造不停，則予之檢討書勢不得不在夜中作矣。真正逼死人！為吳瑞芳言之，她說客觀困難要用主觀努力克服。」

8 月 12 日：「王善業第三次交代，畢，開互助小組討論，逼得他大器。……以光信之簡單，且多悔過之言，而提意見者仍極多。渠已四五日不能睡，不能食也。」

9 月 1 日：「今日諸人對予所提意見，毛舉細故，不中予病，蓋有此形式，大家不得不說話，而要說者已於上次說過也。思想改造而落形式主義，亦難乎其為改造矣。」

9 月 10 日：「聞丁山已於今春逝世於山東大學。此人性倔強，不能與時屈伸，宜其然也。」

9 月 12 日：「予失眠自作檢討書起，至今亦月餘矣。學習中終日開會，無寫作之暇，而又不得不做，只得在晚間為之，而予夜中不能工作，一工作即失眠，愈發愈劇，至近日而非服藥兩三次不可，『腦息定』至不生作用。」

8 月 3 日，顧頡剛在給祝瑞開的信中說：「其時適值剛在上海學院參加思想改造學習，終日冗忙，無暇作答。學習畢後，積擱之事太多，整理至今，迄未就緒。我輩在社會工作者，苦於人事之煩，既不能讀書，又不能真正學習。本年三反、五反、思想改造三種運動，剛無不參與，而皆未真有所會悟。所以然者，每一運動皆過於緊張迫促，從無思考之餘地。」[62]

---

[62]　《萬象》第 1 卷 1 期頁 47，遼寧教育出版社，1998 年 11 月，瀋陽。

鄧之誠思想改造時期的日記中記載：

一九五二年正月十二日：「鍾翰來言，昨聶檢討，黨總認為不滿，令其再行檢討，從政治背景追求，又謂黨團於予未赴會，始終無絲毫不滿之意，且備極愛護。令人心感。又謂科學院來函問予思想改造情況。」

正月十四日：「下午閻簡弼、俞敏自行檢討，陸為家長或土皇帝，沈則惡霸，聶封建把頭，閻、俞狗腿子也。不知何以糟到如此，陸萬萬不能辭其責。數年來，陸提拔沈、聶諸人，一腳踢倒老教員，以便獨斷專行，而不料也有今日。閻尚攻孫錚作詩誹謗，余攻陸越權包庇，兼攻高、宋、孫亦有派系，險哉！」

正月二十日：「晨李文謹自行檢討。下午四系討論會，閻簡弼暴露沈、聶辱罵領袖，群情奮激。由學校常務委員會開會，將沈、聶二人先行隔離看管。童狂悖一至於此，蓋天奪其魄矣，不勝憤悒。閻又言：沈罵我為老妖，蔣家胡同妖氣沖天。不知何以開罪於彼，更不知何所取義。此皆陸志韋心腹，陸之糊塗可知，予與之相處六年有餘雖隱忍不較，而遭閔既多，受侮不少，自歎孤弱而已。」

正月二十四日：「晨八時半，小文學院開會，翁獨健、王鍾翰自行檢討。……下午開幹部會議後，王鍾翰、高名凱來。鍾翰言翁檢討甚好，彼則揭發事實甚多，晚七時尚有會，匆匆去。李陶欽來，校中廣播說，東蓀八日檢討不誠實，明日再行檢討，須就司徒關係、淪陷期間、漢奸關係一一說明。外文系更要求向全體師生檢討。」

正月二十五日：「晨間開會，林庚補充檢討，並總評近數日李、吳、翁諸人檢討。下午，張東蓀再行檢討。」

正月二十六日：「晨，小文學院開會，定明晨批評張東蓀檢討，下午續會，沈、聶、閻皆勿須再作檢討，令其作自白書。張、陸則

須向大會檢討。黨部似欲就此告一段落。鍾翰早晚皆來，去：他系學生有詰我不開會者，屬明晨必往，答以大風或過寒則不去。」

正月二十七日：「晨起甚早，九時討論會對張東蓀檢討作批評。……晚翁獨健來言王鍾翰檢討雖已通過，然不老實，尚持保留態度。細問之，亦不能舉實例。」

二月初一日：「開會中，宣布運動從下星期起，只由幹部與教員負責，並由教員領導，學生此次報名檢討者一百一十一人，通過者七十八人，未報名者四十餘人。張、陸、聶、沈四人須向大會檢討。」

二月初五日：「下午一時，校中大會討論張東蓀第三次檢討，六時始畢，尖銳批評，俱有錄音，尚未大罵。」

二月初六日：「《快報》伍愉凝發言：謂張東蓀始終未拋棄反動立場，一貫反馬列，反蘇，反人民，反革命，而親美，謂為完全失望。《快報》原要求徹底老實，要求徹底改造，以墨塗去。伍，學生會主席也，尚稱張先生。昨日黨員張世龍則直乎其名矣。照伍『完全失望一語』，似不令張再作檢討。而昨夕開幕之美帝文化侵略罪行展覽有張、陸、趙再作深刻檢討標語，似張尚未脫思想範圍。然學生中已有高喊撤職者矣！」

二月初七日：「問張東蓀事，去避嫌不敢。往昔吾識子之面，今吾識子之心矣。」

二月十一日：「下午趙作第五次檢討，非難蜂起，陸遞延。鍾翰來談燕校三反重心在消除美帝文化侵略影響。張、趙、陸三人為消除目標。自美帝文化侵略毒害展覽後，予已心知此義矣。」

二月十三日：「高名凱來言：陳夢家坦白貪汙三億；唐蘭坦白貪汙金條七十條；趙萬里貪汙之數不詳。此舉所謂羞死人。又言張東蓀向本校及中央政府、民盟總部請假反省。翁獨健來，以高在坐，未深談，唯言張、陸、趙三人皆已不能任教。與予所料合。」

　　二月十五日：「高名凱來，言昨日民盟總部開會決定張東蓀停職（盟內）反省，限期交代。晚七時開大會向趙紫宸提意見者百餘人，有要求撤職查辦者，至十二時一刻始畢。趙受洋人豢養，為之效力作諜至去冬猶未停止。」

　　二月十七日：「晨，鍾翰來言趙情形最嚴重。下午二時至五時，陸志韋作第三次檢討，提意見者九百餘人。」

　　二月二十二日：「晨往女體育館注射防鼠疫針，不往者為不愛國，予恐被不愛國之名，蹣跚而往，則人員擁護，皆恐被不愛國之名者。……下午二時，文學院開會控訴陸志韋，要求撤職查辦。陸先不來，督之，乃夫婦俱來。會畢先去，節約委員會乃宣布慎重考慮群眾要求。恐撤必不可免，能留教席與須看處理之寬嚴矣。」

　　二月二十三日：「下午二時，教授會議對陸檢討之認識及體會。多人發言後，工作組張大中宣布昨晚與陸談，頗有覺悟，又言陸乃是中國人民，僅喪失立場。如遂加以帝國主義份子之罪名，未免過重。始終稱陸先生，與昨日會場中，新聞系一年級學生高某，因其父高青山昔年被校中辭退，遂高呼：陸志韋跪下者，情勢頓異。」

　　二月二十四日：「高名凱、王鍾翰來言：今日之會，定陸為買辦階級，較帝國主義份子稍輕。張大中宣布陸前夕作函託彼轉致教部請求撤職查辦，有願悔而死，不願死而悔語。此即所謂覺悟，亦即所謂新材料也。料教部有批示，故張謂群眾當盡力幫助陸坦白。翁獨健遂謂罪行大小，應視坦白程度而定，需要群眾多數意見，不需要少數恩怨意見。翦公起而駁翁，謂群眾意見未錯，*毋乃文不對題*。」

　　二月二十六日：「又言：三反運動基本結束。下一運動為整幹，即忠誠老實運動，人人須交代歷史，與三反有關者仍繼續進行。未知交代是與思想結合否？亦未知北大、清華同須整幹否？」[63]

　　馮友蘭參加三反運動，多次檢查四九年前後思想言行。第一次檢查承認 1949 年前有名位思想，想當大學校長，1949 年後有進步；第二次檢查以名位思想為主，還承認有反共擁蔣思想，1949 年後進步不多；第三次檢查以反共擁蔣思想為主，承認 1949 年以後無進步，但只剩名利思想，沒有反共擁蔣之心。均未獲通過。期間，金岳霖、周禮全曾來看望他，金與馮友蘭為檢查事抱頭痛哭。後又檢查多次，還涉及對美國、對梅貽琦、對卜德與李克的認識與態度等。最後李廣田代表中共清華文學院黨組織宣布對他「免於處分」。馮友蘭曾說，在三反運動期間，他有一種思想，覺得不如辭職自謀生活，閉戶著書。[64]

　　楊樹達當時在湖南大學，在日記中說：「1951 年 8 月 14 日，晚夏作銘（鼎）來……又言馬學良出版一兄弟民族語著作，序文錄一歌頌法國教士碑文。書出後陸定一發現不合，郭沫若、羅常培皆自行檢討，收回贈本。以此近日出版事愈慎重云。」

　　這樣一件小事，已讓許多知識份子害怕了。1952 年 7 月 19 日，湖大思想改造運動，力行批評與自我批評。「今日，群眾意見書來，凡六條，內容為自高自大，輕視他人，專家學者思想包袱極重，強調業務學習，喜愛奉承。皆切中余病。又謂余教課負責，性格爽直，為同學所歡迎。」[65]「四日，余向歷史系師生檢討。生平最大之錯

[63]　《萬象》第 1 卷 3 期頁 93，遼寧教育出版社，1999 年 3 月，瀋陽。

[64]　蔡仲德編：《馮友蘭先生年譜初編》頁 372，河南人民出版社，1994 年 11 月，鄭州。

[65]　楊樹達：《積微翁回憶錄》頁 332、347、348，上海古籍出版社，1986 年 11 月，上海。

誤，為應日本人之請續修《四庫提要》一事。因好利之故，喪失民族立場，最可痛恨。次之則反對學生運動（抗日運動除外）。李毓堯掌湖大，學生反對，余竟為李緩頰。及軍人入校干涉，余始力助學生，則事已無及已。他如強調業務，自高自大，自私自利，皆極端錯誤，急需改正。檢討畢，同事同學多人與余握手道賀，幸獲通過。」

　　鄧之誠日記提到張東蓀在思想改造運動中的情況，可以認為是一個是知名學者的真實處境，張東蓀作完第一次檢討，群眾的意見很多，風頭已經不對。他接著作第二次檢討，這時學校已經預備好了很多關於張東蓀一生的歷史材料，如他給人提書面引用西方一位作家的話：「如果在共產主義與絞刑之間，叫我有所選擇，我寧願選擇絞刑」之類；這些材料都刊登在燕京校刊為張東蓀特出的專號上。他在民盟的老朋友周鯨文回憶說：有一天晚上他由燕京大學進城來，在他的大兒子張宗炳家我們會面了。他說：「情形搞得這樣，我的方寸已亂！」我瞭解當時共產黨為他布置的情況，我很冷酷的問他一句：「你今年多大歲數？」他說：「六十三」。我回答說：「已經六十三，你還怕什麼！」他體會了我的用意，向我點了點頭。接著我們談論一會兒。我以死的心情對待我的老友，臨別時，我還覺得是殘酷、難過，但我們面對這樣一個惡魔世界，我們又有何話可說。[66]

　　張東蓀先生又在燕京大學大會上又作了第三次檢討，群眾還是不許他過關，對他提出尖銳的批評和責難。周鯨文回憶說：這時在會外，統戰部部長李維漢徐冰奔走於民盟主席張瀾和毛澤東之間。毛澤東說：「這樣的人——壞份子張東蓀，我們不能坐在一起開會了。」張瀾先生說：「東蓀先生問題，還是從緩處理為是！」李維漢裝做一副

---

[66]　同注 22。

陰森面孔說：「我們不能和這樣的壞人合作，他出賣了國家情報。」張東蓀在思想改造運動中以反革命份子定了罪名。從此以後，張東蓀在燕東園的小屋裏過其軟禁生活，朋友們想和他會面已無可能了。

　　在張東蓀被鬥爭的同時，在燕京大學還有兩個嚴重對象，一個是燕大負責人陸志韋，一個是宗教學院院長趙紫宸，這兩個人被鬥爭的情況的激烈甚於鬥張東蓀。在運動中，這兩個人都過是停職反省的生活。

　　北京大學在鬥爭一批教授中，以鬥爭周炳琳先生為最激烈。他擔任過北京大學法學院院長，在學術界很有名氣，為人也很正直。他的檢討本來是很坦白的，就是做自毀式的自我批評，甚至罵自己的祖宗三代。群眾向他進攻，他就是不承認那些惡語誣陷加在他頭上的罪過。這樣便形成了僵局。他被認為是舊文化界的頑固堡壘。一方是堅決不認被誣賴的錯誤，一方是當作堡壘進攻。這樣形成了騎虎難下。所以幾次檢討鬥爭，都過不了關，最後還是動員他的家人。他的兒女和妻子、兒子多是共產黨員和青年團員。學校動員他們在鬥爭會上檢舉周炳琳的罪過，同時回到家裏再行勸說。這樣搞了很長時期，周炳琳已經形成孤立。沒有了朋友——朋友們在運動中都劃清了「敵我界線」；凡是被鬥爭的人，就是敵人，誰也不許同情他，而且要以他為敵。同時也沒有了家人，周炳琳於是沉默不言。運動高潮過去，他的案子是以不了不之。據周鯨文說，以後他再見過周炳琳，他的臉上始終有不愉快之色。

　　《北京大學紀事》一書中披露了當時的情況，對比周鯨文的回憶，應該說是非常真實的。以下是本書中涉及北京大學思想改造運動時的記載：[67]

---

[67]　《北京大學紀事》上冊頁446-450，北京大學出版社，1998年4月，北京。

1952 年 2 月 24 日：工作組黨組開會研究教師思想改造學習問題。會議認為群眾要求提高了，對教師思想總結（洗澡）不僅要求暴露真實思想，還要求分析批判。這裏有個要求到什麼程度的問題，需要開個會，組織已經洗澡的人中思想總結好的人作典型發言，以具體事實解決洗澡的問題，推進運動。

1952 年 2 月 24 日：經濟學系周炳琳教授在法學院師生大會上作檢查。群眾對他的檢查很不滿意，要求他對破壞「一二九」等歷次學運問題、封鎖北樓阻撓學運問題和解放後發表的一些不好的言論進行檢查。

1952 年 2 月 27 日：校黨委召開幹部會，討論布置教師思想改造學習工作。工作組黨組書記張文峯傳達了北京市委統戰部長李樂光的講話精神，並結合我校情況提出：教師洗澡可以分為四類：第一類問題小，其中有的還比較進步、積極，不用幫助就可過關。這類占大多數。第二類問題小，但不願暴露或願暴露而分析差，需要加以幫助後過關。第三類問題較大，需要在較大範圍內認真加以幫助，才能過關，這類人是少數。第四類問題大、有典型性，需要在更大範圍內加以幫助，這類人更少。大多數人過關後剩下少數即可以開學。前一段的問題是領導上方針不明確，要求過嚴，一律對待，反而放鬆了重點。下一段，第一二類人洗澡可以快一些，但也不能馬虎。

1952 年 2 月 27 日：周炳琳在法學院師生大會上作第二次檢查。群眾對他的檢查仍非常不滿。周向馬寅初校長表示，他拒絕再作檢查，「願承擔一切後果」。

1952 年 2 月 27 日：市高校節委會辦公室向各校節委會發出通知。通知說，各校院都已進入打虎高潮，為制止貪汙份子互訂攻守同盟，防止自殺、逃跑，對拒不坦白者採取隔離的辦法是必要的，但必須高度警惕，防止發生自殺事件。

1952 年 3 月 7 日：西語系朱光潛教授在該系師生大會上作檢討，因其他系來旁聽的人很多，不得不數易教室，最後在新膳廳舉行。朱檢討後，與會者一致表示不滿。有五位西語系的教師和學生在會上發言，對朱的資產階級思想進行揭發和批判。

1952 年 3 月 12 日，馬寅初校長和法學院錢端升院長到周炳琳教授家中看望周。周對檢討仍抱抵觸態度。

1952 年 4 月 1 日：馬寅初校長主持召開有關朱光潛教授的思想座談會。曹聯亞、鄭昕、孫承諤、湯用彤、楊人梗、向達、金克木、季羨林、文重等參加了會議。大家一致認為，應進一步幫助朱光潛教授提高和加深對自己資產階級思想的認識。

1952 年 4 月 8 日：法學院全體師生在新膳廳舉行大會，周炳琳教授作第三次檢討。與會師生對周的檢討仍不滿意。大會的主持者當場收到了 540 條意見。

1952 年 4 月 9 日：朱光潛教授在全校師生大會上做了第三次檢討。

1952 年 4 月 10 日：全校師生大會對朱光潛教授第三次檢討提意見，先後有十四位教授、講助、和同學發了言。最後由馬寅初校長作總結發言。他說朱先生的檢討有進步，但還需

要繼續反省，加緊改造，根據群眾意見，徹底批判自己的思想，根本改變反動立場，站到人民一方面來。他號召全體師生再接再厲，肅清反動思想，批判資產階級思想，樹立工人階級思想在北大的領導權。

1952 年 4 月 14 日：馬寅初校長召開分學委會，研究如何幫助周炳琳教授做好思想總結及檢查。錢端升彙報法學院同人結合周的思想，成立了四個研究小組，準備在下次會上發言，對他進行幫助。

1952 年 4 月 16 日：馬寅初校長召開座談會，對周炳琳教授進行幫助。湯用彤、錢端升、向達、羅常培、孫承諤、金克木等二十位教授參加。新從朝鮮歸國的曾昭掄、張景鉞教授也趕來參加。會後，周認為這樣的會對他確有幫助。

1952 年 4 月 17 日：周炳琳找馬寅初、湯用彤二位校長及分學委會金克木教授，表示願和群眾一起清算自己的反動思想，並請馬校長把自己的想法轉達給教師和同學，希望大家多來幫助他。

1952 年 4 月 18 日：馬寅初校長主持召開分學委會，研究周炳琳教授在全校大會思想總結和檢查的有關事宜。

1952 年 4 月 20 日：中共北京市委報送毛澤東主席並黨中央的北京高等學校三反運動演示文稿中說：為了幫助北京大學法學院教授周炳琳更好地解除對思想改造的顧慮和端正對三反的態度，北大黨組織有領導、有計劃地派人同他談話。在張奚若、馬寅初等同周談話和周的女兒（共產黨員）做工作

後，周的態度有所轉變，表示願意聽取大家的批評，進一
步作思想檢討。

1952 年 4 月 21 日，馬寅初校長主持召開分學委會，再次研
究了周炳琳教授在大會上做思想總結和檢查。周檢查後有十
四位教授、講助和同學發言，對他進行幫助。

1952 年 7 月 30 日：周炳琳教授在法學院師生大會（其他院
師生參加，共約 1000 多人）上作檢討。周這次檢討較誠懇，
對自己的過去有認識，並體會到黨與群眾對他的幫助。大會
對他的進步表示歡迎。

1952 年 5 月 22 日～23 日：忠誠老實運動的準備開始階段。
第一批幹部 159 人的學習於 22 日、23 日進行。工作組黨組
書記袁永熙做了動員報告。他說，運動中除個別的人以外，
都是人民內部矛盾問題，是歷史問題，是人民內部的自我教
育問題。領導人必須自己先扔掉包袱，然後再愉快地去領導
別人。運動中要堅決貫徹「自發自覺，不追不逼」的原則。
經過兩天學習，這批人共交代問題 119 件，交代問題的人數
占參加學習人數的 75%。其中：一般性問題 60 人，反動社會
關係 51 人，一般政治問題 8 人。各級有關領導對交代問題者
做了結論。

　　周炳琳最後能過關，還是因為毛澤東說了話。1952 年 4 月 21 日，
毛澤東對北京市高等學校三反情況的批語中說：「彭真同志：送來關
於學校思想檢討的文件都看了。看來除了張東蓀那樣個別的人及嚴
重的敵特份子以外，像周炳琳那樣的人還是幫助他們過關為宜，時

間可以放寬些。北京大學最近對周炳琳的作法很好，望推廣至各校，這是有關爭取許多反動的或中間派的教授們的必要作法。」[68]

初期知識份子的思想改造運動，原則上是和風細雨，不搞大批判，但具體到每一個單位，又不盡相同。汪敬虞回憶說：「我記得在科學院剛展開運動不久，曾參加過一次北京大學周炳琳教授的批判會。那是在一個可容上千人的大禮堂裏舉行的。當時我看到面無表情的周先生坐在台下正中，兩旁坐的是他的親屬，有人告訴我那是他的老伴和子女。大會上除了群眾一個接一個上台批判以外，還有周先生親屬的揭發。他們也走上台，帶著激憤的表情對自己和親人進行聲色俱厲的揭發批判。這種場面，在後來的反右等等運動中，看得多了，也就不以為怪。但在建國初期第一次看到時，卻很不習慣，覺得異乎常情。

然而，在後來科學院的思想改造運動全過程中，我卻沒有再碰到這種讓人不習慣的場面。相反，倒是有兩個動人的場景先後出現在我眼前。

科學院在思想改造運動中，全院的學習是分區進行的。我所在的經濟所和近代史、考古、語言等所同在城東南，就以東南區的名義經常在一起開會學習。我記得在考古所鄭振鐸所長作思想檢查的會上，有些群眾有些激動，打斷了他的發言。鄭先生也有些不大受

---

[68] 《建國以來毛澤東文稿》第 3 冊頁 422，中央文獻出版社，1989 年 11 月，北京。陳新桂 1957 年反右時寫過〈對過去幾陣暴風雨的批評的建議〉一文，他說：「思想改造，是否用鬥爭可以改掉，有多大效果，很可研究。李景漢教授在思想改造中第一次做辯白，遭到打擊，第二次他包下來，就通過了，這能改變思想嗎？陷害了人，不許人辯駁，說是『無則加勉』，說人是反革命，如何『勉』法？潘光旦在三反中是鬥爭重點，最後用了他愛人、兒女哭的辦法去勸他承認錯誤。三反後，他鑽線裝書，不說話，人家說他改造好了，這不是笑話？潘是圖書館主任，圖書館裏有反動的書，這有什麼不可以？現在已經揭開蓋子，潘還是不講話。這就是很典型的例子。」（《內部參考》225 期，新華社，1952 年，北京。）

用，他一邊講著一邊摘掉眼鏡，用手絹去擦眼淚，會上空氣有點緊張。就在這個卡殼的當口，原來不在場的范老（范文瀾同志）忽然匆匆地趕來了（范老就住在會場附近）。他喘息未定就起立發言，對鄭先生在歷史上的進步和學術上的貢獻作了積極的評價。范老的講話使會場上的氣氛立刻緩和下來。原來疾言厲色的面孔沒有了，鄭先生的臉色也好看多了。散會時候，看得出來，絕大多數同志都感到滿意。

另一個場面也出現在考古所的學習會上，考古所梁思永研究員當時身患肺疾，基本上臥病在床，按規定他可以自學，不必參加小組學習。但是梁先生堅持要同大家一起參加學習。在這種情況下，小組學習會有時就在他的家裏開。有一次我參加了這個小組會，看到梁先生靠在躺椅上，大家依次環坐。梁先生雖然躺著，卻拿著學習文件認真思考和發言。他的親屬也在一旁，偶而也說一、兩句話，不過與學習無關，只是對梁先生小聲耳語，給梁先生以悉心照顧。面對這一場面，當時我就想：這和周炳琳先生批判會上的場面是多麼強烈的對照！然而它的最大不同，應該說，還是在對周先生、對梁先生、對所有知識份子思想改造的實際效果上。」[69] 當時科學院

---

[69] 汪敬虞：〈記憶猶新的回憶〉，《近代史研究》2000 年 6 期頁 5、6，中國社會科學院近代史研究所，北京。陳序經的兒子回憶說：對於像父親這樣的人，在舊中國受教育，又出國留學受西方資本主義的教育，提倡全盤西化，在被認為與美帝關係密切是「教會學校」的嶺南大學任校長，當然被視為是資產階級思想嚴重的人，因此是重點要改造的人，而他在思想改造運動中的自我思想檢查，也是特別受到重視。父親一向有自己獨立的思想見解，有些思想觀點，像全盤西化的見解更是「頑固」得很，在文化大論戰中，是堅持到底的。現在要來個一百八十度轉彎，批判以前的東西都是錯的，如何能夠一下子轉變過來呢？所以肯定是對自己「錯誤」思想認識不深。因此他的檢查，第一次通不過，第二次仍通不過，一直到第三次才算是勉強過關。顯然他要過關，少不了找一些人幫忙「提意見」，他甚至找了盧煥華先生。盧先生說，當時的廣東省文教廳廳長杜國庠對父親較瞭解，為人也較通情達理，沒有給父親什麼硬性規定。可說杜老手下留情，最後放他一馬

的思想改造運動的實際主持者是劉大年，雖然運動平和，但也可以
想見對運動的忠誠，梁思永重病在床，還不放過，他不久就去世了。

　　清華大學的思想改造運動中兩個特殊的例子，一個是鬥爭華羅
庚先生，一個是鬥爭潘光旦先生。華羅庚是國際聞名的數學家；從
美國回來投奔祖國，不久就碰上思想改造運動。這樣一個留美學者，
在共產黨眼裏自然是周身是病，所以指使群眾搞他一下，他以坦白
的心情都盡其所有交代清楚了，看來問題還並不嚴重。最後因為他
還保留著原有的出國護照，未加焚毀。由這個引線起就對他展開了
無窮的鬥爭，說他有「投靠帝國主義的思想」，為「留後路」的打算，
在鬥爭會上他是有口難辯的。華羅庚簡直成了「罪人」。他看見了這
個無情無理不問是非的世界，感覺到自己的災難是無窮的，生活在
這樣的社會還有什麼意義，於是進行了自殺。後被發現得早，保存
了他的生命。因為他是民盟盟員，他的檢討改在民盟北京市支部舉
行，躲開了自己在清華布置的火線，這樣華羅庚才算過了關。

　　清華大學另一個鬥爭的對象是潘光旦。他是全國有名的社會學
學者，為人老實厚道，為民主運動奮鬥甚力；早年就加入了民主同
盟，多年保持中央常務委員的職位。在思想改造運動中，他的檢討
大體上是坦白、老實的，沒有什麼隱藏，而且以他的歷史人所周知，
也不需要什麼隱藏。他雖然作了檢討，但群眾硬要整他的「思想暗
流」；意思就是在表面思想之外，還有什麼隱藏的思想。這一追查，
越檢討，越搞不清，潘光旦雖然前後作了八次檢討，被鬥爭得痛哭
流涕，這個「思想暗流」也搞不清。最後還是運動收了兵，他也是
在民盟北京市支部檢討之後過的關。

吧。（陳其津：《我的父親陳序經》頁 191，廣東人民出版社，1999 年 11 月，
廣州。）

　　1951 年 9 月 29 日，周恩來在北京、天津高等院校教師學習會上做了一個報告，這就是著名的〈關於知識份子的改造問題〉。他在報告的一開始就說：「北京大學教師學習和馬校長要我給他們做一個報告。我想，既然給北京大學講，也就應該給別的大學講。因此，我同教育部商量了一下，這個報告會就以北京大學為主，把北京、天津其他大學的教師和同學代表也請來了。我講什麼呢？做一般的政治報告吧，也許不適合大家的要求，因為大家正在進行思想改造的學習，這樣的報告不是最需要的。既然在學習，就一定要下決心改造自己。因此，我想講一講關於知識份子的改造問題。」[70] 周恩來的報告是從他個人經歷開始的，報告親切、生動，很有感染力，他特別講了南開校長張伯苓的事。他說：

> 張伯苓先生晚年做了國民黨政府的考試院長，重慶解放以後，開始有了覺悟，後悔了。以後他回到北京，又轉到天津。他和我總算是師生關係了，也很接近，但是我絲毫沒有勉強他寫一個東西。以後他慢慢地認識了新中國，認識了人民中國的好處，開始跟我講了一些他最贊成、最高興的事，但是我仍然沒有請他寫個東西。我覺得一個人的進步要等他自覺地認識以後才最可靠。這樣一耽擱，沒想到他就年老病故了。臨終前他寫了一個遺囑，大家可能在報上看到了。也許這是我的一個缺點，沒有及早地幫助他提高覺悟。假使我知道他身體那樣差，早一點提醒他一下，他也可能多一點進步表現，使人民對他有更多的諒解。這是我抱歉的地方。

---

[70]　《周恩來選集》下卷頁 59，人民出版社，1984 年 9 月，北京。

　　周恩來舉的第二個例子是翁文灝。他說：「翁文灝，大家也很熟悉，新華社宣布過他是戰犯之一。但是他在歐洲表示願意回到新中國來，無論如何也不願意到美國去當教授。因為他有這樣的表示，我們就歡迎回來。他回來以後，有些朋友覺得他應該寫一個聲明，這樣好使人民諒解他。但是我仍然覺得不要太勉強，要他慢慢覺悟，自覺地寫。」五十年代初期，周恩來在知識份子當中很有威望，他的這次講話令知識份子非常感動。他還講了梁漱溟。他說：「梁漱溟先生初到北京的時候跟我說，有些問題他要觀察一下。他在這點上很直爽，我們也很尊重他，所以介紹他到各個地方去觀察。他每次回來的確都有進步，這一點我們應該歡迎。他觀察一個時期就提出一個新的認識，那很好嘛！」周恩來關於知識份子問題的講話以後，全國各地的思想改造運動就開始了。在這一段時間內，全國幾乎所有有名的知識份子都開始以接受記者採訪、單獨發表檢討文章，表示自己要和過去劃清界線。

　　1951年10月23日，中國人民政治協商會議第一屆全國委員會第三次會議在北京開幕。毛澤東在會上致開幕詞。「在我國的文化教育戰線和各種知識份子中，根據中央人民政府的方針，廣泛地開展了一個自我教育和自我改造的運動，這同樣是我國值得慶賀的新氣象。在全國委員會第二次會議閉幕的時候，我曾提出了以批評和自我批評方法進行自我教育和自我改造的建議。現在，這個建議已經逐步地變為現實。思想改造，首先是各種知識份子的思想改造，是我國在各方面徹底實現民主改革和逐步實行工業化的重要條件之一。」[71]十月二十三日的《人民日報》也發表短評〈認真展開高等學校教師中的思想改造學習運動〉。這次會議以後，知識份子的思想

---

[71]　1951年10月24日《人民日報》第1版。

改造運動就進入了一個高潮。毛澤東關於知識份子思想改造的那段話，幾乎成了知識份子寫文章時必然要引用的一段名言。

同年 11 月 30 日，中共中央印發了「關於在學校中進行思想改造和組織清理工作的指示的通知」。通知中說：「學校是培植幹部和教育人民的重要機關。黨和人民政府必須進行有系統的工作，以期從思想上、政治上和組織上清除學校中的反動遺跡，使全國學校都逐步掌握在黨的領導之下，並逐步取得與保持其革命的純潔性。因此，必須立即開始準備有計劃、有領導、有步驟地於一至二年內，在所有大中小學校的教員中和高中學校以上的學生中，普遍地進行初步的思想改造的工作，培養幹部和積極份子，並在這些基礎上，在大中小學校的教員中和專科以上（即大學一年級）的學生中，組織忠誠老實交清歷史的運動，清理其中的反革命份子。」[72]

同年 12 月 9 日，《新華日報》發表社論〈思想改造是知識份子對人民祖國的責任〉。社論中說：「這是思想領域中的階級鬥爭，和平改造是不可能有任何效果的，必須經過一番痛苦才能放下包袱而感到輕鬆愉快。思想改造自然是長期的，這是說，從一個階級的觀念形態的轉變，不是幾次會議，一個運動所能全部解決的，必須經過長期鬥爭的磨練，像毛主席教育我們要經常掃地，經常洗臉一樣。」這是四九年以後在全國範圍內展開的一次規模較大的政治運動，由於運動的主要對象是知識份子，所以它在很大程度上可以看成是對知識份子的第一次清理，為隨後到來的 1952 年的院系調整做了思想上的準備。

1952 年 9 月 24 日《人民日報》發表社論〈做好院系調整工作，有效地培養國家建設班幹部〉。文章說：「今天的院系調整工作，是

---

[72]　《建國以來毛澤東文稿》第 2 冊頁 448、526，中央文獻出版社，1988 年 11 月，北京。

在學校的政治改革和教師的思想改造已經取得重大勝利的基礎上進行的。兩年以前，在全國高等教育會議上即曾得出了調整院系的問題，但是兩年來這一工作很少進展。這主要是因為許多教師在思想上還嚴重地存在著崇拜英美資產階級、宗派主義、本位主義、個人主義的觀點，沒有確立全心全意為人民服務的思想，因此就不能很好地貫徹執行新民主主義的教育方針。自從去年毛主席在中國人民政治協商會議第一屆全國委員會第三次會議上號召知識份子進行自我教育和自我改造運動和今年經過『三反』和思想改造運動以後，各校教師進一步肅清了封建、買辦、法西斯思想，批判了資產階級思想，樹立加強了為人民服務的思想。這樣，就有條件與可能把院系調整工作做好了。」[73]

　　五十年代初，朝鮮戰爭和隨後進行的土改、鎮壓反革命、三反五反等政治運動和知識份子思想改造運動是重疊的，所以顯得非常恐怖。1951 年 1 月 21 日，毛澤東代表中央人民政府簽署公布實施了〈中華人民共和國懲治反革命條例〉。第二天，《人民日報》發表社論〈為什麼必須堅決鎮壓反革命〉，這篇社論語氣非常強硬。其中有這樣一段：「有一些同志不懂得鎮壓反革命是人民民主革命必要的完成，而竟然認為在革命勝利之後，對於怙惡不悛的反革命份子也要施以『仁政』。他們似乎忘記了由於無數先烈流血犧牲的結果，才使我國人民推翻了封建買辦法西斯專政的國民黨反動政權，建立了人民民主專政的革命政權。這就是廣大被壓迫的人民起來，壓迫過去長期壓迫人民的少數壓迫者。國家政權就是這樣從原來少數壓迫者的機關，變成為今天最大多數人民壓迫少數壓迫者的機關。我們人民的革命對象，就是帝國主義封建主義國民黨反動派及其幫兇們

---

[73]　《建國以後重要文獻選編》第 3 冊頁 346，中央文獻出版社，1992 年 6 月，北京。

那一小撮反革命勢力。革命和反革命是不能兩立的。人民對於一切決心脫離反革命陣營，回過頭來為人民服務的，都已經給予寬大了。革命和反革命的界限，現在愈加分明了。現在繼續進行反革命活動的怙惡不悛的反革命份子，既不會自己甘心死亡，就必須徹底革掉它們的命，決不能允許它們來革掉人民的命。」[74]

1951 年 2 月發動並持續到 1953 年的鎮壓反革命運動；從 1951 年夏秋的反對腐化幹部的三反運動、針對那時為止受到尊重的民族資產階級的五反運動和針對知識份子的思想改造運動。這些運動都進行的極為激烈，並引起了社會上嚴重緊張和憂慮。如同在鄉村，官方的暴力也被大規模地使用，特別是在鎮反運動中，但三反五反運動使用暴力的程度則小得多。此外，各種各樣的措施造成了強烈的心理壓力，其中包括強迫在小組中坦白和有數萬人參加的公審（並向幾百萬人廣播）。這不但形成一種不信任氣氛，破壞了已建立的個人關係，而且還導致大批人自殺——可能有幾十萬人。[75]，從此以後，知識份子就開始變得謹小慎微，這次思想改造運動到 1952 年的秋天基本結束，它帶給知識份子心靈上的傷害是很重的。

中國知識份子本來就有文人相輕的習慣，經過思想改造運動，由於相互揭發導致知識份子之間的關係嚴重惡化，至此把知識份子的道義和人格力量基本摧毀。冼玉清當時感到，四九年以後每逢開會，凡叫口號，女子也和男子一樣高舉拳頭，看見這樣劍拔弩張，他有點不順眼，認為世界真是變了。冼玉清說：「有人檢舉我去香港傳達情報，許多檢舉材料都是私人恩怨而製造的。我認為風俗之良劣，在乎人心之厚薄。自檢舉風興，人心之涼薄極矣。」[76]

---

[74] 《堅決鎮壓反革命活動》頁 2，人民出版社，1951 年 5 月，北京。
[75] 《劍橋中華人民共和國史》頁 90，中國社會科學出版社，1990 年 8 月，北京。
[76] 陸鍵東：《陳寅恪的最後二十年》頁 49，三聯書店，1995 年 12 月，北京。

　　思想改造運動以後，知識份子當中說假話開始成風，雖然這是壓力之下被迫的選擇，但天長日久，它已成為一種風俗，這對中國文化的破壞是很大的。胡適給劉紹唐《紅色中國的叛徒》寫序時，看了金岳霖在思想改造運動中寫的檢查，他說：「是不是毛澤東和他的政權已經很成功的做了一件不可能的事，就是將這一位最倔強的個人主義的中國哲學家的腦給洗乾淨了？還是我們應該向上帝禱告請准許我們的金教授經過了這樣屈辱的坦白以後可以不必再參加『學習會』了。」[77]胡適認為這都是由於「沒有不說話的自由」所造成的，不可能真正有效，但短時間內可能是這樣，如果是整體化，長時間如此，情況就會是另外一個樣子。「文革」當中，知識份子之間的相互殘殺，不能說與思想改造運動的後果沒有關係。

　　胡適說：「現在我們有許多朋友在北平受壓迫，作坦白文章。去年（四十年）八月下半月起，即有所謂思想改造運動，尤其是對於高等教育機關的教師。許多我們的朋友公開否認北大的傳統；這是在日本鐵蹄之下都沒有經過的苦痛。我們那些老朋友，在思想改造時期，被迫作土地改革，自我批評；而且要所有群眾來批評『自我批評』。還有，他們除宣告『胡適的思想為敵人思想』外，更進一步評判蔡先生思想。蔡先生的思想：一是自由思想，一是學術平等。他們說：『這是錯誤之至；難道資本主義思想同人民的思想可以平等？』所有這些公開否認『胡適思想』，檢討『蔡元培思想』的朋友，都是在非人環境的生活中，被壓迫而這樣樣做的。我們應該基於深刻的同情，知道他們沒有說話的自由，也沒有不說話的自由；我們應該體諒，他們所坦白的，絕不是他們心中要說的。我想，各位一定與我同感。」

---

[77]　胡頌平編著：《胡適之先生年譜長編初稿》第 6 冊頁 2293、2188，聯經出版公司，
　　　1990 年，台北。

「在這個時期，我不敢說過分樂觀的話。不過，我一向是樂觀的人，總覺得這種局面不會長久。他們清算北大，我覺得他們越清算，越是提醒人家對某種思想的回憶。想想那時學術平等，想想那時自由空氣，大家會更加深刻的瞭解。他們清算『胡適思想』，等於溫習胡適的書。」[78] 胡適以為思想改造運動不足以摧毀中國知識份子身上的優良傳統，他的這個估計是太過於樂觀了，因為他想像不到四九年以後政治運動的嚴酷。思想改造運動，從設計者角度考慮，這個運動是很成功的，不過它越是成功，對中國知識份子的傷害就越大。

[78]　胡頌平編著：《胡適之先生年譜長編初稿》第 6 冊頁 2293、2188，聯經出版公司，1990 年，台北。

延安知識份子在新意識形態建立中的角色

——以《學習》雜誌事件為例

一、延安知識份子及來源

從延安整風以後，毛澤東確立了自己在黨內的地位，同時也基本完成了新意識形態的建立，這一切無疑是毛澤東獨特個性和權力願望的具體實現，新意識形態的完成雖然以毛澤東為主導，但這個完成過程並不是毛澤東個人力量可以達到的，延安知識份子在新意識形態的形成和不斷完善中，起了很大作用，毛式新聞思想的形成中就有陸定一和胡喬木的責任。這一點，可以通過五十年代初發生的《學習》雜誌事件來作一個分析，在這個事件中，可以看出延安知識份子是如何把毛澤東思想更左傾化的。

對延安知識份子，要稍加定義：主要指從事社會科學研究的知識份子，從事自然科學的知識份子，不在此例。延安知識份子的主要來源是當年的左傾教授和左傾青年，在教授中以陳伯達、艾思奇、范文瀾為代表，在青年中以胡喬木、于光遠、胡繩為代表。當年投奔延安的知識份子很多，但並不是所有到了延安的知識份子就是「延安知識份子」，而主要是指那些在思想和行為上都能與延安保持平衡的知識份子，如果說延安確有新文化，那麼創造這些新文化並為這些新文化所化的知識份子，才可以視為是「延安知識份子」，有些沒有到過延安的人，仍可以把他們看作是延安知識份子，而像王實味、

蕭軍、高長虹雖然到了延安，但最終無法和延安文化達成平衡，所以也不應當看作是「延安知識份子」。

延安自己沒有大學，它的知識份子都來自於當時中國社會的各類大學，就教育背景而言，延安知識份子與自由主義知識份子是一類人，他們差不多都出自當時中國最好的大學，像陳伯達是吳承仕的學生，范文瀾是黃侃的學生，而胡喬木、于光遠都是清華大學的學生。就個人的歷史選擇而言，延安知識份子比自由主義知識份子要付出更大的勇氣，這也同時說明延安知識份子的思想是以激進為特點的，就個性和才華而言，他們比自由主義知識份子不但不遜色，而且在許多方面可能還要強過他們，特別是他們把理論和學術用來指導行為，把馬列主義中國化方面，更有創造才能；就學術背景和寫作才能評價，像陳伯達、胡喬木、于光遠、胡繩，都是學有根柢的文章高手。說到延安知識份子，就不能不說當年的馬列學院和後來的中央研究院。

延安創辦馬克思列寧學院的目的是培養和教育幹部，提高幹部的馬列主義理論水平，院長由張聞天兼任。1938 年 5 月 5 日，馬克思 120 周年誕辰時成立，到 1941 年改組，前後約有三年多時間。馬列學院的學習期限是三個月，主要課程有哲學、政治經濟學、科學社會主義、中國革命基本問題、近代世界革命史和黨的建設。延安馬列學院不是嚴格意義上的大學，只是一個培訓性質的學校，無論共產黨還是國民黨，凡短期訓練班都有極強的實用性，也是其日後相關方面的幹部基地。當時課程設置是以馬列主義為基本內容的，幾乎沒有其他思想。教政治經濟學的是副院長王學文；馬列主義基本問題是吳亮平；哲學是艾思奇；中國革命運動史和「西洋革命史」是楊松（後為《解放日報》社長）和陳昌浩，大體是留蘇的學者。黨的建設前半部分由康生講，後半部分由劉少奇、陳雲、李富春作

專題報告。劉少奇〈論共產黨員的修養〉、陳雲〈怎樣做一個共產黨員〉就是給馬列學院作的報告。當時歷史研究室主任范文瀾；中國思想文化研究室主任艾思奇；中國文藝研究室主任歐陽山；國際問題研究室主任柯伯年；俄語教研究室主任師哲；中國教育研究室和中國新聞研究室主任由當時的中宣部副部長李維漢兼任。[1]

　　第一期結業後，留下來做教員和管理骨幹的有：宋平、鄧力群、馬洪、王光偉、田家英、曾彥修、李清等，馬列學院前後共培養了近千名幹部，後來成了各條戰線的骨幹，四九年以後中共領導的秘書和負責理論宣傳方面的幹部，以出身馬列學院的人為多。

　　馬列學院雖然是為建立新意識形態而設立的一所學校，但毛澤東對它並不滿意，也許是與它的校長有關，張聞天在中共早期領導人當中是較有知識份子氣質的，雖然他也是「二十八個半布爾什維克」中的一個。許多人對他在馬列學院時的工作評價很高，主要是他的作風比較民主，他也鼓勵學員自由討論和獨立思考。[2]因為馬列學院偏重於理論學習，就學術訓練而言，這些學員確實有很大提高，這一點，從四九年以後這些人的學術生涯中得到到了證明。但毛澤東的用意並不在此，因為馬列學院的目的不是讓學員學會理論和有學術訓練，而是要能與中國革命的實踐相結合，也就是說，是要學員能準確理解和掌握他的思想方法。可惜初期的馬列學院沒有做到這一點。當時對它的指責是：「馬列學院是教條主義的大本營」。

　　1942 年張聞天在晉西調查期間收到毛澤東的一封信，指出馬列學院的教學方針有問題，也就是還沒有達到後來延安整風時所要求

---

[1]　宋金壽：〈延安的最高學府——從馬列學院到中央研究院〉，《中共黨史資料》57輯，頁 127，中共黨史出版社 1996 年，北京。

[2]　李濤：《在總書記崗位上的張聞天》頁 383、391，中央文獻出版社，2000 年 1月，北京。

的高度，但毛澤東卻認為他們是教條主義。1941 年 5 月，毛澤東發表〈改造我們的學習〉，要求確立以馬列主義基本原則為指導，以研究中國革命實際問題為中心的教育方針，有許多地方就是衝著馬列學院而來的。就在本年 7 月，馬列學院改組為馬列研究院，8 月，又改組為中央研究院，院長仍為張聞天。從馬列學院到中央研究院，看起來是一次更名，實際是一次根本性的改造。不久中央發布〈關於延安幹部學校的決定〉，確立了這樣的目的：「中央研究院為培養黨的理論幹部的高級研究機關。」[3]

後來對延安馬列學院的評價是，毛澤東在報告中批評的現象在馬列學院確實是程度不同地存在的，但是，如果由此而認為馬列學院教學方針有問題，甚至一言以蔽之為「教條主義大本營」，顯然是不恰當的，從張聞天辦學的指導思想到三年辦學的實踐來看，是一貫重視理論與實踐的結合，是很強調理論聯繫實際的。⋯⋯整體上貫徹了理論與實際相結合的方針而又存在著若干理論與實際脫節的毛病，馬列學院工作中的這種矛盾性，應該從黨的思想路線的發展中得到解釋。「馬列學院實際上是我黨在政治路線成熟之後向著解決思想路線過渡中的一個產物，如果說它的產生是適應了全黨普遍加強理論學習的要求，那麼它的改組又是適應了全黨在理論與實際上的深入與提高。」[4]李維漢也認為，那時的教學工作存在一些缺點和問題，主要是馬列主義基礎理論的教學中有教條主義，不懂得如何使馬列主義普遍真理與中國革命具體實踐相結合，出現單純地為學理論而學理論，學用脫節的現象。1941 年五月，毛澤東發出了「改

3　同注 2。

4　程中原：《張聞天傳》頁 445、447，當代中國出版社，1993 年 7 月，北京。這個評價主要來自於鄧力群：〈我對延安馬列學院的回憶與看法，吳介民主編，《延安馬列學院回憶錄》頁 21，中國社會科學出版社，1991 年 4 月，北京。

造我們的學習」的號召，要求確立以馬列主義基本原則為指導、以研究中國革命實際問題為中心的教育方針，廢除靜止地孤立地研究馬列主義的方法。延安馬列學院就在這樣的背景下改組為馬列研究院。同年八月一日，中央發布〈關於調查研究的決定〉，要求「向各級在職幹部與訓練幹部的學校，進行關於瞭解各地情況（敵友我三方）的教育」，「使這種瞭解情況，注意政策的風氣與學習馬列主義理論的風氣密切聯繫起來。」為了貫徹決定精神，加強對中國的現狀和歷史的研究，馬列研究院又改組為中央研究院。原馬列學院的一部分骨幹和有可能培養成為理論工作幹部的學員，留了下來。[5]

　　應該說，初期延安馬列學院更接近於傳統意義上的大學，但這與毛澤東的想法相去甚遠，後來它的改組也可以看作是對張聞天辦學思想的否定，雖然張聞天當時也接受了批評，但張聞天與毛澤東在文化上的隔閡，在思想深處是很難彌合的。張聞天六十年代寫出「肇慶文稿」，也不是偶然的，與他長於理論思考的氣質有關。[6] 在八十年代初的思想解放運動中，當年出身馬列學院的人起了很大作用，九十年代他們的情況又複雜一些。當年被批評為教條主義的馬列學院，多少年以後的歷史證明，加強理論興趣培養和學術訓練，對學員還是起了很大作用，為他們晚年反思歷史提供了一個知識基礎，倒是那些徹底接受了延安整風以後意識形態的人，相對容易在思想上僵化，以胡喬木和鄧力群最有代表性，特別是胡喬木，在新意識形態的建立和維護過程中，起了很大的作用。

　　四九年以後，胡喬木以毛澤東政治秘書的身份，負責中宣部、新華社和新聞出版署的工作，在樹立新意識形態權威方面，是一個

---

[5]　李維漢：《回憶與研究》下冊頁 472、473，中共黨史資料出版社，1986 年 4 月，北京。

[6]　張培森主編：《張聞天研究文集》頁 416，中共黨史資料出版社，1990 年 6 月。

不遺餘力的人。當時雖然陸定一是名義上的中宣部長，但身為副部長的胡喬木卻是核心。「陸定一在中宣部的處境並不是很好的。他是部長，有時又不像是部長。」八十年代陸定一說到中宣部的情況：「從來沒有人對我談過，中宣部要由喬木主持工作。喬木是毛主席的秘書，經常傳達毛主席的指示，說毛主席是如何如何說的，我只好聽他的。」[7]當時胡喬木主張中宣部要學習蘇聯共產黨宣傳工作的經驗，就是史達林和日旦諾夫那一套。比如建立「宣傳網」和「報告員制度」，中央決定出台，全國千軍萬馬聞風而動，還要求中宣部的幹部都來作「哨兵」，隨時報告意識形態領域的「敵情」。胡喬木在延安整風的時候，就對蕭軍進行過嚴厲批判，此事深得毛澤東好感，他後來作為毛澤東的文字秘書，在整理和強化毛澤東思想方面，起過很大作用。延安整風的重要文獻〈在延文藝座談會上的講話〉就是由胡喬木整理，在一年以後才在《解放日報》發表的。

　　一個人的講話，特別是對於領導人來說，那個整理者是很重要的，當時毛澤東只有一個提綱，信口開河（延安時期毛澤東的講話中有許多下流話，後來發表時刪除了），而胡喬木卻能揣摩毛澤東的思路，把一個雜亂的講話搞成一個有條理的文件，從毛澤東幾任秘書的遭遇觀察，他們的最終命運，與他們在整理毛澤東講話或者幫助毛澤東起草文稿時，是否能準確把握毛的思路很有關係，陳伯達、田家英包括胡喬木本人的經歷說明，秘書通常只有比毛澤東要左才更安全。

　　胡喬木生前，幾乎絕口不提他是〈講話〉的整理者，只是晚年在一次與好友晤談時，偶而提及此事，但也不過說了寥寥數語而已。「他整理時，參考了速記稿，也參考了自己的筆記。……胡喬木的

---

[7]　陳清泉、宋廣渭：《陸定一傳》頁378、376，中共黨史出版，1999年12月，北京。

整理稿交給毛澤東之後，毛澤東又作了仔仔細細的修改。」[8]胡喬木談延安文藝座談會前後的情況時說：「至於講話怎樣形成文字的，沒有什麼必要多說。當時有記錄，我根據記錄做了整理，主要是調整了一下次序，比較成個條理，毛主席看後很滿意。」[9]胡喬木的這個本事，很為他同時代的人所佩服。楊尚昆說胡喬木，能「把主席的不少重要思想用恰當的文辭表達出來……毛主席誇獎說，靠喬木，有飯吃。」[10]鄧力群說過，胡喬木病危的時候，陳雲曾讓他的秘書向喬木轉達三句話：「喬木同志為毛主席做了很多工作；為黨中央和中央領導同志做了很多工作；為中央紀委做了很多工作。」[11]鄧力群還這樣評價胡喬木：「喬木同志在毛主席身邊的第一個十年，是從學徒而至助手。他同毛主席朝夕相處，在毛主席指點下做事、寫作，這種不可多得的機遇，得天獨厚的條件，使他無論在學習、領會毛澤東思想方面，還是學習效法毛主席的思想方法和工作方法方面，都能突飛猛進。名師出高徒。胡喬木這個學徒是學得好的，很快就當了主席的比較得心應手的助手。凸出表現在兩個方面，一個方面是新聞、政論的寫作。主席出個題目，說個意思，喬木同志就能寫出一篇社論或評論。主席稍加修改，就送給報紙、通訊社發表，讓黨內外和國內外迅速、及時地聽到黨中央的聲音。」[12]毛澤東說過「秀才是我們的人」[13]正是因為有這樣的評價，胡喬木在四九年以後，才成了新意識形態的「沙皇」。從《解放日報》社論到新華社文

---

[8]　葉永烈：《中共中央一支筆——胡喬木與毛澤東》頁 59、60，天地圖書有限公司，1994 年，香港。

[9]　《胡喬木回憶毛澤東》頁 57，人民出版社，1994 年 9 月，北京。

[10]　楊尚昆等著：《我所知道的胡喬木》頁 3、16、21、37，當代中國出版，1997 年 5 月，北京。

[11]　同注 10。

[12]　同注 10。

[13]　同注 10。

稿再到《人民日報》社論，以及政協的《共同綱領》中華人民共和國的《憲法》，五十年代〈再論無產階級專政的歷史經驗〉、〈西藏的革命與尼赫魯的哲學〉等，胡喬木的影響不僅體現在他的思想方法上，更體現在他的文風中，四九年以後毛文體新華體文風盛行，胡喬木都有責任，至於怎樣評價這個責任是另外一回事。

二、《學習》雜誌事件

《學習》雜誌事件，在當代中國思想文化史上並不是一件大事，但這一事件所包含的文化意義還是值得注意，因為這一事件涉及到了延安知識份子的思想傾向，特別是于光遠、胡喬木、艾思奇、王惠德、吳江、許立群等延安知識份子在四九年後的整體價值取向，由於他們當時在宣傳理論第一線，他們的思想傾向直接影響了新意識形態的建立，或者說，新意識形態在建立時，他們的思想起了什麼作用，為什麼他們會在新意識形態建立過程中，以一種比高層還要左的思想傾向來為新意識形態的建立進行理論闡釋？延安知識份子的左傾也是由來已久，三十年代批「第三種人」，四十年代末批「第三條道路」，延安知識份子都比高層表現得左，周恩來當時都提醒過他們，但好像沒有從根本上得到改變。

《學習》雜誌是中共中央宣傳部理論宣傳處主辦的刊物，雖然與後來的《紅旗》雜誌、《求是》雜誌沒有直接的關係，但實際上他們是同一類型的刊物，在功能上是完全一致的，是真正黨的理論喉舌，負責《學習》雜誌的先後是于光遠、王惠德、胡繩，雖然他們在黨內的地位與陳伯達、胡喬木不可同日而語，但因為他們是在第一線作具體理論宣傳工作的人，新意識形態的建立和完成必須通過他們來完成。

　　所謂《學習》雜誌事件是指，1952 年思想改造運動高潮時，《學習》雜誌第 1～3 期連續發表了一批文章，闡述他們對思想改造運動的觀點。

　　第 1 期許立群〈只有馬克思列寧主義才能領導資產階級思想改造〉一文，把資產階級的思想改造，說成是用無產階級思想來「根本否定」資產階級思想。

　　第 2 期吳江〈論資產階級的「積極性」〉一文，把資產階級在新民主主義革命中的積極性解釋為資產階級的一種欺騙手段。

　　第 3 期艾思奇〈認清資產階級思想的反動性〉和于光遠〈明確對資產階級思想的認識，徹底批判資產階級的思想〉等文，不承認民族資產階級在新民主主義革命和建設中的地位和作用。這些文章，按當時的理論要求，實質上否定了民族資產階級在當時還存在著兩面性，而認為民族資產階級只有反動的腐朽的一面，從而得出了根本否定民族資產階級在當時仍有一定積極性的結論。

　　五十年代初辦《學習》雜誌時，于光遠、王惠德這些延安知識份子，還有一種在既定的理論框架內，盡可能把自己的理解個性化一些的要求，所以他們對當時民族資產階級在中國革命中的地位和作用的估計，比高層還要左，這就與當時的路線和政策不相合，也與《共同綱領》有衝突，在資本家和民主黨派中造成了恐慌，高層發現這一問題後，立即指示中宣部加以糾正，中宣部隨即召開了文教宣傳單位負責人參加的討論會。

　　1952 年 3 月 29 日，中宣部部長陸定一根據討論結果向中央作了〈關於《學習》雜誌錯誤的檢討〉，承認「不允許資產階級有自己的任何思想」等「都是不合理的，不合馬克思主義的觀點的，而且是幼稚可笑的」，認為是犯了「離開黨的路線和離開馬克思主義的嚴重錯誤」。至於犯這些錯誤的原因，他認為「是教條主義的思想方法

加上小資產階級的『左』傾情緒」。陸定一的報告還請求中央對他本人和有關領導、編輯等進行紀律處分，並決定《學習》雜誌暫時停刊整頓。4月4日，中共中央向全國黨政軍機關批轉了中宣部的《檢討》，認為這一檢討「是必要的和適當的」，並決定「此次錯誤重在檢討和改正，不擬給予處分」。至此，《學習》雜誌事件宣告解決。

　　《學習》雜誌事件的發生，直接與于光遠有關。于光遠晚年回憶《學習》雜誌事件時，對於當時的情況有比較詳細的解釋。[14]

　　于光遠雖然出身清華，但他早年思想卻沒有擺脫新意識形態的制約，甚至比新意識形態的要求還左傾。當時于光遠很年輕，在理論上還沒有喪失了創新的衝動，對參與新意識形態的建立，還有迫切的要求。像《學習》雜誌這樣的事件，就不會發生在陳伯達和胡喬木這些人身上，因為他們在高層身邊，對於毛澤東的一言一行都把握的相當準確，文章和行事都不會有太大的差別。

　　據于光遠回憶，1952年初，他形成了「中國資產階級可能在中國革命中和在新民主主義國家建設中，起一定程度內的積極作用，但是資產階級思想對中國新民主主義革命和新民主義建設卻不能起絲毫的積極作用」這樣的觀點，然後他同王惠德研究，提出在《學習》雜誌上發表些文章闡明這個觀點，王惠德贊成這個意見，隨後他們決定約艾思奇、許立群和吳江三人來寫。在約稿時，于光遠把這個觀點告訴他們，供他們參考，得到他們的認同，這三篇文章加上于光遠自己寫的一篇，一共四篇。《學習》雜誌第2期先發表了許立群的文章〈駁斥資產階級的謬論——資產階級沒有向工人階級倡狂進攻嗎？〉和吳江的文章〈評民族資產階級的「積極性」〉，第3期發表了艾思奇的文章〈認清資產階級思想的反動性〉和于光遠的

―――――――――

[14]　于光遠：〈學習雜誌錯誤事件〉，《百年潮》2000年第10期頁40，中共黨史學會出版，北京。

〈明確對資產階級思想的認識，徹底批判資產階級思想〉。除許立群用了「楊耳」的筆名，其餘的人都是用了真名。

四篇文章的基本觀點是一致的，但論述的角度和側重點各不相同。許立群的文章，駁斥了否認資產階級進攻的觀點，認為資產階級不是在國營經濟領導下發揮自己的積極性，而是「發揮自己階級的『兩面性』裏落後的和反動的一面，也就是破壞共同綱領、破壞國家政策法令的『積極性』」。

吳江文章主要是對資產階級的「積極性」作分析，認為革命勝利前後，資產階級的積極性具有其階級本性，這種積極性的性質是不徹底的、軟弱的、改良主義的。

艾思奇文章，著重說明資產階級思想沒有什麼進步性的觀點，認為資產階級思想在本質上是反動的、腐朽的和醜惡的，沒有什麼進步性、積極性。

這幾位作者，在不同的歷史時期，都以不同的方式參與過新意識形態的建立，在四九年以後發生的歷次思想文化批判運動中，都承擔了重要的責任，留下了許多文章。從他們的基本思路可以看出，雖然他們早年的教育背景都很好，但延安時代為新意識形態所影響，也失去了獨立思考的能力，由於年齡和學術衝動等原因，他們試圖在理論上創新，但他們創新的方向不是向著更接近歷史的真實狀態，而是相反。可以說，從《學習》事件以後，這些延安知識份子的理論思維就變得更加實用和僵化，甚至連創新的勇氣也沒有了。這些延安知識份子在晚年才找回了自己的獨立性，但已固定的思維並沒有徹底改變。

《學習》雜誌第 3 期出版後沒幾天，當時擔任中宣部副部長、又是毛澤東秘書的陳伯達把于光遠找去。于光遠說陳伯達告訴他：「這幾篇文章引起一些資本家恐慌，他們問發表這幾篇文章是否表

明中國共產黨對民族資本主義的政策變了。因為《學習》雜誌是中
共中央宣傳部辦的刊物，所以資本家有這樣的疑問。他說這個情況
是統戰部辦的內部刊物《零訊》上反映出來的。他說，資本家的疑
問反映到毛主席那裏之後。毛主席認為你們犯了性質非常嚴重的錯
誤。」[15]陳伯達還告訴于光遠：「毛主席認為上海《解放日報》上發
表的華東局宣傳部副部長馮定的文章基本上是正確的。陳伯達說，
作為一種補救措施，毛主席要你們在下期雜誌上就轉載這篇文章，
當然你們也要進行檢討，向讀者交代，而最急迫的事是儘快發表馮
定的文章，表明這兩期發表的文章並非黨的政策有了變化，由《學
習》雜誌自己出來用行動糾正錯誤，挽回不好的影響。」

　　對陳伯達轉達毛澤東對《學習》雜誌的批評，于光遠和王惠德
在思想上還不能接受，于光遠認為，他們沒有認為資產階級不存在
積極性，更沒有在文章中「否定資產階級在現階段還存在著兩面性，
而認為只有反動腐朽的一面」，而且四篇文章沒有一篇不講民族資產
階級有它的積極性，都寫了民族資產階級有它的兩面性。但是他們
也不是完全不接受批評，因為既然資本家看了這些文章很緊張，引
起他們的顧慮，說明雜誌上發表這些文章的政治影響是不好的。既
然實際效果不好，毛澤東批評就是有道理的，自己就應該反思。雖
然于光遠不是很接受對他們的批評，但從這一事件中可以看出，他
們對資產階級的認識的確是有問題的。

三、《學習》雜誌事件的後果及影響

　　四九年以後，在新意識形態的建立過程中，延安知識份子總是
以寧左勿右的思路完善和貢獻自己的理論思維，多數情況下，他們

---

[15]　同注 14。

的思想迎合了高層的意圖，但也有不合的時候，《學習》雜誌事件就是一個典型的例子。其實，于光遠他們當時對資產階級的認識和評價，也不是個別的。在此前後，沈志遠發表〈論知識份子的思想改造〉，[16] 與他們的認識非常相似，可見當時延安知識份子的思想傾向是帶有普遍性的。

　　沈志遠在他的文章中說：「為什麼我們的思想要工人階級化呢？我們保存資產階級、小資產階級的思想行不行呢？為什麼一定要把我們的思想工人階級化呢？比如，現在的『三反』、『五反』運動，從思想上說，就是要肅清一切資產階級的醜惡思想、反動思想——唯利是圖、損人利己、投機取巧、享樂至上的思想。」沈志遠認為，改造思想的基本內容，就是用工人階級的立場、觀點、方法，用馬克思列寧主義、毛澤東思想，來批判乃至清除資產階級和小資產階級的及其他一切反科學反革命的錯誤思想。不過在今天，知識份子所急需批判和清除的，主要的是資產階級的錯誤思想，因為小資產階級及其他的壞思想，多半是以資產階級思想為其根源；資產階級的腐朽思想，是今天阻擋我們知識份子改造、前進的主要障礙。[17]沈志遠說：「我們要把舊社會所遺留下來的壞思想、壞作風通過這個運動，把它徹底清洗，因而也就是我們每一個人在思想上的洗澡。唯有把那些壞思想、壞作風清洗乾淨，我們國家的建設才能順利進行。所以三反、五反運動既然是一個全國人民的大整風、大洗澡，那麼今天在座的各位中小學教師同志要好好的搞好思想改造，首先就必須參加這個運動，在目前，先要參加三反、五反的學習，劃清資產階級與無產階級的思想界線。」[18]

---

[16]　《展望》1952 年第 17 期頁 9、21 期頁 9、23 期頁 9，展望週刊社出版，1952 年 5 月，上海。

[17]　同注 16。

[18]　同注 16。

　　于光遠在〈反對資產階級的進攻，堅持工人階級的領導權〉的文章中認為，第一、資產階級思想在不反對人民民主制度的限度內，在我們國家裏雖然不受法律的限制，然而整個資產階級思想體系在我們國家裏是受批判、受改造的，而不允許其自由氾濫和破壞或剝削工人階級思想的領導地位，不允許資產階級思想來與無產階級思想爭奪領導權。第二、資產階級的私人資本主義經濟，在對國民生計有利的限度內，雖然是受到國家保護，並且容許其一定的發展，然而決不允許私人資本主義經濟自由氾濫，決不允許其破壞或剝削工人階級所直接領導的社會主義國營經濟。第三，資產階級雖然可以在人民代表大會、人民代表會議，或政治協商會議中有其一定的席位，資產階級的政治代表人物，雖然也可以在人民政府中擔任一定的工作，然而決不允許資產階級在這些組織內占主要的地位與中國工人階級爭奪領導權。

　　于光遠對中國資產階級作了絕對化的評價，他對資產階級的理解，比高層還要狹隘。他在文章最後說：「既然在運動中工人階級思想對資產階級思想取得了極大的勝利，我們就應該乘勝追擊，在運動中和運動後盡可能地開展對資產階級思想更加全面更加徹底的批評。這就是說，我們應該在運動中和運動後比較全面地、比較徹底地批評資產階級的哲學的、藝術的、道德的、政治的觀點，使更多的人民群眾認清資產階級剝削群眾、唯利是圖、損人利己的階級本質，和它整個思想體系的腐朽性。使我們能夠在越來越多的人民群眾中，在越來越多的文化領域中，確立和鞏固工人階級思想馬克思列寧主義的領導地位。」[19]

---

[19]　《學習》1952 年第 1 期頁 14、18，中共中央宣傳部理論處，北京。

那一時期，《學習》雜誌在很短的時間內，發表了大量類似觀點的文章，[20]楊耳在文章中說：「應該向資產階級來『克服』什麼思想呢？應該明確提出來要批判資產階級的充滿腐朽醜惡的思想體系，而不應該只限於提出克服資產階級階級思想消極的一面或其他有害作用等等。當然，著重批判資產階級思想中最落後的、反動的思想是正確的，但在這種批判中應該和對資產階級整個思想體系的批判聯繫起來。『克服一面，保留一面』，或者『克服一面，發展一面』對於資產階級階級思想體系是不能適用的。」艾思奇認為，認清資產階級思想的反動的、腐朽的和醜惡的本質，用工人階級的思想，用馬克思列寧主義和毛澤東思想來對它認真的加以批判，「這是我們在三反運動中就思想戰線的方面應該學到的一個重要的課程。」

從艾思奇文章的小標題，可以看出他的基本思路：

1、資產階級思想是沒有什麼進步性的；

2、資產階級思想早已破產了；

3、資產階級思想感情的兩面性說明了它的思想的反動性；

4、要反對資產階級思想才能保衛共同綱領；

5、批判資產階級思想是思想改造的中心問題。

于光遠〈明確對資產階級思想的認識，徹底批判資產階級思想〉的小標題是這樣的：

---

[20] 王惠德：〈三年來資產階級向工人階級和中國共產黨進行了怎樣的猖狂進攻〉（1期頁19），李雲〈私人資本主義經濟必須受國家的領導和限制〉（2期頁22），楊耳〈只有馬克思列寧主義才能領導資產階級的思想改造——並和章乃器先生商榷關於資產階級思想改造問題〉（1期頁29），吳江〈評民族資產階級的「積極性」〉（2期頁11），孫曉村〈我從財經工作中看到的資產階級的猖狂進攻〉（2期頁14），李雲〈反對資產階級進攻的鬥爭是準備我國經濟建設的重要條件之一〉（2期頁15），李致遠〈在工商界進行檢查工作一定要依靠工人階級〉（2期頁18）艾思奇〈認清資產階級思想的反動性〉（3期頁3）。

1、資產階級思想和馬克思列寧主義是絕對對立的兩種思想
　　體系；

2、中國新民主主義革命的勝利是在反對資產階級思想中取
　　得的；

3、今天尤其應該堅決反對資產階級思想；

4、展開對資產階級思想的徹底批判工作；

5、為了徹底批判資產階級思想，一定要明確對資產階級思想
　　的認識；

6、用馬克思列寧主義去改造資產階級份子。

　　于光遠說：「從資產階級思想有積極的一面的論點出發，所得到的另一個結論就是所謂『我們對資產階級份子進行思想教育的任務是發揮資產階級思想積極的一面，克服資產階級思想消極落後的一面』。這個結論也是錯誤的。我們今天雖然不能一般地要求資產階級份子能夠放棄自己的階級立場，站到無產階級的立場上來（因為這是不可能的事，史達林同志說得好，『階級終究是階級』，對整個階級是不能只用說服的辦法使他放棄立場的），但是，我們對資產階級思想份子進行教育改造工作是必要的，也是可能收到一定效果的。我們可以用馬克思列寧主義的思想去改造資產階級份子，使他們在某種程度上放棄資產階級的反動觀點。例如在當前的運動中，我們可以使得很多資產階級份子認識到行賄、偷稅漏稅、盜竊國家財產、偷工減料、盜竊國家經濟情報是錯誤的犯罪的行為，因而獲得了遵守共同綱領、遵守國家政策法令的認識。對資產階級份子，進行思想教育是嚴重的思想鬥爭，一般來說，必須和當前的政策、當前的運動和國家法律結合在一起，才能收到顯著的效果。把對資產階級的思想教育，看成資產階級份子自己發揮資產階級中『積極的進步的一面』，克服消極落後的一面，這也是一種放棄思想鬥爭的看法。」

　　正是由於延安知識份子思想傾向的強烈影響，才使許多民主黨派領導人誤以為高層也是這個意思，所以他們也紛紛向這個思路上靠近。1952 年 9 月，黃炎培在中國民主建國會北京市分會會員大會上的講稿〈三反五反運動結束以後怎能樣發揮毛主席對民建方針指示的精神〉，就是這樣，後來是毛澤東不同意，才作了修改。《黃炎培年譜》記載：「得毛主席覆示，對講稿中對資改造的一些太激進的提法作了某些修改。」[21]

　　毛澤東在給黃炎培的信中說：

> 講稿用意甚好，惟覺太激進了一點，資產階級多數人恐怕受不了，因此遵囑作了某些修改，是否妥當，還祈考慮酌定。要求資產階級接受工人階級的基本思想，例如消滅階級，消滅剝削，消滅個人主義，接受馬克思主義的宇宙觀，或者如先生所說「沒有勞動，沒有生活，不從勞動以外求生活，不從自力以外求生活」，這就是要求資產階級接受社會主義。這些對於少數進步份子來說是可能的，當作一個階級，則不宜這樣要求，至少在第一個五年計劃時期不宜如此宣傳。
>
> 當作一個階級，在現階段，我們只能責成他們接受工人階級的領導，亦即接受共同綱領，而不宜過此限度。
>
> 在現階段，允許資產階級存在，但須經營有益於國家人民的事業，不犯「五毒」，這就是工人階級對於資產階級的領導，也就是共同綱領所規定的。
>
> 超過這個限度，而要求資產階級接受工人階級的思想，或者說，不許資產階級想剝削賺錢的事情，只許他們和工人一樣

21　許漢三編：《黃炎培年譜》頁 243，文史資料出版社，1985 年 8 月，北京。

想「沒有勞動就沒有生活」的事情，只想社會主義，不想資本主義，那是不可能的，也是不應該的。

今年上半年北京的《學習》雜誌上有些寫文章的同志曾經提出這樣的意見，我們已叫他們作了更正。

對於資產階級中的少數人，那些有遠見的人們，我同意先生的意見，可以向他們宣傳社會主義，使他們對社會主義事業發生興趣，我想這是可行的，也是有益的。在中國的條件下這樣的人可能出現，特別是在幾年之後，社會主義成分更加壯大，更加顯示它對於國家和人民的偉大貢獻的時候，這樣的人可能逐步地多起來。

先生近來思想前進甚快，例如北戴河信上所說國家主權的思想，此次所說社會主義的思想，都表示這一點，但在現在卻是言之過早，在少數人想想是可以的，見之實行則是不可以的。[22]

毛澤東對黃炎培講稿的修改，主要有下列幾點：

1、毛澤東把講稿中的「資本家應充分接受工人階級思想」改為「資本家應充分接受工人階級和國營經濟的領導」。

2、毛澤東把講稿中的用「工人階級思想」改造資本家，改為用「愛國主義的思想，共同綱領的思想」教育改造資本家；把幫助資本家「改造思想」改為幫助資本家「改造那些壞思想，那些不合乎愛國主義和共同綱領的思想，即所謂『五毒』思想。」

3、在講稿中「資產階級份子有壞的，也有好的」一句之後，毛澤東加寫了「就資產階級的大多數人來說，一個人的思

---

[22]　《毛澤東書信選》頁 441、443、444，人民出版社，1983 年月 12，北京。

想中有壞的方面，也有好的方面。我們應該幫助他們去掉
壞的方面，發展好的方面。」

4、在講稿最後一段，毛澤東加寫了一段話：「我們在現階段對
於資產階級的多數人的要求是如此。但在中國的條件下，
資產階級的少數人，那些有遠見的人們，可能超過上述要
求，而接受工人階級的基本思想，即社會主義思想，而對
社會主義事業發生興趣。他們一面開工廠，並不要求馬上
變更自己的成分和事業；一面看到社會主義事業對於人類
的偉大貢獻，想在將來做一個社會主義者，這種人是可能
有的，我們應該表示歡迎。」[23]

　　1952 年 3 月 27 日毛澤東在「對統戰部關於各民主黨派三反運
動結束時幾項問題的處理意見的指示稿的修改」中修改了許多地
方，並批示：「有的黨派曾計畫用思想檢查的辦法，即針對個人思想
進行整風式的檢討與批判，並令其本人表示態度。這樣辦法，我們
認為是不適當的，已建議他們不要採用。」毛澤東還認為對於資產
階級：「他們和共產黨比較起來就具有不同的階級立場與思想，只要
他們不違反共同綱領，就不能拿共產黨的尺度去要求他們。」在新
民主主義時期，即允許資產階級和小資產階級存在的時期，「如果有
求他們合乎工人階級的立場與思想，取消他們的資產階級和小資產
階級的立場和思想，其結果「不是造成混亂，就會逼出偽裝，這是
對統一戰線不利的。」[24] 在轉發中宣部關於《學習》雜誌所犯錯誤
的檢討的批語和對檢討的修改中說：「（一）中央宣傳部三月二十九

---

[23]　同注 22。

[24]　《建國以來毛澤東文稿》第 3 冊頁 361、376、377，中央文獻出版社，1989 年
11 月，北京。

日關於學習雜誌錯誤的檢討，中央認為是必要的和適當的。此次錯誤重在檢討和改正，不擬給予處分。（二）將中央宣傳部這個檢討檔發給各級黨委。望各級黨委組織宣傳文教工作人員予以討論，並可在黨刊上登載。」同時還認為，「在四月份的《學習》雜誌上轉載上海解放日報發表過的馮定同志的一篇文章，這篇文章的觀點是基本正確的（其中有些缺點我們作了修改）。」

　　《學習》雜誌很快轉載了上海《解放日報》上馮定的文章，並經毛澤東作了修改。據馮定的孩子回憶，馮定的文章也是華東局緊跟中央的部署，指示《解放日報》於 3 月 24 日發表馮定的文章，題目是：〈學習毛澤東思想來掌握資產階級的性格並和資產階級的思想進行鬥爭──讀《毛澤東選集》的一個體會〉。馮定文章發表後，立即受到毛澤東的注意，他稱讚了馮定的文章並批評了當時的中宣部長陸定一。馮定的孩子回憶：「華東局在對馮定的文章組織修改時，當時任華東局宣傳部長的張春橋曾認為某些提法不合適而進行了幾處修改。馮定不同意，但是《解放日報》發表時仍做了修改。根據毛澤東的批示，4 月份的《學習》雜誌轉載了馮定的文章，《人民日報》也 4 月 10 日轉載了此文。父母對照了發表在《解放日報》上的原文和發表在《學習》雜誌上的經過修改的文章後，發現了一個很有戲劇性的情況，那就是《學習》雜誌的修改，有幾處恰好是《解放日報》發表時對原文所作的修改之處，但意思又反了過來。父母聽說，是毛澤東親自修改了馮定的文章。現在發表的文獻已證實了這一當時的小道消息。」[25] 這一細節很有趣，它至少說明，在五十年代真正能把握毛澤東思路的不是那些延安知識份子，而是像張春

---

[25]　馮貝貝、馮南南：〈毛澤東關於馮定的三次表態〉，《百年潮》2000 年 6 期頁 31，中共黨史學會出版，北京。

橋這樣的人，張春橋後來的變化，可以證明他對毛澤東思想的準確
理解。

1952 年第 4 期《學習》雜誌重新發表毛澤東的〈矛盾論〉，同
時發表了一篇本刊編輯部文章〈學習「矛盾論」，克服教條主義與黨
八股的作風〉，文章最後對於近期發表的有關批判資產階級思想感情
的文章進行了檢討。文章說：「我們初步檢查《學習》雜誌過去的狀
況，覺得在這刊物上雖然曾發表了一些比較有內容的文章，但屬於
誇誇其談、空洞無物的並沒有具體地分析什麼具體問題的文章，的
確是不少的。在最近幾期中，有些同志的文章關於資產階級問題犯
有片面性的錯誤，也和這種教條主義與黨八股的傾向有關。就對於
教條主義與黨八股這種作風沒有經常加批判這方面說，《學習》雜誌
所做的工作有很大的缺點和錯誤。由於《學習》雜誌的發行量較大，
我們的缺點和錯誤對於讀者的影響也一定是很大的。毛澤東同志的
〈矛盾論〉的發表更喚醒了我們，使我們覺得對於自己的這種缺點
和錯誤必須採取極端嚴肅的態度迅速地加以糾正。編輯部現正進行
深入的檢查，並且將把檢查的結果向讀者宣布。在這裏，《學習》雜
誌編輯部深切地希望得到讀者的具體幫助；相信我們的讀者一定願
意把你們所看到的這刊物上的每一個錯誤具體地告訴編輯部，以幫
助編輯部的檢討。」同期《學習》雜誌還發表了一則〈本刊重要啟
事〉：「本刊因檢查工作，本期出版後，暫時休刊，定於六月繼續出
版。敬希各地讀者和經售本刊的書店注意。一九五二年四月八日」。
本期同時轉載了馮定的文章〈關於掌握中國資產階級的性格並和中
國資產階級的錯誤思想進行鬥爭的問題〉。文章前面有《學習》雜誌
編輯部的一段話：「《學習》雜誌本年第一、二、三期內，有些同志
的文章，在關於資產階級的問題上，犯有片面性的錯誤。馮定同志
這篇文章曾發在《上海解放日報》，我們認為這篇文章的觀點基本

上是正確的，現在轉載在這裏。在轉載時，《學習》雜誌編輯部對於
原文的個別地方，作了修改。」

1952 年第 5 期《學習》雜誌發表了胡繩、于光遠等署名的檢查
〈我們的檢討〉，文章前面也有編輯部一段話：「為檢討《學習》雜
誌的工作，我們舉行了直接參與編輯工作的同志的，包括胡繩、于
光遠、王惠德、林澗清等人的會議，在會議上，著重地檢討了參與
編輯工作的同志自己寫的文章。此地發表的就是胡繩等同志所寫的
主要以這些文章為對象的檢討。」同時在本期的「讀者來信」專欄
裏，還編發了一組「讀者對於本刊在資產階級問題上所犯錯誤的
批判」。

于光遠回憶說，第 4 期出版後，不知道誰（他估計是胡繩）起
草了以中宣部長陸定一的名義作的〈關於《學習》雜誌錯誤的檢討〉
的報告送中央。這個報告是 1952 年 3 月 29 日發出的。陸定一送出
這個報告，于光遠他們是知道的，但是中宣部並沒有就此事批評于
光遠和王惠德。在事件的整個過程中，于光遠和王惠德沒有感到很
大的壓力。雜誌停刊三個月後的 1952 年 8 月出版的第 5 期，第一篇
文章便是用胡繩、于光遠兩人名義發表的〈我們的檢討〉。這個檢討
是胡繩主動寫的，而且他願意署名，理由是他是分工聯繫政治教育
處的副秘書長。于光遠說：「按理這個檢討是應該由我寫的，胡繩是
沒有任何責任的，但是我沒有同他爭『檢討權』。寫檢討畢竟不是件
愉快的事，尤其是我的頭腦裏對這次錯誤的性質還沒有弄清楚。由
胡繩來寫，我就可以不去傷這個腦筋了。因此我對胡繩有一種感謝
的心情。但是檢討中所作的自我批評，我和王惠德並不都同意。尤
其王惠德，他沒有在〈我們的檢討〉中署名，〈檢討〉中關於他的話
卻說得不少，其中有檢查自己有教條主義習氣的那些內容。但是〈我
們的檢討〉既沒有上受『托洛茨基襲擊』、『半托洛茨基主義』的綱，

也沒有上『違反黨的路線和政策』的綱，卻用比較長的篇幅檢討自己有教條主義的習氣，那是個避重就輕的說法。」[26]

在胡繩寫的〈我們的檢討〉中，認為《學習》雜誌空洞無物、沒有具體地分析問題文章。在最近幾期中，有些文章關於資產階級問題犯了片面性的錯誤，也和教主義與黨八股的傾向有關，對雜誌上關於資產階級問題的幾篇文章的錯誤，文章認為，也是不能辯證地觀察和研究問題的表現。教條主義者的特徵倒還不是在大量地運用書本知識，而只是在極端地缺乏對具體事物的分析研究。因為缺乏這種分析研究，就自然是空洞無物；為了掩飾空虛，就去引用馬克思列寧主義文獻中的個別文句，憑自己的武斷和臆測而加以引申發揮。

對于光遠〈明確對資產階級的認識，徹底批判資產階級的思想〉一文的檢查是，一開始就引用了史達林：「資產階級與無產階級的思想、觀念、風俗、道德原則、宗教和政治是絕對對立的。」史達林這句話當然是普遍的真理，但是在這個原則下，人們仍舊必須去分析在各種具體的歷史條件下資產階級思想和無產階級思想對立的具體情況。而于光遠同志卻簡單地說：「上述一般的論點同樣也適合於爭取新民主主義革命時期和新民主主義建設時期的中國。」這樣就好像是既有了這「一般的論點」，就無須乎再去對於新民主主義時期的狀況進行任何具體的分析。這篇文章的第二節的標題是「中國新民主主義革命的勝利是在反對資產階級思想中取得的」，在這樣的標題下，讀者有理由期待對具體歷史的分析。但作者卻仍然只是滿足於僅僅引用史達林的另外幾句話和提出一些純粹抽象的推論，當作者提出「資產階級思想在中國新民主主義革命時期也是反動的，即

---

[26] 同注 14。

阻礙社會前進的」這一判斷時，他竟不覺得有必要提出任何具體材料來做根據，因此這種判斷實際上只是憑空的武斷。在應該提出具體的材料，進行具體的分析研究，作出使人信服的結論時，卻只是說了些空話，引導人走到錯誤的路上去，這正是表現在本刊上的教條主義作風的基本形態。由於教條主義作風，人們有時可以作出在政治上、思想上完全謬誤的意見，而只是說了一大堆空話，使人讀了，只覺得不能解決問題。在本刊上固然有前一類的錯誤，但屬於後一類性質的文章也許更多一些。後一類文章，把思想上的懶漢的作風傳留給廣大讀者，其流毒也是很大的。在本刊上曾發表很多關於馬克思主義的基本常識的文章。這些常識對於一般讀者雖然是需要的，但是有一時期，這種和實際生活缺少聯繫的一般常識性的題目佔據了本刊目錄中的主要部分，這就使得刊物的內容死氣沉沉。而且這些文章，包括胡繩、于光遠、王惠德同志所寫的〈社會科學基本知識講座〉，在內容上也常常是有缺點和錯誤的，有時語句不夠嚴密，含意使人誤解。〈社會科學基本知識講座〉的最重要的缺點是它並沒有在有關問題上進行對各種錯誤思想的批評，而只是簡單地複述各種原理原則，喪失了馬克思主義教科書所應該具備的戰鬥性。在本刊上發表的介紹基本常識的文章中，雖然也有一部分能夠針對某些實際問題進行解釋，因而是比較有生氣的，但這類文章中的多數還是屬於枯燥的所謂「教科書文體」，既不能解決什麼在實際生活中存在的問題，也沒有進行什麼鬥爭。文章又舉出于光遠的幾篇文章為例，說明他不分析研究具體事物的教條主義作風很嚴重。

　　〈我們的檢討〉同時還對所謂洋八股或黨八股提出了批評，認為看起來說得似乎頭頭是道，但是禁不起邏輯的追究，其語言是貧乏、枯燥而且混亂的。這種八股的文風是嚴密的邏輯性和純潔而豐富的語言的敵人，人們如果不是認真地從事實出發，就不可免地會

作出牽強附會、強詞奪理的辯論。應該說這個認識還是深刻的，但在後來的工作中，並沒有得到認真的改進。

《學習》雜誌事件雖然沒有造成什麼惡劣的後果，但它對知識份子的影響是存在的，當時有些知識份子就是根據《學習》雜誌的變化來推測形勢的，不過他們倒比《學習》雜誌的作者更有判斷力。

1952 年 3 月 31 日，胡風給路翎的信中說：「3 月 24 日《解放日報》上，有馮定的一篇論資產階級的文章，可代表現在理論，可找來看看。」[27]

1952 年 4 月 13 日，路翎給胡風的信中說：「聽閣兄說，艾等的理論，中央已做了決定，犯了教條主義的典型錯誤及機會主義的原則錯誤。馮定的文章，基本上是正確的云。」

1952 年 4 月 16 日，胡風給路翎的信中說：「馮定文章，《學習》重發表有改動，那值得對看一下，就看得出領導上的理論。」

「向盧兄要來陳向中央的報告（關於《學習》）。」

「《學習》上大概要出現批評（現在停刊檢查）。現在準備，那一出，看妥了就交出去。」

「這次戰役中右的偏向（《西安日報》強調守法戶鬥不守法戶，忽略工人階級的領導）很快就糾正了。比較著重的是左的偏向。《學習》雜誌的幾篇文章，基本上脫離了馬克思主義，採取小資產階級的激躁情緒，批評是從概念出發的。

反對資產階級思想，是反對它的汙毒。資產階級有進步作用，它的兩面性周總理說得很完善，現在有，將來還有，不能將資產階級與三大敵人混同起來看。毛主席認為今天資產階級還是利多害少。《文藝報》說：『三年來資產階級的危害和三大敵人裏應外合』，

---

[27]　曉風編：《胡風路翎文學書簡》頁 282、291、292、293、294，安徽文藝出版社，1994 年 5 月，合肥。

是很不妥當的。《學習》雜誌將資產階級與資產階級思想分開來看是不對的（由於楊耳的文章，章乃器說：『我們有剝削，但又不許有剝削思想，那只好來一個沒有剝削思想的剝削！』）于光遠說：『新民主主義階段，資產階級思想並無進步性』，是錯誤的。他們把資產階級思想進步性與領導思想混為一談。認為今天的主要矛盾是無產階級與資產階級的矛盾，是錯誤的。這個矛盾還是次要的，今天的主要矛盾還是和帝國主義的矛盾。而與資產階級的鬥爭則是限制與反限制的鬥爭。說資產階級的本質是純粹反動的，也是不對的，剝削也有兩面性（投機倒把與正當營利）剝削對過去是進步的，對將來是反動的，看剝削必須從推動社會進步所起的作用看。

階級思想是階級存在的地位來決定的，一定時期資產階級接受工人階級綱領是統一的（利益一致）又是有差別的（不一定接受馬克主義）。

要把資產階級改造為無產階級是不可能的。如馬列主義能改造資產階級就不成其為工人階級思想，僅個別資本家能得到一定程度的改造。因此，我們不是一般地反對資產階級思想，而是反對它的汙毒。毛主席不是要他們學習馬列主義，只要他們學習政策（由於過左，許多資產階級代表人物如施復亮、黃炎培都不敢說自己代表資產階級）。

思想改造問題，對於小資產階級、農民也是有計劃有步驟的。只有在黨內才宣布資產階級的思想非法。

由於這幾篇文章，中央顯得非常被動，這是無組織無紀律造成的後果，今後有關思想鬥爭的文章，必須送交負責同志審查後才許發表。」胡風和路翎在五十年代初期特別關注形勢的發展，雖然他們也是早年的左翼知識份子，但在左傾的程度上，總得說來，不如延安知識份子。

　　《學習》雜誌事件發生在五十年代初期，並沒有給當時社會帶來太大影響，但這一事件的發生，卻說明了中國社會的許多變化與當時延安知識份子的思想傾向有關，思想改造運動從整體上評價，已具備和以後任何一種政治運動相同的左傾色彩，不過是程度不同而已，這些歷史的形成，冰凍三尺非一日之寒，因為四九年以後延安知識份子已成為主流，他們的思想傾向，實際上就是整個社會的思想傾向，社會文化在很大程度上是靠他們的價值取向形成的，所以，在分析和評價毛澤東思想以及他的功過時，必須考慮這個因素，在多數情況下，他的思想和判斷並不絕對來自於他個人，而是受他身邊人，同時也受宣傳和理論界的影響，在毛澤東和延安知識份子之間，這是一個互動的過程，當然主要看毛澤東選擇什麼。從《學習》雜誌事件來評價，顯然毛澤東當時對資產階級的認識和評價，比于光遠、艾思奇、許立群和吳江這些延安知識份子要相對符合實際，毛澤東主要是一個操作層面的決策者，他是一個非常注重實用的人，本人並沒有什麼系統的思想體系，至少不能誇大這種體系在他一生中的作用，尤其是在他對實際情況不瞭解的情況下，他的決策實際上有很大的隨意性。不過毛澤東對於左的錯誤通常比較寬容，而對於右的錯誤就比較嚴厲，這也許就是《學習》事件得以輕鬆解決的深層原因，但作為一種經驗，它可能也為後來寧左勿右的思想埋下了根源。

一九五七年中國民間知識份子的言論活動

一、

　　1996 年「文革」三十周年的時候，我和朋友丁東曾寫過一篇文章〈中國「文革」民間思想概觀〉。[1] 當時我們的想法是想從主流思想之外，尋找民間思想的脈落，在那篇文章中，我們已經注意到了在主流思想以外，肯定有民間思想存在這一判斷。多年來我們還在以不同方式搜尋這方面的材料。後來我們讀到宋永毅、孫大進《文化大革命和它的異端思潮》[2]，非常激動，雖然我們對民間思想的理解稍有不同，但我們共同的思路是要充分注意和評價，在專制時代所有不同聲音的價值和意義，以及這些不同聲音的傳達方式和社會反映。

　　當時我們雖然主要做的是有關「文革」時期的研究，但我們的思路卻沒有僅僅局限於「文革」，因為我們知道，中國的專制時代，並非從「文革」始，它還有更長的歷史，當時我們比較多的注意到了 1957 年的「右派」言論，特別是林希翎、譚天榮等學生「右派」的言論，一些不知名的「右派」上書，還有陳寅恪的舊體詩，張中曉的隨筆和顧准的書信等。由於材料的局限，我們當時較多注意了已經公開出版的相關史料和人們經常提到的一些人物和事件，現在看來這是遠遠不夠的。

---

[1]　《中國研究》1996 年 8 月號，中國研究雜誌社，東京。
[2]　《文化大革命和它的異端思潮》，田園書屋，1997 年 6 月，香港。

　　2001 年 2 月到 4 月間，我有機會到香港中文大學大學服務中心做兩個月訪問研究，承中心主任熊景明女士指點，我看到了這裏收藏的一套《內部參考》（1949～1964 年），這是當年新華社為瞭解社會動態，逐日編寫的一本供高層看的內部資料，由當時的參考消息編輯組編印。我從這裏發現了大量有思想價值的材料，而這些材料都出自那些默默無聞的知識份子之手，他們因為這些超前的思考，肯定難逃專制時代的悲劇命運，而他們的思想，因為極少進入媒體，隨著時間的流逝，也早已被人遺忘。看到這些材料，我感到有必要把他們重新介紹出來，供日後做思想史研究的人參考。

　　需要說明的是，這裏所謂民間知識份子，和我過去的理解稍有區別。因為我注意到，在 1957 年，像林希翎、譚天榮或者比他們更為人所知的「大右派」的言論，雖然也不見容於當時的政權，但因為他們的言論基本上進入傳媒（雖然是作為批判或者罪證），多數已為人所知。對一般思想史研究者來說，他們已不會被遺忘。我在本文中所用「民間知識份子」的概念更為狹窄，主要是指那些更不為人所知的知識份子，因為他們所處的地域、職業、本人所有的知名度等等因素，他們沒有在社會上造成轟動效應，或者因為他們當時的思考是以大字報、投稿或給中央領導上書形式出現的，而這些東西既沒有發表，也沒有傳達，它只是作為一種瞭解當時政治變化的動態，以情報的方式在極小的範圍內傳播。從思想史研究的角度評價，這些東西的價值是很獨特的。

　　1957 年夏天，由於有所謂「鳴放」的號召，當時中國的輿論相當活躍，人們一時間把多年的不滿都發洩出來，這時期內，深刻準確也恰中要害的言論隨處可見，許多言論，就是今天聽來，也沒有過時之感，但因為這些言論多少都有一些情緒色彩，雖然尖銳，但並不在我的選擇視野之內、我對材料的取捨標準是這樣的：

1、經過系統思考的東西，不是隻言片語；

2、成文的綱領或者文章；

3、超越個人處境和具體生活遭遇的思考；

4、涉及國家制度和人類文明發展方向；

5、相對具有理論色彩而不僅僅是一時的政策建議等。

二、

1957 年西南農業學院有四個學生，以「真理塔」為筆名，在學校舉行的自由論壇上，以〈請黨中央毛主席重新估計農民的革命性〉為題，四人分段做了演講。

這個綱領性的發言很值得注意，受到許多教授、講師的贊同。這些觀點從整體上看，並沒有什麼特別深刻的地方，但它對農民在中國社會中的地位和要求，卻說了一些真話，特別是對農民的真實生活處境，有很深入的分析。

他們認為，當時中國農民的生活非常艱難，他們的負擔已經很重。「繳公糧、賣餘糧、上夏徵稅、買公債、賣豬羊……然而他們餵肥了豬但最少吃肉，他們辛辛苦苦種了水稻而最少吃米，他們忍饑挨餓，節衣縮食來建設社會主義，這難道還能加罪於農民革命不積極嗎？」這些學生可能多是農家子弟，他們對農民的處境非常瞭解。他們文章裏有一個值得注意的問題是，他們提出了農民應組織自己的政黨，在統一戰線中參政。這個思想可以說是五七許多關心中國農民生活的人的普遍要求。他們認為，當時的所謂工農聯盟，在政治上發生了矛盾。由於農民沒有自己的政黨，因而在政協、人代會以及政府中沒有真正的代表，不能將他們的要求在這些議論中充分討論，以作出相應的決定來滿足農民的廣大要求。另一方面，他們

認為：「宣傳農民流入城市就影響工農聯盟，我們覺得沒有找出這個
問題的真正原因，把不應由農民負責的事強加於農民身上，這是不
公平的，解決辦法是不全面的。加之工農聯盟在經濟生活上發生了
較大的差異，使政協、統戰、工農聯盟有形式無內容，使政治生活
中不能體現工農聯盟為基礎的人民政權，我們認為工農聯盟正處於
不穩定狀態中。」[3] 在他們提出的具體建議中，對多給農民保留自留
地、提高農產品價格等問題多有涉及。可以這樣說，八十年代末中
國農業改革的基本思路，大體上沒有超出這個綱領。

三、

　　1957 年最知名的學生「右派」是當時中國人民大學法律系的學
生林希翎，還有北京大學物理系的學生譚天榮，他們當時提出的許
多問題很有思想性，但二十多年的「右派」生活摧毀了中國最有才
華的大學生，到八十年代以後，他們的思想都沒有發展。林希翎到
了法國以後，思想沒有超越當年的體系，也並沒有對改革開放以來
的中國思想界造成什麼影響；譚天榮更是消沉了，1997 年，我曾專
門寫信給時在青島大學教書的譚天榮先生，希望他能接受我的一次
採訪，但譚先生回信說，他已不願意再有人打擾他的生活。這裏有
一個現象值得注意，就是九十年代以後，對中國思想界產生影響的
那些人，不是五十年代培養起來的大學生，而是四九年以前受過完
整自由主義教育的大學生；這個現象提醒我們注意，五十年代的政
治文化中具有極強扼殺獨立思想的能力，因而對那個時代還能獨立
思想的人，我們要倍加珍惜，馮元春就是一個。

---

[3]　〈西南農業學院的四個學生發表綱領演講〉，《內部參考》1957 年 2234 期，頁 9、
　　10、11，新華社參考消息組編輯，北京。

　　馮元春當時是四川大學生物系四年級女學生，她與當時的學生辯論過一個題目：〈毛澤東是偽馬列主義者、共產黨是三大主義武裝的最巧妙最殘酷的剝削集團〉。

　　馮元春主要提出了幾個有意義的問題。第一是高饒事件。她認為，根據已發表的材料觀察，高饒的罪名是反對黨中央、反對毛主席。馮元春說：「黨中央和毛主席有缺點難道就不能反嗎？這不是出於個人崇拜，還會是什麼？」馮元春的觀點是，高饒沒有反人民，他也沒有和暴力集團聯繫，而毛主席卻以暴力逮捕他，這是違反憲法的。報上公布高饒另一罪名是生活腐化、侮辱婦女，但為什麼被侮辱的婦女卻沒有提出控斥呢？因此毛主席是犯了錯誤，是史達林思想在作祟。

　　對於胡風事件，馮元春也提出了自己的懷疑。她認為，毛主席提出逮捕胡風的根據是：1、反黨；2、上書二十萬言；3、組織反革命集團。馮元春說：「毛主席經常說：『言者無罪，聞者足戒』。為什麼胡風上書二十萬言就成了罪人了，這不是毛主席自己打自己的嘴巴嗎？」馮元春還指出，毛澤東的特權思想和歷史上一切統治者的特權一樣，毛澤東是中國再次出現的劉邦。馮元春針對當時中國社會現實指出：「共產黨這個剝削集團是巧妙的，殘酷是空前的」。她認為，那些平時不務正業專門監視別人思想言論行動的政治工作人員，他們美其名曰改造別人思想，實際上是狗屁不通，只會扣帽子，或是說我是一個黨員，是馬列主義武裝起來的。「他們就這樣靠吸取別人腦汁而生活，他們對待老教授是那樣橫蠻、無理，是最卑鄙的一種人。」對於當時共產黨的特權，用人制度上的「奴才論」，以及對黨外人士的打擊，馮元春都提出了自己的看法。特別是在當時的環境下，她能看出歷史的真相，這對於人們認識當時社會具啟蒙作用。她講了一件事。她說：「我校湯教授，為人忠誠，是個忠於客觀

事實的自然科學家，就因為他愛提意見，在肅反中就認為是反革命份子，在大會上進行鬥爭，說他是美國派來的間諜。湯教授確是一個忠於事實的人，他曾經對我說，美國工人生活水平相當於我國的大學教授，一個月二、三百美元，每三個美國人就有一輛汽車，這些足於說明美國生產力高。而剝削集團的宣傳機器卻歪曲事實宣傳說美國有多少工人失業，經濟危機又多麼嚴重。而湯教授忠於事實，卻受到迫害。」馮元春還對當時的外交政策一邊倒提出了意見，她說：「我們黨和毛主席沒有一點民族氣節。」[4] 馮元春後來的情況我不瞭解，希望能有知情人瞭解一下她的情況。1957 年，中國最有骨氣的幾個學生「右派」如林昭、林希翎和馮元春都是女性，這很讓我們為中國女性的思想力量感到驕傲。

四、

　　耿伯釗當時是湖北省政協副主席，畢業於日本士官學校（與閻錫山同學），耿是辛亥老人，參加過武昌首義，在地方上很有威望，當時已經七十四歲。1957 年 6 月 1 日和 3 日下午，他和當時新華社記者曲一凡有兩次談話，前後共六小時，這次談話後被曲一凡整理出來，全文發表在《內部參考》上。他在談話中特別批評了黨政不分的問題。他說：「長時期內，以黨代政的現象普遍而嚴重。領導黨有責任對國家大事適時提出正確的政策，和檢查政策的貫徹執行情況，但是它不能代替政府發號施令，發號施令是行政部門的事。我們常常看到中共中央、國務院共同署名發布某一指示和文件，於是上行下效，就出現了省委與省人委、地委與專署、縣委與縣人委等

---

[4]　〈四川大學舉行辯論會辯論馮元春的反黨提綱〉，《內部參考》1957 年 2223 期，頁 8、9、10。

一系列的黨政聯名發號司令的事情。實際上，這樣做法必然助長黨政不分，其結果則是以黨代政，削弱了政府的作用和威信。」

耿伯釗還特別提出了要「加強法制工作」。他認為，開國八年，國家的法制工作搞得很差，遠遠跟不上形勢發展和人民需要的迫切要求。他說：「憲法有了，但憲法不能代替具體的法律和法規，法律不是幾條精神、原則能代替的。現在，除了婚姻法，幾乎沒有別的成文的法律。民法、刑法是必不可少的，你把舊的否定了，就得拿出新的東西來代替。……必須建立法制，使人人都懂得法，樹立了守法的觀念，就不會盲動而犯法。」耿伯釗還在他的談話中提出要了要反對「大黨主義」，他認為，儲安平向毛主席、周總理提意見，提得很好，是給新聞界增了光。他認為，共產黨英明偉大，這是有目共睹的。但「如果每個共產黨員，個個以領導者自居，以戰勝者自居，盛氣凌人，忽視民主，人民都受不了的。」[5]

五、

清華大學物理系教授徐璋本，在 1957 年也是一個非常有思想的人。他認為，以馬克思主義作為指導思想，一定要產生教條主義。

他在一次教授座談會上說：任何學說都是在一定的歷史條件下產生的，都有其局限性，若以一種比較固定的學說作為指導思想，就不可避免地要犯教條主義。為什麼說馬克思主義決不能拿來作為中國和人類的指導思想呢？徐璋本認為，這要從整個人類歷史和宗教信仰來看。[6]

---

[5]　〈耿伯釗的八點建議〉，《內部參考》1957 年 2231 期，頁 24、25、34、35。

[6]　〈徐璋本認為以馬克思主義作為指導思想會產生教條主義〉，《內部參考》1957 年 2228 期，頁 20、21。

徐璋本說：

第一：馬克思著重提出經濟上沒有人剝削人的、沒有階級的共產社會，在部分的理想上是正確的，但完全以唯物經濟基礎來闡明這個社會理想便是不可克服的「矛盾性」和離開人性的「危險性」，這就是馬克思的學說和主義同他所提出來的高度理想口號不能配合的基本原因。

第二：馬克思根據「唯物的」、「生產工具和經濟制度的」、「社會階級鬥爭的」立場宣布說，這種哲學、社會制度和方法，便可以達到大同共產社會的理想，人類地上的天堂，顯然是包含著嚴重矛盾性的一種學說。從人生自然哲學的一體性來看，馬克思忽略了「人」的關係而把人看做經濟制度的產物，這種倒因為果的學說不能做為「人生哲學」的指導思想。另外，強調「階級鬥爭」的方法，與黑格爾的「戰爭進化論」同樣是脫胎於人類自私仇恨和殘忍本能的極端表現。這至多只能用之於被壓迫民族抵抗外來侵略過程，比如中國人民的抗日戰爭。

正是出於這樣的理論自覺，徐璋本認為，共產黨人掀起「階級鬥爭」、「思想鬥爭」的法寶，以為非此不足以鞏固「政權」，樹立「威信」，實行經濟建設，一切以馬克思學說聖典規範，嚴格奉行教條主義公式，結果使人民由感激愛戴變為畏懼沉默；由萬分積極和全民振作的奮發自新的景象一變而為奉行政府指令聽天由命的消極心理。而由於漠視人民情感，政權剛剛建立就唯恐被人反對，對人民講威信，這又是馬克思的錯誤哲學和教條公式。到處發生「擾民」，摧殘人民的積極心，鼓勵消極自私心理，而事後補救辦法又是根據中國傳統的美德，勇於認錯改錯，將「人」與「人」的關係加以考慮，也就是不自覺地承認了馬克思唯物和經濟生產決定人生的錯誤！徐璋本認為，難道救國救世必須迷信式地奉行馬克思忽略人類

特徵的知識寶庫和兩種矛盾的片斷哲理，然後再以中國的傳統美德來補救嗎？這並不是真正辯證法的矛盾統一必經過程，而是由於迷信馬克思教條公式的「人為矛盾」！徐璋本說，中國共產黨領導人須要有更大勇氣來認清「共產主義社會的理想」並不等於馬克思學說和主義。如果拿馬克思學說和主義來作人類的指導思想，至多只能在政教統一的專政下，使人民不思想，決不可能啟發創造性的思想活躍，更談不上什麼百家爭鳴。

第三：徐璋本認為，馬克思治學態度一方面承受了德國學術界的嚴謹詳盡有條理的優良傳統，一方面也承受了德國普魯士的「絕對性」和「不相容」性。這種宗教色彩的絕對性和不相容性，應用在他的忘卻人類兩種矛盾生物本能的「行動政治哲學」上，就產生了他的高度理想和仇恨心理，只講目的、不講方法的、矛盾的人生政治哲學觀。在一個被壓迫被剝削的國家民族，在長期受各種各樣的侵略，在心疲抑鬱之餘，將這個高度理想和仇恨心理配合的政治哲學灌輸到人民心目中去，立刻可以燃起火花，用憤怒的心情來作不畏犧牲不怕困難的解放獨立運動。中國共產黨領導人士掌握了這個「行動政治哲學」，並巧妙地付諸實行，使中國在短時間內站起來。這不得不感激馬克思所開的這付特效藥。不過馬克思並不是萬能無所不包的聖藥，這付猛烈的特效藥在環境尚未成熟和特效已經成功之後，用以煽動人類仇恨心理是萬萬不可的。

第四：徐璋本認為，東方印度和中國特有的對人生本能的深刻體會，和毫無宗教迷信和教條主義的「大同人道主義精神」、「人天一體觀」大徹大悟，這個人生自然哲學思想是包括有關經濟生產的唯物論的部分的。「不生不滅」、「無所不在無所在」是真正徹底的辯證唯物論的「人天一體觀」。而「無我無他」、「同生同滅」才是對人生兩種矛盾生物本能的徹底解脫，才是實現大同共產社會理想所必

具備的條件，而不需要煽動仇恨心理來推動人們的行動和積極心，這是一種最高的境界。同時他還認為馬克思所謂「階級矛盾現象」的來源並不是「自然物質能」和伴隨著的生產工具和經濟制度，而是基於人類與生俱來的兩種生物本能——自私利己與互助利他。

根據以上的理論，徐璋本認為，能真正作中國人民和人類的「指導哲學思想」的，合乎人情的，只有中國的大同人道精神和「愛和怒」的平易人倫哲學思想，以及基督教義中以愛和怒為基礎的宗教信仰。而其最高造詣是釋迦牟尼所宣示的超人的大解脫：「無我無他」、「同生同滅」、「同不生同不滅」、「無所不在無所在」完美辯證的「人天一體觀」。徐璋本認為，這些看法，是他幾十年來學術研究的結果，不可能全是對的，他希望大家展開討論。

徐璋本對馬克思主義的認識，可以說達到了非常深刻的地步，也是解釋馬克思主義為什麼能與中國社會相結合，以及為什麼二十世紀初，共產主義得以在全球盛行的原因，這樣的認識，今天對於我們深刻瞭解中國社會和中國革命的歷史都非常具有啟發意義。可惜像徐璋本這樣的思想，多年來被歷史塵封，以至於人們根本就不知道，在 1957 年，許多民間知識份子在理論認識上達到的高度。在 1957 年，多數有價值而深入的思考，是由那些自然科學的教授和學生完成的，特別是物理系和生物系的教授與學生。

六、

〈要求共產黨第二次解放中國人民〉，這是當時南京大學中文系講師劉地生寫的一篇長文。[7] 全文共分為九個問題，現將其中思想含量較高的問題介紹如下：

---

[7]　〈要求共產黨第二次解放中國人民〉，《內部參考》1957 年 2227 期，頁 12-16。

第一：消滅黨的政權特權。劉南生認為不尊重人權，不倡導獨立思考是產生三大主義的主要條件。為此他建議成立全國人民直接自由選舉的各級人代會。全國人代會要成為名符其實的全國最高權力機關。在全國人代會裏成立各類專門委員會，邀請各類專家參加各該專門委員會計討論有關的大政方針。並修改憲法上某些不合時宜的條文。一切國家大事一味只在幕後制定好了，再拿到會上來形式通過一番，不是一個堂堂大國應該有的現象。應該提到會議廳上來公開辯論，並付諸表決。各級人代會必須有實實在在的權力，選舉或罷免各級政府領導人員，制定或否決施政方針。

第二：共產黨利益不能代表全國人民利益。劉地生認為，共產黨是國家的領導政黨，但這不等於說共產黨就是國家。應該改變以往把黨放在國家之上，以黨的利益代替甚至超過國家利益的做法。今後制定政策方針應首先從六億人口的利益出發，不應該首先從黨的利益出發。黨的領導只能體現在方針政策上，黨員的模範行動上，報紙廣播的宣傳上，而不是體現在行政命令上。任何一個黨派的委員會或支部，除開對那個黨的機關或黨員之外，沒有權力對黨外的政府機關或行政人員發布命令或指示。

第三：創辦民營報紙和出版。如果可以承認六億人民的利益不能以任何一個黨派的利益去代替，而存在各種不同階層，不同職業集團，不同地區人民的利益，那麼就不能不承認他們有代表各自利益的發言權。因此，除開共產黨的機關報之外，人民可以自由經營報紙和出版社讓，全國人民有發表自己意見的園地。此事似可以現在就著手進行，各省最低限度有民營報紙和出版社各一個。

第四：法院和公安機關不能歸黨領導。

第五：取消少先隊、青年團組織和黨對學生的領導。劉地生認為，為了將來科學建設的前途著想，必須讓青年學生純潔的頭腦自

由成長。青年時代的頭腦一經定型，以後要客觀的研究真理，就比較困難。因此在學校的黨派，可以在教員當中活動，不需要在學生中活動，特別在中小學，應取消少先隊和青年團的組織。大學裏的政治課自由選讀，以免阻礙培養青年獨立思考的能力。

第六：消滅黨的經濟特權。

第七：黨系統機關經費開支只能由黨費中支出。

第八：大量裁減陸軍、投資發展原子能科學。劉南生認為，今後的國際戰爭，實質上是科學，特別是原子能科學互相競賽的戰爭。一旦戰爭爆發，步槍加小米是決不能應付的了。必須考慮大量裁減陸軍，把節省下來的錢投資到發展原子能科學上去，才是建設國防的根本辦法。

第九：農業合作化只能在小部分地區試驗。

1957 年，許多民間知識份子對中國農民的生活和處境提出過許多意見。當時《內部參考》曾作為讀者意見整理發表過一部分。

安徽一個名叫方格恩的讀者建議成立中國農民黨。他認為，中國農民占大多數，當時六億人口中約有五億是農民，可是農民階級卻沒有自己階級的政黨，有些意見不能和其他階層一樣有組織有系統的向上反映。

一個叫戈友辰的讀者建議，要保障居住和遷移的自由。要給農民拒絕出售勞動產品的自由。農民應在政府裏佔有席位。成立全國總農會。[8]

這些建議，今天還還非常具有現實意義。

---

[8]　〈要求為農民「鳴」「放」的種種意見〉，《內部參考》1957 年 2260 期，頁 32、33。

七、

1957 年 6 月，成都鐵路管理局職員李昌明以「民主先生」和「自由女士」發表了了〈為胡風鳴不平〉的長篇演講。[9]

他的這個演講，從常識理性出發，以現代法律精神為基本標準，遂為胡風案辯護。在當年為胡風案鳴不平的文章中，就我個人所見到的，以這篇最有水平，比林希翎的文章更具現代法律精神。李昌明從五個方面為胡風辯護。

第一，他舉出了大量的事實，說明胡風沒有反革命身份。

第二，說胡風參加過「反共政治工作」，理由不能成立。如果成立，郭沫若三七年作國民黨中宣部三廳廳長及大部分起義人員將同罹此罪。

第三，與陳焯之關係僅為一般社會關係。不是反革命組織及工作關係。李昌明說：「眾所周知，周總理與蔣介石集團中多人往還，宋氏三齡見解各殊，均未認作反革命關係，何獨胡風別有看待。

第四，胡風集團只能是一些偏見的學派，五四運動前後的創造社、新月派、語絲派，互相攻擊，極盡詆毀、汙罵能事，郭沫若攻擊魯迅所用辭彙其惡意不在胡風之下，魯迅與梁實秋論戰作用語詞亦尖銳之極，可見文人相輕，歷史皆然，不能對胡風有所偏頗。

第五，從法律觀點看，胡風集團的行為並不構成對國家有形的損害。李昌明說：「我國懲治反革命條例上無一條對胡風集團適用，全世界任何一國民法、刑法（包括蘇聯在內）均未載有以文藝形式對文藝問題上的意見或攻擊足以構成的叛國罪或危害國家安全罪。美國的斯密斯法（Law of Smith）對國內進步人士與共產黨員的迫害均未在學術領域或文藝範圍內引用，也未有這種事實。」

9　〈「為胡風鳴不平」〉，《內部參考》1957 年 2251 期，頁 98。

八、

李祖彥當時是雲南——六醫院的休養員，是軍人。他在給毛澤東的一封信中，特別談到了關於「黨的性質問題」。他說：「我認為黨當前的性質只代表工人階級一個階級是狹隘的，第八次全國代表大會制定的綱領中規定黨仍然只是工人階級一個階級的政黨，我看也是保守的。」李祖彥認為，當時全國人民普遍對共產黨愛戴，把黨當作自己的靈魂、生命。為此他建議將共產黨改組為工、農知識份子聯合的政黨，名稱不變。所改變的是由代表工人階級改為同時代表農民和知識份子。李祖彥還提出，有人說共產黨是執政黨，這話是不正確的，以共產黨是執政黨，其他黨派就是在野黨了。因為中國沒有在野黨，所以執政黨這詞是多餘的。[10] 李祖彥並沒有從根本上否定共產黨的領導，他只是在根本不改變共產黨性質的前提下，提出了一些屬於黨的建設方面的問題，這些問題的著眼點還是黨內的民主改革以及如何與其他民主黨派的合作問題。

九、

陳維太當時是中國科學院光學精密機械研究所秘書科科員，他以〈逆流報告〉為題，寫了一篇文章，寄給當地的報紙，要求發表，但沒有得到回應，但他的文章卻被上報中央。陳維太對現實的評價是：共產黨當時是在坐「黨天下」。[11]

陳維太認為，共產黨的基本法寶就是馬克思主義。馬克思主義也有一個功用：就是可以用來鼓吹和煽動一些缺乏生活知識的群

---

[10] 〈李祖彥給毛主席的一封內容極端荒謬的反動信〉，《內部參考》1957 年，2290 期頁 11、12。

[11] 〈陳維太的反動文章〉，《內部參考》1957 年 2267 期，頁 8-17。

眾，不擇手段地來達到獨佔國家權力的目的。就馬克思主義的學說的實質來說，有一部分是無產階級的理論，有一部分是醜化人群（如宣傳資產階級、小資產階級、農民階級等的階級性都很壞）裝潢自己（說無產階級多麼好、給自己鍍金）的理論。給人們造成一種病態心理──你仇恨我，我仇恨你──以作為統治的物質基礎。

陳維太說：「理論指導實踐，實踐驗證理論。共產黨在中國實踐的結果是觸目驚心的獨裁政府。集中地表現在政治特權和經濟特權上。

1、政治特權反映在領導與群眾的關係上是不民主，是宗派主義，反映在工作作風上是官僚主義，是主觀主義；反映在思想方法上是教條主義。我們國家裏各黨派的地位是不平等的，共產黨要各民主黨派必須承認共產黨的領導，才准予存在，否則就消滅它。沒有法制，共產黨為所欲為，恣意橫行，黨的利益高於一切。

2、經濟特權表現在一包大攬，什麼都管，就是胡亂管。現在的機關、企業、學校事業單位等的性質，事實上是不好分別的。因為這些機關單位所管轄的事務範圍差不多一樣，特別是都有一個共同性，都具有司法、公安的職能，都有政治權力和經濟權力。剝奪人民的經濟權力，這一點還不如十八世紀的中國或更遠一點的朝代。對工商業者的社會主義改造的過程，實質就是要消滅工商業者──資產階級的過程。老百姓唯一的去路就是給共產黨做工。辦黨應當用黨費津貼，應當有目的，現在沒有人知道黨的秘密，但黨也不能從國庫裏「走私」。

　　陳維太還批評五十年代國家經濟建設浪費太大，得不償失。他認為，應當從實現國家工業化的道路上來檢查這個問題。「我們重工業與輕工業、農業的發展比例關係是大有問題。民不聊生、就是這個政策的結果。我們不能犧牲五億農民的利益來建設工業。」陳維太認為，「國家的基本制度必須改革。否則任你採取什麼辦法『整風』也好、什麼『民主集中制』也好，對群眾深惡痛絕的官僚主義不會有好經驗的，官僚主義仍是根深蒂固地存在著和滋長著。」

　　陳維太建議：

1、我們要社會主義，但不能道聽塗說，還是要多學習，在比較中轉化和提高。

2、各黨派在國家政治生活中的地位應當一律平等，不應當有什麼領導黨與被領導黨之分。因為都是黨派，各黨派都應當服從於國家政治，不能有超越和凌駕國家政府之上的黨。

3、文化教育科學事業，應當由內行專家共同協商管理，在國家特定的機構指導下自由發展。無論唯物主義觀點或唯心主義觀點都可以自由廣泛地宣傳，相信人民群眾的鑒別力，特別是在言論出版問題上應當廣開門路。取消在中小學學生中的政治活動，其意義更為重大。因為我們在今天也必須看到祖國未來科學事業的物質基礎，不能在幼小的心靈上強加影響，應當任其自由成長。

4、工商業的管理問題，有關國家民生的大企業應由國家聘請專家管理。有的也可以採取國家資本主義方式經營。對一般的中、小型企業交由私人自由經營（小商小販、手工業者亦同）。在刺激大量發展生產和增加社會主義物質財富的前提下，鼓勵完全自願式的合作組合。國家也可以適當地發展合作社經營。

5、土地問題，在目前的情況下，除國營農場和地方國營農場繼續辦理並起示範作用外，一般的高級農業生產合作社應當宣布必須在完全自願的基礎上始能成立，否則，農民可以自由耕種自己的土地。在經濟發展的基礎上對土改前地主的土地再進行民主討論，協商解決（房產問題亦同）。

6、國內外團結問題：在國內不能有大漢族主義，積極幫助少數民族發展經濟文化科學事業；在國外不能實行一邊倒的政策，而是平等互利，尊重主權，和平友誼的政策。

十、

蕭子超是華南墾殖局的一個科員，1957年他曾他提出這樣的建議：

1、建設社會主義是可以通過不同的道路來達到的。如南斯拉夫就是走的和其他社會主義國家不同的道路；在中國，全國要建成社會主義是必須經過相當長的時間，但是，具體地區卻不一定需要那麼長。因此，他以為，「以廣東的人力物力條件，如果單獨搞，在時間上可以縮短很多。」

2、他認為廣東土改中的偏差主要是由於南下幹部對廣東的情況不瞭解所造成的。

3、他認為：「廣東第一個五年計劃中以發展農業為重點的方法是不恰當的，應以工業為重點，根據廣東目前情況應著重發展輕工業，尤其是輕工業中的農產品加工和食品工業。」他認為，現在所以搞得這樣糟，是由於領導幹部係外來幹部，而廣東本身又不是一個獨立政權組織的緣故。」

4、他認為在語言系統上廣東自成格局：「以廣州話為基準的廣東語言，在語言三要素上和北京語系都有很顯著的區

別」。[12] 廣州近二十年來的發展，證明這個科員的思考是非常有價值和遠見的，建立經濟特區的想法，也就是這個思路。但在 1957 年，提這樣建議的人卻被說成是要建立「廣東人民共和國」，而成了「右派」。

十一、

思想史研究如果不注意民間，可能會遮蔽許多東西。我所以注意到了這些民間知識份子言論活動的價值，是因為有一個評價這些言論的參照：這就是改革開放以來中國理論界思想解放時期提出的許多理論和這些理論的提出者。我不是要否定這些改革開放時間期言論和提出者在當代思想史上的地位，而是想補充思想史研究的不足，也就是說，在今後的思想史研究中，我們必須把民間知識份子的思想考慮在內，必須充分意識到，1949 年以後中國社會各階層當中有相當多善於也勇於思考的人，雖然他們默默無聞，但他們的思想不應當因為他們的名聲而被遺忘。

---

[12]　〈華南墾殖局右派份子蕭子超的反動主張——成立廣東人民共和國〉，《內部參考》1957 年 2364 期，頁 10。

中國自由知識份子的內心世界

——四個著名知識份子五十年代的言論

　　一九四九年以後，由於言論的管制，中國自由主義知識份子基本上已很少能有表達他們內心世界的機會，但這並不等於他們對自己所選擇的時代沒有自己的評價。我們研究中國現代知識份子的最大局限在於沒有大量公開的檔案可供參考，這樣我們對於中國自由主義知識份子的評價就很難準確，因為我們只知其一不知其二，我們以目前所見的公開史料來判斷這些知識份子的思想狀態，常常會得不到整體的印象。比如我們常常聽到的對於錢鍾書的那些評價，就並不能反映錢先生真實的內心世界，特別是最近劉曉波對錢先生的評價，差不多可以說代表了一種普遍的對於錢先生的理解，以為錢先生是一個世故的老人，是一個軟弱的知識份子，其實這些只是一些依據常見史料得出的結論，並不能解釋錢先生真實的人生。曉波是我的朋友，我還沒有來得及和他交換對於錢先生的意見，大量的關於錢先生五十年代的材料，他的朋友們還沒有披露出來，我們只看見沉默的錢先生，而沒有看見直言的錢先生。這不是研究者的錯，而是我們還沒有公開的學術材料可以利用，所以研究四九年以後中國自由主義知識份子的思想狀態，現在還不到時候，我們只能就我們所見的材料來做出自己的判斷，但我們必須意識到，我們是在沒有充分公開檔案可資利用的條件下來作自己判斷的，所以斷語要格外小心，我們要在對中國自由主義知識份子有充分瞭解的前提

下來推斷他們的思想狀況，一個基本的假設還是那句老話：說有易，說沒有難。錢先生對他所處時代的評價，如果我們看不到真實的史料，以為他是一個怕事的人，是一個不敢說話的人，其實不是這樣。還有陳寅恪，這幾年我們多說了一點陳先生，但有人就不高興，以為陳先生並不可取，他的敢言也是有條件的。

　　我個人對於中國自由主義知識份子有一個基本判斷，就是因為早年的教育，四九年以後的思想改造，在多大程度上起了作用，還是一個問題，我們不能說那樣的改造沒有作用，但我們也不能誇大這種作用，我們只能說這種改造造成了思想恐怖，而讓這些自由主義知識份子噤若寒蟬，只要言論的管制一鬆動，中國自由主義知識份子的精神還是要表現出來。梁思成和謝冰心，過去在我的印象中，都是文弱書生，我看過他們的許多書，特別是梁先生，我對他五十年代初那麼容易和新時代達成平衡，是有懷疑的，但後來看到了一些材料，感到梁先生不是那樣簡單的人，冰心也不是我們所想像的那樣，他們在五十年代，特別是反右派前，都有非常精彩的言論。

一、陳寅恪與《紅樓夢》批判

　　1954 年由李希凡、藍翎文章引出了對俞平伯《紅樓夢研究》的批判，對於這次學術界的思想運動，許多大學教授都很反感。當時一個新華社記者在關於這一情況的動態中曾認為，在中山大學，對關於《紅樓夢》研究問題的討論，抱著不滿和抗拒態度的以老教授居多。他特別提到了：「歷史系教授陳寅恪說：『人人都罵俞平伯，我不同意。過去你們都看過他的文章，並沒有發言，今天你們都做了共產黨的應聲蟲，正所謂『一犬吠影，百犬吠聲』。」[1] 陸鍵東《陳

---

[1] 潘國維：〈中山大學的部分教授對關於「紅樓夢研究」問題的討論抱著抗拒態度〉，

寅恪的最後二十年》中說：「一年後，這句話被校方解釋為『諷刺積極參加運動的那些人是共產黨的應聲蟲』」。[2] 可見陳寅恪當時確實說過這樣的話，同年底，陳寅恪還寫〈無題〉一首，再次對這一事件中許多人的態度表達了他自己的看法。陳寅恪這個態度，不是偶然的，除了他個人和俞家的關係之外，也是他對所處時代的一個基本評價。

二、梁思成與北京市政建設

1957 年夏天，人民日報記者葉邁訪問了梁思成，並記下了梁思成的談話。葉邁到清華大學訪問了梁思成先生，是想約他給報社寫一篇文章，談談他對當前一些問題的看法。他說明來意後，梁思成對他說：

> 我現在不願意「鳴」。昨天北京日報登了華南圭認為北京城牆應該拆除的意見，我是很不同意的。可是你一邊在「鳴」，人家一邊在拆牆周圍的磚，現在已拆成「周扒皮」（說到這裏他加了一句『很對不起』。）了，你「鳴」了又有何用？」接著說：華南圭說拆城牆有很大經濟價值，拆下來的磚可以建多少樓等等。他順手從書幾上拿起了一塊漢鏡，說：你看這塊漢鏡不是可以鑄四十個或至少三十八個銅板嗎？又指著擺在書幾上的陶俑說：把這砸碎鋪馬路不是也很有經濟價值嗎？當然，為了保存一點舊東西（這句話我未聽得很清楚）我是不會哭的，我只有在老婆死時才哭了一場。要是社會主義只是為了使人們吃飽穿暖有住的，這樣做我沒一點意見。其實

《內部參考》1954 年 282 期頁 141，新華社，參考消息組編。

2　陸鍵東：《陳寅恪的最後二十年》頁 134，三聯書店，1995 年 12 月，北京。

德國、波蘭、羅馬尼亞、保加利亞、蘇聯等國家的建築師都
不同意這樣做。過去扒三座門，理由是釀成許多車禍，還拉
一些三輪車工人汽車司機到人代會上控訴，要拆就拆何必搞
這一套，這樣搞誰還敢放個屁。現在扒了不還是照樣有車禍。
現在的東西長安街，弄得像十八世紀前歐洲的任何一個城市
的任何一條大街一樣，沒有一點個性，還不如我身上穿的灰
制服有點個性。人家早已改變了，我們還去學老樣。照有些
人的意見，就是要把北京搞得像北京飯店的大廳擴大起來一
樣，沒有一點個性。其實城牆的存在和城市建設可以並行不
悖。現在城牆還沒扒，城外不是一樣在建設嗎？我不知道是
中央的同志還是市委的同志，對扒城牆有這樣大的興趣。

談話中間他還提到北京市委新蓋的大樓。他說，那才真正是復
古主義，外邊乾乾淨淨，打了很多滴滴涕，很衛生，看起來像個麵
包房，裏邊把文藝復興時期的東西都搬了過來。我不明白市委同志
為什麼這樣搞。

談到請他寫文章時，他說：現在問題很多，等於沒有問題了。
知識份子的改造、黨的領導等等，我根本沒有在腦子裏轉。我也不
知道自己改造得如何。黨對科學的領導，我也只能說幾句話：黨是
能領導的，黨可以從政治思想、計畫等方面領導，但不要管得太具
體了，如蓋房架幾根柱子也去問毛主席怎麼行？過去北京市委在城
市建設上就管得太具體了。所以，我要寫文章，我倒願意談談北京
怎樣建設，怎樣規劃，但不是從理論上談，而是談談黨怎樣來領導。
接著他說：從5月20日到7月中旬每天都要有會議，說是整風工作
兩不誤，其實把工作誤得一塌糊塗，身體也不好，所以《文匯報》
和《光明日報》找我寫文章都沒有答應，給你們寫他們會有意見，

不過我早就想給《人民日報》寫一篇文章，我可以試一試，能寫成就給你們送去。

談話中間，他曾囑咐我不要發表他的談話。[3]

三、冰心對共產黨的評價

1957 年 5 月 10 日，《人民日報》記者林鋼到老作家冰心家去訪問。下面是談到整風時，冰心對他講的一些話。

> 冰心認為：「和風細雨這個方針是英明的，可惜晚了。三反五反時為什麼不提？肅反時為什麼不提？現在共產黨整自己的黨員了，強調和風細雨了。」她對徐懋庸寫〈論和風細雨〉，有很大的意見：「這個人，寫這樣的文章」。

> 冰心對肅反有很大的意見：「肅反的時候，我不在國內。也許我來說些話較為公允。我聽朋友們介紹了情況。那是近乎殘酷的。多少老教授受到了傷害。我有些朋友，在敵偽時期，蔣介石統治時期，坐過牢。受過苦刑。從敵人的獄門出來，他們的腰板更硬了。肅反運動中，他們無辜地挨了整。這一回卻像是抽掉了脊樑骨似的，成了軟體動物，再也直不起來了。學生們鬥爭他，朋友們見了不理他。最殘酷的是，又要他活著，要他教課。不應該那麼做。這太過火了。許多做法是違反憲法的。有些人自殺了。這不是平常的損失，這是我們隊伍，向科學進軍的隊伍中少了幾個人。沒有人可以代替他們的工作。這種做法不合中國傳統。國家喪失了元氣，學

---

[3]　葉遹：〈訪問梁思成〉，《內部參考》1957 年 2239 期頁 7。

術方面倒退了好幾年。再不整風，那真將不堪設想。好的教授沒有了，好的科學家沒有了，好的醫生、好的護士沒有了。」

「肅反的時候，高等學校裏提出了5%的控制數字。如果這個單位只有兩個反革命份子，就在找三個補上；若有二十個反革命份子，他也只挑五個。這怎麼會不亂！」

「『士可殺，不可辱』。知識份子受了傷害，是終身不忘的。這個問題應當作個交代。現是，共產黨員把他們打了一巴掌，揚長而去。他們心上的傷不治癒，整風要他們說真話是不可能的。最近聽有一個人說：『我不覺得黨內黨外有什麼牆』。這並非由衷之言。我知道這人就有一肚子冤。他是一次被蛇咬，千年怕麻繩。他怕整風過去再要遭不幸。」

「我知道共產黨人中也有被鬥錯了的。他們也有意見，為什麼不說？應該說出來！不然，又要寫出個史達林來！」

「我在國外的時候，從報紙、傳記、秘聞錄、電台廣播，知道了許多史達林的事。回國來卻見把他奉為聖人。直到他死了，赫魯雪夫一揭發，才知道了比我原先知道的更要嚴重得多的事實。黨的領導難道不知道史達林這些事嗎？我們中國也吃過他的虧？為什麼他死了，叫全體同學等著他死？有的學生聽到死訊還昏厥過去。那個時候，我一句話也沒有說。許多人，沒見過史達林，也不瞭解史達林，寫了多少紀念文章。真是可笑。我的女兒把魏巍的文章抄在了日記本上，現在翻開一看，每一句每一字都成了諷刺。」

「毛主席是真正的中國人。可是，現在似乎什麼事兒都要毛主席出來講話。這怎麼行？這回整風以後，一定要訂出一個制度來。現在的制度不合理。否則，毛主席死了怎麼辦？難保不出個史達林。」

「毛主席說，春暖花開還得等二年。我看也是這樣。」（不知她從哪裏聽到毛主席這麼說的，她講了幾次）

她對報紙也提了意見。「黨號召我們謙虛，要獨立思考。報紙卻教育人民夜郎自大。國內報導，報喜不報憂；報導資本主義國家，報憂不報喜。兼聽則明、偏聽則暗，這沒有什麼好處。人民不知道獨立思考，沒有材料獨立思考。」

我代副刊向她約稿。她在稱讚《文匯報》以後，說：「《人民日報》的副刊辦不好，它只能登正面文章」。我說：「我們的副刊也可以登反面文章」。她說：「登反面文章也辦不好，它是黨報副刊。」

我這一次訪問冰心，原來是要請她對毛主席在延安文藝座談會上的講話，談談自己的感受的。她拒不願談，說：「這是早有定評了的，我沒有什麼新意見。」我向這上面引了幾次，她都拒不願談。不知道是什麼原故。[4]

四、錢鍾書的言論

　　1956 年 1 月 14～20 日，中共中央召開了全國知識份子問題會議，周恩來在會上作了著名的〈關於知識份子問題的報告〉。為參加

---

[4]　林鋼：〈冰心對我黨整風的一些看法〉，《內部參考》1957 年 2212 期頁 24。

這次會議，參加者特別是與知識份子有關的部門，都為會議準備了詳細的材料，當時高等教育部在一份關於北京大學的調查報告中，對當時北京大學的知識份子有一個判斷，認為政治上中間的，按他們過去政治態度，也可區分為兩種類型。第一種：解放前脫離政治或深受資產階級民主個人主義影響，對黨有懷疑甚至敵對情緒，解放後，有進步，對黨的政策一般擁護，但對政治不夠關心，對某些具體政策及措施表現不夠積極或不滿，個別的或因個人主義嚴重而對某些措施抵觸較大。這種人為數較多約有七三人。……第二種：解放前反動，與國民黨反動派有過較深的關係，解放後逐漸從對黨疑懼、抗拒轉變到願意進步，願意向黨靠攏。……還有的是脫黨份子或過去曾參加過黨的週邊組織，以後脫離革命，解放後一直對黨不滿。「如中文系王瑤，抗戰前曾參加我黨後因害怕反動派迫害脫了黨，解放後感覺政治上沒有前途，想埋頭業務，一舉成名，三反、思想改造時還閉門寫新文學史。一九五二年人民日報召開座談會批判該書，他認為業務也完了，哭了一次。對副教授、十一級的工資待遇很不滿，去年改為九級仍然不滿。教學工作極不負責任，大部分時間用在寫文章賺稿費。還有像傅鷹，有學術地位，工作也還積極負責，但不願參加政治學習和社會工作，輕視馬列主義，否認黨對科學的領導。」

在這份報告中，曾提到當時北京大學還有一部分反動教授，特別提到了錢鍾書。報告說：「反動的：一般是政治歷史複雜並一貫散布反動言論。如文學研究所錢鍾書在解放前與美國間諜特務李克關係密切，和清華大學所揭發的特務沈學泉關係也密切，曾見過『蔣匪』並為之翻譯《中國之命運》，還在上海美軍俱樂部演講一次。在解放後一貫地散布反蘇反共和汙蔑毛主席的反動言論；一九五二年他在毛選英譯委員會時，有人建議他把《毛選》拿回家去翻譯，他

說『這樣骯髒的東西拿回家去，把空氣都搞髒了』汪蒐《毛選》文字不通；中蘇友好同盟條約簽訂時，他說：『共產黨和蘇聯一夥，國民黨和美國一夥，一個樣子沒有區別』。他還說：『糧食統購統銷政策在鄉下餓死好多人，比日本人在時還不如』；當揭發胡風反革命集團第二批材料時，他說；『胡風問題是宗派主義問題，他與周揚有矛盾，最後把胡風搞下去了』等等反動言論。」[5]

　　上面這些自由主義知識份子的言論，都是當時作為瞭解知識份子思想動態的材料供高層參考的，他們本人並不一定知道。我在舊書攤上見到過一部分散落的 1956 年知識份子問題會議的簡報，從編號上看，會上印發過大量的材料，這些東西對於研究中國知識份子的思想狀況是有價值的。上面提到的這四個自由主義知識份子，後來並沒有成為右派，這可能與他們所在的具體單位和個人的情況有關，如果以當時他們的言論而言，他們是逃不過五七年這一劫的。

---

[5]　高等教育部：《北京大學典型調查材料》，《關於知識份子問題的會議參考資料》
　　（第二輯）52 頁。

胡適思想批判與《胡適思想批判參考資料》

一、學術史回顧

　　本文所謂胡適思想批判專指 1954～1955 年發生在中國大陸的對於胡適思想的批判，不包括 1949 年前發生的對胡適學術和思想進行的討論和爭鳴，也不包括發生在 1952 年前後「思想改造」運動時期，相對集中的對胡適思想的批判，台灣對胡適學術和思想的相關爭論也不在此範圍。[1]

　　關於胡適思想批判反思的主要學術研究者是美國學者格里德（Jerome B・Grieder），他在上世紀七十年代初完成一篇〈中國共產黨對胡適的批判〉，較早從思想史角度清理了發生在中國大陸對胡適思想批判運動的歷史。

　　近年來關於這方面的研究主要是胡明的一篇論文[2]，胡明論文主要清理了 1949 年以後對胡適思想批判的主要事實，同時也對這場批

---

[1]　如李季〈胡適《中國哲學史大綱》批判〉，神州國光出版社，1931 年，上海。葉青《胡適批判》（上下冊），辛墾書店，1933 年，上海。嚴靈峰〈胡適《中國哲學史》批判〉，福建民報社，1940 年，福州。也可參見徐子明《胡適與國運》，台灣學生書局，中華民國 47 年，台北。

[2]　格里德著、魯奇譯：《胡適與中國的文藝復興》第 379 頁，江蘇人民出版社，1989 年，南京。胡明〈胡適批判的反思〉，見《二十一世紀》1991 年 12 月號，香港中文大學中國文化研究所，香港。另見胡明《胡適傳論》下冊第 963 頁，人民文學出版社，1995 年，北京。歐陽哲生認為：「第一次批胡運動從 1951 年 11 月至 1952 年 1 月，是以『京津高等學校教師學習改造運動』的形式出現的。稍後又有『北京文藝界整風學習運動』。這場運動規模不大，只是局限在京津高等院校，涉及的人員主要也是一些高級知識份子。大規模的批胡運動，或者說第二次批胡運動，是在 1954 年 11 月開始的。導火線則是 9、10 月間的『《紅樓夢》事件』。

判所產生的後果及影響進行了評述，但限於當時的史料，對 1954 年
發生的胡適思想批判的起源沒有深入分析，同時使用的史料也相對
單一。因為 1954 年發生的對胡適思想批判運動，在歷次對胡適思想
批判運動中影響最大，同時也是中國共產黨官方背景十分清楚的一
次。因為目前關於此次胡適思想批判的官方檔案還沒有解密，本文
試圖利用一些旁涉的材料，對此次胡適思想批判運動的起源作一點
探討。

二、陸定一、周揚和郭沫若與胡適思想批判

胡適思想批判運動，開始於 1954 年 10 月 10 日。當天《光明日
報》發表李希凡、藍翎的文章〈評《紅樓夢研究》〉。同日，毛澤東
在此篇文章上作了五條批註，其中第四條是「這就是胡適哲學的相
對主義即實用主義。」[3] 同年 10 月 16 日，毛澤東寫了著名的〈關於
紅樓夢研究問題的信〉，在此信中，毛澤東提到：「看樣子，這個反
對在古典文學領域毒害青年三十餘年的胡適派資產階級唯心論的鬥
爭，也許可以開展起來了。」[4]

這次批胡運動是以郭沫若、周揚兩人來掛帥的，但真正的授意應該說是毛澤東。
在《毛澤東選集》第五卷我們能找到毛澤東〈關於《紅樓夢》問題研究的一封信〉，
這封信當年是作為《人民日報》的『編者按』出現於報端的，現在我們知道這是
毛澤東的手筆，它實際上打響了批胡的信號彈。這次運動幾乎動員了整個知識
界，包括胡適的許多朋友、同事、學生也捲入其中。時間持續到 1955 年 8 月，
前後長達 10 個月。作為這次運動的一個總結性成果是三聯書店出版的洋洋三百
萬字——《胡適思想批判》（8 輯）。」見《中國大學學術講演錄》2003 年 A 卷，
廣西師大出版社，2003 年，桂林。

[3]　《建國以來毛澤東文稿》第 4 冊第 571 頁，中央文獻出版社，1990 年，北京。

[4]　《毛澤東選集》第 5 卷第 134 頁，人民出版社，1977 年，北京。

　　這是毛澤東 1949 年以後在重要文件上，連續兩次提到胡適。毛澤東當時把此信批給了許多人，這些人當中有時任中宣部部長的陸定一。[5]

　　10 月 27 日，陸定一給毛澤東和中共中央寫了一封信，信中涉及胡適的地方是：「會上，一致認為李希凡、藍翎二人關於《紅樓夢研究》和《紅樓夢簡論》的批評具有重要意義，並且認為清除胡適派的資產階級唯心主義觀點在古典文學研究研究界的影響，是一個迫切的重要鬥爭。」

　　陸定一在信中還匯報了近期中宣部組織批判胡適的計畫。他說：「古典文學部和北大文學研究所古典文學組決定以全力投入這一研究批判工作，計畫在最短時間內協同《人民日報》組織若干篇文章（正在寫的有何其芳、張天翼等），以進一步批判俞平伯的錯誤觀點，並批判胡適派的實用主義哲學觀點在古典文學研究界的影響。此外，擬請金岳霖或任繼愈（北大哲學系教授）等人寫批判胡適派的文學理論和哲學思想的文章。」

　　信中還有更詳細的批判胡適的設想。陸定一在信中認為：「胡適派的資產階級唯心論除了在文學方面外，在哲學、歷史學、教育學、語言學等方面，三十多年來都有相當深的影響，解放後也沒有對它進行過系統的批判，因此，從各個方面來徹底地批判這種思想是很有必要的。但是，要清除胡適派的資產階級唯心論在各個學術部門內的影響，是一個嚴重的思想鬥爭的任務，不可能在很短時間內全部解決。對各個不同學術部門，應該根據各種不同的具體條件而分別輕重緩急。但目前就應該動員各方面著手組織人力研究胡適派思

---

[5]　《建國以來毛澤東文稿》第 4 冊 620 頁，中央文獻出版社，1990 年，北京。〈對周揚關於批判胡適問題組織計畫的請示的批語〉（1954 年 12 月 3 日），其中說：「劉、周、朱、陳、鄧、陳伯達、胡喬木、鄧拓、周揚同志閱，照此辦理。」

想在各方面的表現，以便在關於俞平伯的《紅樓夢》研究批批判告一段落後，即可有準備有計劃地逐步展開對於胡適派思想的其他方面的批判。我們可以準備用一兩年時間來對胡適派思想從根本上徹底清算，以確立和鞏固我國整個學術界馬克思主義思想的領導地位。」[6]

　　從陸定一信中可以看出，當時中宣部就毛澤東的批示進行過研究，這個研究的主導思想就是中共理論家歷來奉行的「寧左勿右」思路，也就是說，當時中共負責意識形態的理論家在執行毛澤東的指示時，通常要比毛澤東本人期待的結果要過頭得多。毛澤東只提到要在「古典文學領域」裏批判胡適，但到了陸定一那裏卻發生了變化，成了胡適派各方面的思想。毛澤東本人對胡適的思想並沒有系統的瞭解，他只是一般地知道胡適及其思想在中國知識份子中間的影響，所以他的批示中主要還是對俞平伯和他的《紅樓夢》研究有看法，至於胡適思想只是順便提到，而且上綱並不高。就胡適思想批判運動的後果觀察，如果當時負責此事的不是陸定一、周揚和郭沫若，對胡適思想的批判不可能達到後來的規模。在這個意義上，我把此次對胡適思想的批判理解為觀念來源於毛澤東，但執行和實施批判的詳細計畫卻是由中共理論家來完成的，在這個意義可以說，陸定一、周揚和郭沫若是胡適思想批判的導演。

　　全國大規模的批判胡適思想運動運動，由時任中宣部副部長的周揚主持。周揚向毛澤東作了匯報，毛澤東指示：「要把批判胡適思想作為重點。」

---

[6]　陳清泉、宋廣渠：《陸定一傳》第 388 頁，中共黨史出版社，1999 年，北京。

　　《陸定一傳》中特別提到「批判胡適，郭沫若是感興趣的，原來他們的學術觀點就有分歧。周揚拜訪了郭沫若雙方談得非常投機。」[7]

　　1954 年 11 月 28 日，郭沫若發表對《光明日報》的談話。他指出：「胡適的資產階級唯心主論學術觀點在中國學術界是根深蒂固的，在不少的一部分高等知識份子當中還有著很大的潛勢力。我們在政治上已經宣判胡適為戰犯，但在某些人的心目中胡適還是學術界的『孔子』。這個『孔子』我們還沒有把它打倒，甚至可以說我們還很少去碰過他。」[8]

　　在談話中，郭沫若還特別提到，1951 年他在《光明日報》學術副刊就朱東潤關於屈原研究文章發表的批評意見沒有得到支持，他認為，朱東潤研究屈原用的觀點和方法基本上是胡適的一套。在這次談話中，郭沫若還對胡適「大膽假設，小心求證」作了完全否定性評價。

　　1954 年 12 月 8 日，在中國文聯和中國作協主席團擴大會議上，郭沫若發表了〈三點建議〉。這個講話的原題是〈思想鬥爭的文化動員〉，在報送毛澤東時，毛澤東認為：「郭老講稿很好，有一點小的修改，請郭老斟酌。『思想鬥爭的文化動員』這個題目不很醒目，請商郭老是否可以換一個。」[9]

　　1954 年 12 月 2 日下午 1 時，周揚邀請茅盾、鄧拓、胡繩、林默涵、于光遠、何其芳、邵荃麟等人，在郭沫若住處開了一個小會，傳達了毛澤東關於胡適批判問題的指示。

---

[7]　陳清泉、宋廣渠：《陸定一傳》第 394 頁，中共黨史出版社，1999 年，北京。
[8]　《胡適思想批判》第 1 輯第 4 頁，三聯書店，1955 年，北京。
[9]　《建國以來毛澤東文稿》第 4 冊 625 頁，中央文獻出版社，1990 年，北京。

　　同日下午 3 時，又在中國科學院召開了科學院院部與作家協會主席團的聯席擴大會議，參加會議的除上述諸人外，還增加了范文瀾、老舍、侯外廬等 20 餘人。原來有一個計畫，要開若干個討論會，展開學術界的自由討論，要提高學術水平。這時周揚發現這個計畫沒有戰鬥性，沒有黨性立場，是學究式的計畫，根本不提用馬克思主義思想來批判和肅清胡適派的資產階級唯心主義思想。他根據毛澤東的指示，批評了這個計畫，經過討論，一致同意。

　　這次會議稱為「中國科學院中國作家協會聯合召開的胡適思想批判討論會」，會議以後，正式成立一個委員會。由郭沫若、茅盾、周揚、鄧拓、潘梓年、胡繩、老舍、邵荃麟、尹達 9 人組成。下設一個辦理日常研究討論事務的秘書處，由劉大年、陳白塵、劉桂五、陳翔鶴、田鍾洛五人組成。

　　周揚向毛澤東彙報情況時說：「請郭老掛帥的事，我和他說了，他表示很積極，上述委員會，算是他的一個司令部。他說這是一個『討胡委員會』。」[10]

　　在組織這次批判胡適思想運動的過程中，從已見的材料分析，周揚至少見過毛澤東兩次。

　　1954 年 12 月 2 日，周揚再次就關於批判胡適問題的組織計畫向毛澤東報告。報告說，根據你昨晚談話的精神，對原來討論胡適問題的計畫草案作了根本修改，並在下午召開的中國科學院與作家協會主席團的聯席擴大會議上，討論通過了經過修正的批判胡適問題的計畫草案。這個計畫改為以批判胡適思想為主，討論的題目也改定為：

---

[10]　陳清泉、宋廣渠：《陸定一傳》第 395 頁，中共黨史出版社，1999 年，北京。

1、胡適的哲學思想批判（主要批判他的實用主義），召集人艾思奇

2、胡適的政治思想批判，召集人侯外廬

3、胡適的歷史觀點批判，召集人范文瀾

4、胡適的《中國哲學史》批判，召集人馮友蘭

5、胡適的文學思想批判，召集人黃藥眠

6、胡適的《中國文學史》批判，召集人何其芳

7、考據在歷史學和古典文學研究工作中的地位和作用，召集人尹達

8、《紅樓夢》的人民性和藝術成就及其產生的社會背景，召集人張天翼

9、關於《紅樓夢》研究著作的批判（即對所謂新舊「紅學」的評價）。召集人聶紺弩。

關於討論會的組織和活動方式，改為以個人研究為主，採取較靈活的組織形式和討論方法。凡討論的主要文章，都在《人民日報》發表。[11]

12 月 29 日，中國科學院與中國作家協會聯合召開的批判胡適思想討論會正式開始。分別舉行了關於「胡適哲學思想批判」和「紅樓夢的人民性和藝術成就」兩個專題討論會。[12]

1955 年 1 月 14 日，召開了「胡適的哲學思想批判」第二次討論會。就艾思奇的論文〈批判胡適的實用主義〉進行了討論。約有

---

[11] 《建國以來毛澤東文稿》第 4 冊 620 頁，中央文獻出版社，1990 年，北京。

[12] 王少丁、王忠俊編：《中國科學院史事匯要‧1954》第 95 頁，中國科學院院史文物資料徵集委員會辦公室，1996 年，北京。

一百餘人參加了會議。[13] 以後對胡適思想的批判主要通過報紙和雜誌來進行，各地大學和文化機關都有所行動。

1954 年的批判胡適思想運動，中共負責意識形態的理論家陳伯達、胡喬木沒有出面，這也可以反證對胡適思想批判的主要動力來源於主動性，政治壓力並不普遍存在，這是此次胡適思想批判區別與後來歷次政治運動的一個特點。批判胡適的文章，主要出自文史哲學者，比較知名的是李達、張如心、艾思奇、孫定國；作家沒有批判胡適，只有上海作家吳強寫過一篇。胡適批判委員會裏的成員茅盾、老舍和鄧拓沒有專門寫文章。王若水回憶說：「1954 年 11 月初的某一天，鄧拓要我寫一篇批判胡適的文章，而且要我第二天就交卷。當時報紙上正在批判俞平伯的《紅樓夢研究》。鄧拓轉達了毛澤東的指示說：俞平伯所用的方法是胡適的方法；現在要把對俞平伯的批判轉變為對胡適思想的批判，首先要批胡適的實用主義。大概鄧拓認為我是北大出身的，又是哲學系學生，而且那時的校長就是胡適，所以他把這個任務分配給我。自然，我也是很樂意接受這樣的任務的。但要得這樣急，我卻毫無思想準備，只好匆匆忙忙跑到圖書館借了幾本胡適、杜威、詹姆斯的著作，就連夜突擊寫起來了。我也記不得是第二天還是第三天交卷，總之很快就在 11 月 7 日的《人民日報》上登出來了，題為〈肅清胡適的反動哲學遺毒〉。這是批判胡適的第一篇文章。」[14]

1955 年第 1 期《新建設》雜誌發表社論：〈積極展開學術上的批評和自由討論〉，社論中特別提到：「戰鬥的火力必須對準胡適反動思想在文化學術界的遺毒」。這個說法是王若水在〈清除胡適的反

---

[13]　《新建設》1955 年第 2 期第 46 頁，光明日報社，北京。

[14]　王若水：〈壓制思想的思想運動──讀李洪林《中國思想運動史》(1949-1989)〉，見張偉國主編「新世紀」網刊，紐約。

動哲學遺毒〉一文中最早使用的，原文是「前哨的第一槍既然已經響出，戰鬥的火力就不能不對準資產階級唯心論的頭子胡適。」[15]

在 1954 年 12 月 8 日中國文聯和中國作協主席團擴大會議上，郭沫若發表講話，題為〈三點建議〉，其中明確贊同王若水的話，他說：「我完全同意王若水同志的說法」。[16] 當時和王若水有大致相同經歷的學者也以同樣的熱情投入到對胡適思想的批判運動中，1956 年高教部在一份報告中提到：「以金岳霖和哲學系青年講師、助教汪子嵩同志等的互助合作為例：先是汪子嵩同志等集體寫作了一篇批判胡適政治思想的文章。這篇文章在人民日報發表後，老教師反映：『年輕同志真有兩下子！』當時金岳霖正在寫批判實用主義的文章，苦於有些觀點搞不清楚，希望年輕同志幫助。而汪子嵩同志等也感到對杜威、胡適等的著作讀得不多，佔有的材料有限，批判不易深入有力。針對這種情況，黨推動他們進行互相合作。經過擬定提綱、收集材料、進行研究、集體討論和反覆多次修改，結果寫出〈實用主義所謂「經驗」和「實踐」是什麼？〉這篇論文。一般說老教師佔有材料比較豐富，而新生力量觀點比較正確。但新老之間的這種互相合作，絕不是材料和觀點的簡單結合，而是貫穿著一系列的思想鬥爭的。如金岳霖曾經把杜威的哲學——美國帝國主義的哲學，說成是美國人民的哲學，經過汪子嵩同志等作了一定的鑽研和準備，然後和他進行了激烈的爭辨，他才表示『恍然大悟』，認為這是『沒有用階級觀點看問題』。另一方面汪子嵩同志等從金岳霖那裏也得到不少幫助，他們說：『金岳霖有時對問題看得比較深，能引用杜威的話來反證，打得很準！』又說：『和金岳霖合作寫出的文章，我

---

[15] 《胡適思想批判》第 1 輯第 67 頁，三聯書店，1955 年，北京。

[16] 周揚等著：《我們必須戰鬥——批判資產階級唯心主義思想》第 5 頁，山西人民出版社，1955 年，太原。

們感到更有把握。」這說明在互助合作中經過自由討論和反覆爭辯，取得一致的觀點，並且互以所長相補所短，彼此都有收穫。」[17]

當時中國著名的知識份子，完成了大量批判胡適的文章。胡適認為他們是不得已而為之，對此他並不介意。[18] 對胡適思想進行批判的學者，除了一部分中共的理論家和後起的青年學者外，多數是胡適早年的朋友。只有周炳琳、周鯁生、張奚若、潘光旦、羅隆基、吳文藻和錢端升等少數人沒有介入。史學界吳晗沒有寫文章，陳垣沒有表態，還有陳寅恪、錢鍾書也保持沉默。但此次胡適思想批判，對中國知識份子的內心造成了極大傷害。吳宓在他的日記中說：「此運動（據重慶市宣傳部長任白戈報告）乃毛主席所指示發動，令全國風行，特選取《紅樓夢》為題目，以俞平伯為典型，蓋文學界、教育界中又一整風運動，又一次思想改造，自我檢討而已。宓自恨生不逢辰，未能如黃師、碧柳及迪生諸友，早於 1949 年以前逝世，免受此精神之苦。」[19]

陳寅恪在運動開始時也非常反感，當時新華社記者在一份「內參」中提到，在中山大學，對關於《紅樓夢》研究問題的討論，抱著不滿和抗拒態度的以老教授居多。他特別提到了：「歷史系教授陳寅恪說：『人人都罵俞平伯，我不同意。過去你們都看過他的文章，並沒有發言，今天你們都做了共產黨的應聲蟲，正所謂『一犬吠影，百犬吠聲。」[20] 陸鍵東指出：「一年後，這句話被校方解釋為『諷刺

[17] 中共中央辦公廳機要室印發《關於知識份子問題的會議參考資料》第 2 輯第 36 頁，1956 年，北京。

[18] 胡頌平編著：《胡適之先生年譜長編初稿》第 7 冊第 2457 頁，聯經出版公司，中華民國 79 年，台北。

[19] 《吳宓日記》續編第 2 冊第 65 頁，三聯書店，2006 年，北京。

[20] 潘國維：〈中山大學的部分教授對關於「紅樓夢研究」問題的討論抱著抗拒態度〉，《內部參考》1954 年 282 期第 141 頁，新華社參考消息組編，北京。

積極參加運動的那些人是共產黨的應聲蟲』」。[21] 可見陳寅恪當時確實說過這樣的話，同年底，陳寅恪還寫〈無題〉一首，再次對這一事件中許多人的態度表達了他自己的看法。[22] 陳寅恪這個態度不是偶然的，除了他個人和俞家的關係之外，也是他對所處時代的一個基本評價。

從寫批判文章作者所在地域看，主要是在北京學者，外省學者以山東最多，可能與李希凡、藍翎是山東大學畢業和他們批判俞平伯的文章發表在《文史哲》上有關。上海也有幾位學者寫了文章，這些學者多是奉命作文。周一良中說他寫〈胡適與「西洋」漢學〉，就是尹達安排的任務。他還說：「當時確實是誠心誠意，認為自己作為新中國知識份子，應當改造思想，『不破不立』，應當根據自己理解進行批判，即使是過去所尊敬的人。[23] 但寫文章在兩篇以上的學者，就不完全是被迫。外地學者，也是主動多於被迫，因為這次批判胡適的思想，好像沒有要特別擴大的意思，也沒有人人過關的要求，從批判文章涉及的方面看，這次運動大體可以說主要是在文史哲領域內，因為胡適早已不在大陸，這次對胡適思想的批判目的，確實不是胡適這個人，而是清理他的思想。[24]

---

[21]　陸鍵東：《陳寅恪的最後二十年》第 134 頁，三聯書店，1995 年，北京。

[22]　《陳寅恪詩集》第 94 頁，清華大學出版社，1993 年，北京。

[23]　周一良：《郊叟曝言》第 3、4 頁，新世界出版社，北京。

[24]　《胡適思想批判》1-8 輯（1959 年，三聯書店以此為基礎出版過一本同名的書，除原書收入的文章外，增加了孫定國、陳森玉兩篇文章），三聯書店，1955 年，北京。中國作家協會上海分會編輯的《胡適思想批判資料集刊》，新文藝出版社，1955 年，上海。全國各地出版的類似資料均以上述兩書為基本模式。比較知名的單行本有艾思奇《胡適實用主義批判》（此書曾和作者另一本批判梁漱溟的小冊子合為一集在 1977 年再版，改名為《胡適梁漱溟哲學思想批判》），人民出版社，1955 年，北京。張如心：《批判胡適的實用主義哲學》，人民出版社，1955 年，北京。孫定國：《胡適哲學思想反動實質的批判》，人民出版社，1955 年，北京。李達《胡適反動思想批判》，湖北人民出版社，1955 年，武漢。姚蓬子《批

　　一個歷史事件的發生，有其必然的內在邏輯，但同時也有相當的偶然性。就毛澤東本人關於《紅樓夢》問題的批示和來信分析，他明確表達了對胡適派資產階級唯心論的鬥爭要開展起來，但運動如何展開，以何種方式進行，卻取決於當時負責中共意識形態官員的思想和行為方式，也就是說，對毛澤東本人意旨的理解和執行，事實上是以執行者的理解來決定的。從毛澤東批示看，此信在當時並不算嚴厲。從中辦主任楊尚昆的日記中分析，當時毛澤東對批判胡適並不看得特別重，現在幾乎看不到毛澤東後來對批判胡適思想運動進展的關注和批示，這也從反面說明他對胡適思想的關注與中共理論家的理解有差異。1955 年 1 月 11 日，楊尚昆在日記中說：「夜與胡繩同志商量關於高饒問題報告的幾段內容問題，同時談到了反胡適和胡風思想的一些問題。」[25] 只是一般性工作記述。在此期間發生的毛澤東對馮雪鋒和《文藝報》的批判與後來《文藝報》的改組事件中，毛澤東有多次專門批示，但在這些批示中只有一次提到胡適（《光明日報》發表李希凡、藍翎〈評《紅樓夢》研究〉時，毛澤東批示有一處提到：「這就是胡適哲學的相對主義即實用主義」。）[26] 但對執行這個批示的人來說，他的理解後來在很大程度上決定這次運動的發展模式。毛澤東此信對陸定一的震動很大，對毛澤東的意思，陸定一理解為：「他心裏意識到，毛澤東支持兩個『小人物』向紅學權威開火，其意義絕不只是要糾正《紅樓夢》研究中的唯心主義傾向，也不只是批判俞平伯這個『資產階級學者』，更重要的是要從對《紅樓夢》研究問題的批評文章開始，發動一場對胡適派資產

判胡適實用主義的反動性和反科學性》，上海出版公司，1955 年，上海。

25　《楊尚昆日記》上冊第 141 頁，中央文獻出版社，2003 年，北京。

26　《建國以來毛澤東文稿》第 4 冊 571 頁，中央文獻出版社，1990 年，北京。

階級唯心主義的廣泛批判。」馮雪鋒當時就沒有這個認識，這導致了他後來的悲劇命運。

從中國共產黨的理論家的思想背景觀察，他們早有批判胡適思想的意願。1947 年初，由中共地下黨負責，在上海發行《文萃》週刊（主編黎澍）。夏康農曾在週刊上發表過〈清理胡適之的脈絡〉[27]。夏康農的這篇文章，顯然不是他自己的意見，而是一種組織意願，代表了當時中國共產黨理論家對胡適的理解和評價。夏康農不久把此文改了題目，收在《論胡適與張君勱》一書中。[28]1954 年後對於胡適思想的批判，最早的源頭其實可以從這本書算起，以後對胡適思想的批判，大體沒有超出這篇文章的基調。

三、《胡適思想批判參考資料》

1949 年以後，中共在歷次政治運動中形成的一個習慣作法是：當每一次政治運動進行的時候，相關的「批判文件彙編」都會應運而生，這種方式至今沒有消失，但編輯文件的水平遠不可和早年相比。雖然動機是以「供批判使用」，但客觀上對於公布、保留某一歷史時期的文獻還是起了一點正面作用，至少提供一些文獻上的線索，雖然此類文獻的編輯有非常明確的取向，極難做到客觀公正，

---

[27]　《文萃》第二年第 17 期第 18 頁，文萃社印行，中華民國 36 年，上海。

[28]　夏康農：《論胡適與張君勱》，新知書店，中華民國 37 年，上海。此書列為「新認識叢書」第一輯、第一種。據書後的一則廣告說，還有四本要陸續出版，分別是《論知識份子》、《論自由主義》、《論中間路線》、《論優生學》。廣告特別說明這些書是「批判與建設並重」，「對於當前種種錯綜複雜的、有關於文化思潮諸問題，亟待予以科學的分析與批判。本叢書即以此為編輯重心，從學術立場，用正確觀念，簡潔筆調，對有關問題作嚴正而深入的分析與批判，從而使廣大的知識群有個新的認識。本叢書各冊，均由海內外具有專門研究的教授，名家執筆，益見充實」

但因為限於內部使用，所以作為文獻的基本價值還是存在的。《胡適
思想批判參考資料》就是這樣一套歷史文獻，因為這套文獻流傳
不廣，在以往關於胡適的研究文獻中極少被提到，所以有必要作
一詳細介紹。[29]

　　胡適思想批判委員會（由郭沫若、茅盾、周揚、鄧拓、潘梓年、
胡繩、老舍、邵荃麟、尹達 9 人組成）。下設有一個辦理日常研究討
論事務的秘書處，由劉大年、陳白塵、劉桂五、陳翔鶴、田鍾洛五
人組成。當時的中國作家協會秘書長張僖回憶：「1954 年 11 月 29
日、12 月 21 日和 1955 年的 1 月 15 日，曾在東四頭條 4 號的全國
文聯會議室三次召開〈《紅樓夢》的人民性和藝術成就〉的專題討論
會。會議規格很高，分別由茅盾等同志主持。其會議通知都是由中
國作家協會新成立的一個叫做『胡適思想批判討論會工作委員』秘
書處發出的。陳白塵同志擔任這個委員會的主任。」[30]

　　《胡適思想批判參考資料》就是這個機構編輯完成的，原始材
料來源於胡適當年留在北平的檔案，同時也收集了當時港台報紙和
雜誌中關於胡適的文章及相關言論。中國大陸較早提到這套文獻的
是鄧廣銘。近年在中國大陸關於胡適藏書去向的爭論中，多有涉及
《胡適思想批判參考資料》的言論，但因為沒有見到實物，多數語
焉不詳。

　　當時胡適留在大陸的檔案存在他原來的住處王府井大街東廠胡
同一號和北京大學。胡適舊居後來的歸屬是中國科學院歷史研究

---

[29]　陳金淦編：《胡適研究資料》，北京十月文藝出版社，1989 年，北京。季維龍編
　　　《胡適著譯系年目錄》，安徽教育出版社，1995 年，合肥。胡成業輯：《胡適研
　　　究論著資料索引（1979～1990 年）》，胡適故居印刷，1991 年，績溪。各種關於
　　　胡適傳記、年譜和研究著作中也未出現使用《胡適思想批判參考資料》的記錄。
[30]　張僖：《隻言片語──中國作協前秘書長的回憶》第 46 頁，北京十月文藝出版社，
　　　2002 年，北京。

所，但中國大陸負責管理所有意識形態部門的最高權力機關是中宣部，它有絕對權力調用各種檔案材料。

沈乃文認為：中宣部資料室取走了胡適書信、文件和日記後，從中編選了《胡適思想批判參考資料之一》和《之四》，均以「胡適思想批判討論會工作委員會秘書處」的名義編印出版，內部發行，供全國批判使用。鄧廣銘先生也一直認為這些小冊子是查清胡適書信、日記、文件下落的重要線索。鄧廣銘認為：「在 1954 年批判胡適的唯心的實用主義思想時，中宣部曾印行了《胡適日記選》、《胡適書信選》等等小冊子，每冊的封面上都印有『供批判用』四字，這些小冊子是根據什麼材料印成的，必定是從北大所存的胡適的書箱內提取去的。」沈乃文說：「1954 年批胡適，在當時是中央領導的一場極其嚴肅的階級鬥爭，北大是將中宣部取用胡適寄存北大圖書館的書信文件作為政治任務堅決執行的。中宣部的這一行動是不公開的。而且當時胡適藏書和書信文件仍存於沙灘松公府北大圖書館原址樓上書庫，其時中宣部圖書館已進駐北大圖書館原址樓下，取物不過是從樓上搬到樓下，沒有給北大留下任何手續。」[31]

胡適思想批判運動過去後，這批用作資料和證據的書信、日記等文件並沒有物歸原主，1958 年中宣部資料室解散，胡適文件隨其負責人黎澍轉到了今天的中國社科院近代史所。

《胡適思想批判參考資料》共有 11 冊，編號為「之一至之七」，其中「之五」為《胡適文輯》共有 5 冊，普通 32 開本白皮書，繁體豎排。每輯書名分別是：

《胡適思想批判參考資料之一·胡適的一部分信件底稿》（1926年 4 月至 1936 年 12 月）。

---

[31] 張潔宇：〈胡適藏書今何在〉，《中華讀書報》1998 年 12 月 2 日，光明日報社出版，北京。

《胡適思想批判參考資料之二‧胡適在抗日戰爭時期的一部分日記》。

《胡適思想批判參考資料之三‧胡適發表在〈自由中國〉雜誌上的一部分論文》（1949 年 11 月至 1955 年 2 月）。

《胡適思想批判參考資料之四‧胡適在 1921 年和 1922 年的一部分日記》

《胡適思想批判參考資料之五‧胡適文輯（哲學）》

《胡適思想批判參考資料之五‧胡適文輯（政治）》

《胡適思想批判參考資料之五‧胡適文輯（文教）》

《胡適思想批判參考資料之五‧胡適文輯（史學）》

《胡適思想批判參考資料之五‧胡適文輯（文學）》

《胡適思想批判參考資料之六‧胡適言論集（1952 年 11 月至 1953 年 1 月）》

《胡適思想批判參考資料之七‧胡適言論輯錄》（1926 年月日至 1954 年）

資料最後後附有一「胡適略歷」，署名：「吳容整理」。「略歷」介紹胡適情況除個別地方使用了大陸當時流行的語言外，基本客觀公正。

《胡適思想批判參考資料》的具體編輯時間是從 1952 年 2 月至 1952 年 5 月，大體是胡適批判運動高潮期間完成的。這套資料在當時是最完整收集胡適集外文的文獻，可以看成一本胡適集外文集，與原單行本合讀，已略具全集規模。因為基本保留著作原貌，所以雖是「供批判」使用的材料，但卻意外獲得了文獻價值。[32] 因為這

---

[32] 只有《胡適在抗日戰爭時期的一部分日記》作了較多刪節，參閱中國社會科學院近代史研究所、中華民國史研究室編《胡適的日記》第 519595 頁，中華書局香港分局，1985 年，香港。《胡適的一部分信件底稿》，可以參閱參閱中國社會科

套資料中有一部分材料直接來源於胡適的檔案，所以編者對原文（主要是日記和書信）的釋讀工作也具有學術價值。1949 年以後，無論中國大陸還是港台，當時還沒有一套如此完整的胡適作品集。[33] 由於這套資料編輯的時間在胡適思想批判運動的後期，所以在當時所有寫作批判胡適文章的學者中，只有時在中國科學院歷史研究所二所任職的侯外廬全面使用過胡適的檔案。他的長文〈揭露美帝國主義奴才胡適的反動面貌〉的注釋中，標明他大量使用了當時存放在北京大學圖書館中的胡適的檔案，此文原來發表在《新建設》雜誌上，後來收入《胡適思想批判》第三輯中時作者略有修改，特別是在注釋中刪除了一則原來引用的史沫特萊給友人信中誣衊胡適的話。[34] 現在可以推測，整理這批材料的人可能是中國科學院歷史所的研究人員，也有可能就是專門為侯外廬寫文章作資料工作的。[35] 這套關於胡適研究的資料，在胡適研究中的意義應當得到重視，至少可以從中看出當時在獲取胡適言論活動的渠道方面，掌握的資訊相對完整，負責此項工作的人員具有相當的學術素養。為了保持關於胡適的研究史料，我已決定把自己收藏的這套完整的《胡適思想批判參考資料》無償捐贈給台灣中央研究院胡適紀念館，以供研究者方便使用。

學院近代史研究所、中華民國史研究室編《胡適來往書信選》（3 冊），中華書局香港分局，1983 年，香港。

[33] 較早編寫的關於胡適研究的目錄索引是中國科學院圖書館編的《有關胡適的書刊資料索引（「紅樓夢」及有關書刊資料索引）（內部參考），油印本，1955 年 2 月，北京。此冊本人已決定捐贈台北中研院胡適紀念館。

[34] 《新建設》1955 年第 2 期第 25 頁，光明日報社，北京。《胡適思想批判》第 3 輯第 82 頁，三聯書店，北京。

[35] 侯外廬：《韌的追求》一書中完全回避了此文的寫作經過。三聯書店，1985 年，北京。

家國情感與事實判斷

——以何炳棣等上世紀七十年代初的訪華觀感為例

一、

本文選擇五位西南聯大知識份子上世紀七十年代的訪華言論為研究對象。

所謂西南聯大知識份子，主要指當年在西南聯大工作和生活的人。所謂訪華言論，主要指他們七十年代初訪問中國後，回到美國公開正式發表的評價中國的文字言論。這五位西南聯大知識份子的情況見下表：

五位西南聯大知識份子的簡況

姓名	生卒年	聯大期間	專業	至美國時間	首次訪華時間
何炳棣	1917～　　年	1939～1945 年	歷史	1945 年	1971 年
楊振寧	1922～　　年	1938～1945 年	物理	1945 年	1971 年
王浩	1921～1995 年	1939～1946 年	哲學	1946 年	1972 年
任之恭	1906～1995 年	1938～1941 年	物理	1941 年	1972 年
陳省身	1911～2004 年	1938～1943 年	數學	1948 年	1972 年

本文提出的問題是：七十年代初期，中國社會還在文革當中，從高級知識份子到普通百姓，都生活在物質極度短缺，精神極端壓抑的環境裏。這個時期中國人生活的一般狀態，無論是歷史、政治

還是經濟研究者，都認為是基本事實。但 1971 年後回國訪問的西南聯大知識份子，卻對中國人的真實社會生活處境毫無察覺，而且異口同聲對當時處在文革中的中國社會作出了高度的認同和評價，這種對中國社會生活的失察現象，反映了中國知識份子內心深處的某些特殊情感，這種情感在中國知識份子身上具有普遍意義。解讀這種感情背後的歷史原因，對於深入瞭解中國現代知識份子的精神世界有很大幫助。

二、

作為歷史學家的何炳棣訪問中國後，在美國發表了著名的演講：〈從歷史的尺度看新中國的特色與成就〉。他說：「從歷史的角度看，新中國的革命，尤其是文化大革命，是人類史上最徹底的革命。只有徹底的革命才能使中國人民在基層當家作主。惟有人民當家作主，新中國才能憑藉組織和思想教育的力量把全民族的精神、人力、物質、新舊技術全部動員，『自力更生』地逐步經濟建國。以一個本來一窮二白的國家，在短短二十四年之內，能克服種種的困難，建設起一個不愧為初步繁榮的社會主義國家，成就不可謂不大。」[1]

他還對中國做了這樣的預言：「我深信新中國廣義的建國，包括經濟建國，一定會成功。最重要的理由是新中國有曠古未有的組織能力……此外，這次民族生死存亡的革命鬥爭的成功，使得一個已有七千年歷史的民族脫胎換骨，返老還童了。這次革命的成功，是民族性格與靈魂的徹底澄清劑。試想，在我（生於一九一七年）受

---

[1]　何炳棣等：《留美中國學者訪華觀感集》，七十年代雜誌社（香港）1974 年版，第 32 頁。

小、中、大學教育備嘗國恥之苦之時，怎敢相信今生今世會看到一個『阿Ｑ式』忍辱待斃的民族一變而為一個艱苦卓絕、坦誠果毅、憂思深遠、勤樸武健的民族？！這才是人類史上最大的奇蹟！能造成這種奇蹟的民族，一定會勝利地完成建國工作。」[2]

對當時文革中的中國政策，何炳棣認為：「最後，我們應該瞭解，文化大革命以來的國家政策決不是僅僅為了當前的建國工作，而且是為了防範歷史上一些制度、社會、經濟等等弊端的重演。」

他最後預言：「新中國對積累的歷史經驗有深刻的瞭解，經過層層的組織和教育網，更能把歷史經驗和理論動力縝密配合起來，高瞻遠矚，既力爭目前，又著眼未來。從治史者的觀點，我有勇氣無條件地指出，人類自有史以來，從來沒有比新中國開國的氣魄和規模更加宏遠的了。」[3]

楊振寧回到美國以後，發表了多次演講。他的〈我對中華人民共和國的印象〉（附：楊振寧四訪中國後的談話）一文，曾發生過很大影響。

楊振寧的觀察是：「我發覺今天的中國是完全地改變了，和二十六年前我所認識的中國已完全不同。而這也就是我今天晚上想報告的事。在我還沒有分別指出這些大變動之前，我想歸納一下我所見到的變化，最重要的一點，也是最值得中國人自豪的一點，就是：『精神』。」[4]他對當時中國高等教育的評價是：「我最感興趣的，並且也是跟這裏的大學有戲劇性的不同的，就是文化大革命後的教育觀念。文化教育大革命是在六六年中期開始的，到一九七〇年已大致

---

[2]　何炳棣等：《留美中國學者訪華觀感集》，第 34 頁。
[3]　何炳棣等：《留美中國學者訪華觀感集》，第 34 頁。
[4]　何炳棣等：《留美中國學者訪華觀感集》，第 37 頁。

上成功結束。一種新的革命觀念正和教育制度結合起來。文化大革命不但改變了政治，甚至改變了國家其他各方面的行政。」[5]

對於中國人的日常生活，楊振寧發現「今天中國普遍的生活條件依然很低，但最低限度不會感覺到糧食缺乏。農村和城市都是這樣。不僅是米及麵粉不缺乏，蔬菜與水果也是極多的。當我在北京、上海、合肥等地的街上行走時，我看到這現象。價錢方面也很便宜。我還留意學生們、工人們及農民們吃些什麼。我曾經同大學生們一起吃飯。在上海，我還在一間柴油機廠與工人們吃飯，我覺得那裏的伙食比我們這裏學生食堂的伙食還好一些。」[6]「另一件值得自豪的事情，就是中國在農產品方面現在已能做到前所未的自給自足。」

他還把所見到的農民與過去相比：「我將他們敏銳的觀察力同二十六年前的農民相比較。以前的農民承受了數千年的傳統，他們往往認為他們的祖先是貧窮、挨餓的，但他們卻仍然會因循著祖先的舊路走去。相比之下，我們可以見到現在的中國農民在思想上和精神上的轉變是何等的巨大。」[7]

他這樣評價當時中國人的生活狀態：「有一種流行想法，以為生活在強調『為人民服務』的氣象下，一定使人成為奴隸，不能笑、心情一定不會是輕鬆愉快的。我自己也是存著這種想法進入中國的。後來，我發覺這種想法是完全錯誤的。」[8]他在演講最後用了毛澤東的兩句詩「為有犧牲多壯志，敢教日月換新天」來表達「所得到關於中國人的精神的印象」。有聽眾問他，文革期間死了多少中國人，有沒有一個數字時，楊這樣回答：「我並沒有具體的數字。但是

[5] 何炳棣等：《留美中國學者訪華觀感集》，第 38 頁。
[6] 何炳棣等：《留美中國學者訪華觀感集》，第 46 頁。
[7] 何炳棣等：《留美中國學者訪華觀感集》，第 47 頁。
[8] 何炳棣等：《留美中國學者訪華觀感集》，第 49 頁。

他們告訴我，而我也相信他們，這個數字是非常少的。正如我曾告訴你們，在清華大學，有五個工人在我所描述的情形下身亡。」[9]由此楊得出的結論是：「中國的領導懂得怎樣引導人民的力量和一切活動去為中國人民謀幸福。」

王浩文章的題目是〈中國之行的幾點觀感〉。他說：「早期的人主要想到要中國富強，後來更具體一點，想到要一般人民生活過得去，國家能有自衛能力，一般人民和整個國家都能抬得起頭來。我想絕大多數人都承認中國今天已做到了這一點：全國人民的基本生活不壞，多數人充滿朝氣，國土完整，帝國主義的勢力已被排出，政治經濟完全獨立自給。有些人說，『碰巧』在共產黨當權的時候，中國站起來了。我覺得這話說得太輕鬆。一百多年以來，也試過各式各樣的辦法，不但沒有成功，反把國家弄得每況愈下。回想到解放前一個多世紀的歷史，我們都會覺得要治一個非常重要的病，是需要很厲害的藥的，很多有志之士大約都有過一種情願為救國而吃苦的決心。」[10]

王浩認為當時的中國人生活：「同我一九四六年出國以前比較，有許多大家都看到的基本進步。我覺得多數措施都從長遠處、根本處著眼，先滿足大多數人的起碼的要求，而不分散精力去錦上添花。今天的中國，可以說做到了豐食足衣。無論在城市和鄉間都看不到像以前穿得非常破爛的人。關於食物問題，近七、八年來，可以說達到相當徹底的解決，與衣食關係密切的防旱防洪工作，成績可說是曠古未有的。軍人從貧賤可怕變成了生產教育方面受尊敬的領導

9 何炳棣等：《留美中國學者訪華觀感集》，第 56 頁。
10 何炳棣等：《留美中國學者訪華觀感集》，第 78 頁。

人物，整個國家由一盤散沙變成嚴密的組織。很多人覺得組織太嚴密了，但也有人說矯枉必須過正。」[11]

任之恭在〈闊別二十六年的中國〉一文中認為：「現在新中國社會裏，最堅強的基礎，可說是精神建設。精神建設的推動力，確確實實就是毛澤東思想。這思想是一個徹底革命、踏實建國的原理。」[12]

任之恭從三方面來說這個問題：「機會平等。新中國現在主張，在無產階級專政下，人與人之間，一概以機會平等為原則。所以貧與富平等，女與男平等。這就是說，任何一個人，不管他有什麼特殊情形，絕不能允許他壓迫或剝削另外一個人。例如在解放軍裏面，各級長官（或士兵）都穿一樣的制服，不管職位高低，任何人沒有特殊的權利。在家庭裏，男女完全平等，各人可用自己的姓。又如一位職位很高的黨員，絕不能壓迫一位非黨員。」

任之恭說：「我在中日戰爭結束以後數月（一九四六年）內離開中國，直到二十六年後的去年夏天（一九七二年夏）首次返回國，親眼看到那麼多翻天覆地的變動。試問在僅僅二十多年中間，一個腐敗到頭的社會如何能夠一旦翻身變成一個朝氣蓬勃精神品德崇高的新興國家？我願冒昧答覆，其中的原因一定是中國廣大群眾，痛心舊中國的不振作，受了毛澤東偉大思想的感動，全國毅然決然地堅持一條信仰，用最大的努力，創造出古今罕有的革命和建設事業。」[13]

陳省身在〈見聞與感想〉中提到，當有人問到文革時知識份子是不是願意去農村時，陳省身說：「他們是願意的。去公社工作是會提高這個教授的威望而不是會讓人看不起的。判斷這件事，一定要置身在中國的環境裏，當然我不能做到，因為我只去了中國一個月，

[11] 何炳棣等：《留美中國學者訪華觀感集》，第 75 頁。
[12] 何炳棣等：《留美中國學者訪華觀感集》，第 129 頁。
[13] 何炳棣等：《留美中國學者訪華觀感集》，第 139 頁。

但是從我和那裏教授們的談話中，我覺得他們為曾去公社從事勞動感到驕傲。」[14]當有人問他中國的犯罪率時，陳省身回答：「這是一個全世界最安全的國家，絕對沒有理由要擔心個人的安全。」

當聽眾問到中國「是不是會有傳聞中的嚴重壓迫」時，陳省身回答：「並沒有。在你所說的情況之下，他們會用很溫和的方式對待你，他們會與你討論，設法說服你，你必須考慮中國的過去，才能判斷這個國家目前的進步。我看到人民公社的時候，心裏總是很感動的。因為在過去，一個農人遇到荒年時，可能要賣掉自己的子女的，而這種事情是絕對不會再發生的了。至於自由的問題，由中國的歷史來看，我想中國人現在擁有的自由比過去任何時候都多。中國人從沒有西方民主制度的經驗，當然他們並不擁有許多西方社會裏的自由。」[15]

本文提到的五位西南聯大知識份子，何炳棣是歷史學家，陳省身是數學家，王浩是哲學家，楊振寧、任之恭是物理學家。他們的專業背景大體可以代表人類知識的基本範圍，同時他們在這些專業領域具有公認的世界性地位，可以說是名符其實的華人精英。他們早年在西南聯大這樣具有民主和自由傳統的高等學府生活過，同時在美國這樣的自由社會中長期生活。作為獨立的中國知識份子——至少目前我們還沒有發現他們有特殊的政治背景——是完全中立的自由主義知識份子，但他們對文革中的中國社會卻做出了與事實完全相反的歷史判斷。這樣的的錯覺源於他們的知識背景還是政治原因？現在看來都不是。他們當時對中國現實的評價，完全出於自覺並且發自內心。現在沒有材料能證明當時他們受到了政治壓力或者

[14]　何炳棣等：《留美中國學者訪華觀感集》，第 136 頁。
[15]　何炳棣等：《留美中國學者訪華觀感集》，第 139 頁。

中國當局對他們做過統戰工作。何柄棣、楊振寧、任之恭都寫過較為完整的回憶錄，絲毫沒有這方面的資訊。

　　一個基本事實是二十多年後，楊振寧、何炳棣有明確言論，對他們當年對中國的失察做了反省。楊振寧說，十多年以後，有一位新聞記者問他：「你於七十年代初講了新中國很多好話，你今天怎麼評價你當時的言論呢？」他回答說：「我那時沒有瞭解文革的真相，我承認我是蹩腳的新聞記者。可是請注意我不是以一個新聞記者的身份或心情去中國的。」[16]

　　何炳棣晚年提到他上世紀七十年代初訪華的觀感時曾說：「至今不少海外愛國人士仍勸我在文集中把它重印，我卻願意把它忘掉，因為它雖有史實與感情，但對國內新氣象只看到表面，未能探索新氣象底層真正的動機。同樣願意忘掉的是七十年代和八十年代初所撰有關中國資源和經濟前景的一系列文章。」[17]

　　一個明顯的現象是五位西南聯大知識份子的訪華觀感，都用了比較的眼光。需要注意的歷史事實是他們都是戰亂中離開中國到美國去的，當時戰亂中的中國情景，給他們留下了深刻的印象。國家連年戰亂，導致民不聊生，特別是下層社會極端貧困，這樣的歷史情景曾經刺激了當時還在學生時代的西南聯大知識份子。盼望中國統一、安定、強大，不再受外人的欺侮，是當時中國所有知識份子內心的渴望。上世紀四十年代中期以後，中國自由主義知識份子普遍對現政權產生反感，在思想深處普遍產生左傾萌芽。所以在去國二十多年後，看到國家統一成為基本事實，看到社會成員有組織的集體生活和早年留在記憶中的中國人一盤散沙的印象比較，西南聯

[16] 徐勝蘭、孟東明編著：《楊振寧傳》，三聯書店（香港）1993年版，第101頁。
[17] 何炳棣：《讀史閱世六十年》，廣西師範大學出版社2005年版，第393頁。

大知識份子過於強烈的民族情感，讓他們很難再調動自己的知識和學養去理性分析當時中國社會的真實情況。

西南聯大知識份子在中國訪問的時候，曾見過一些親朋故舊，雖然在當時的歷史處境中，那些他們所見的人，不可能對他們大膽講出中國人，特別是中國知識份子的真實生活處境，再加上當時他們到中國來的國賓身份，所到之處看到的是一片光明。

當時中國在接待外賓方面所表現出的虛假作法是普遍現象，常常是提前排演，或者用政治手段威脅外賓的親朋故舊，不讓他們講真話，再有就是臨時裝扮外賓所要到的機關場所和親戚家裏的生活條件等等。但有一個問題在困擾人們，這樣的行為難道會天衣無縫嗎？這些西南聯大知識份子，均是智慧超群之士，當時經歷也是閱盡滄桑，何以會對此一切毫無察覺？合理的解釋是他們不可能一點沒有察覺，是他們強烈的民族情感不忍心讓他們在西方那樣的處境下，再來對自己的祖國提出批評。這種家國情感超越事實判斷的歷史現象，是中國知識份子對國家統一渴望的極端表現。以事實判斷，他們不見得對當時中國的真實生活沒有一點自己的獨立觀察，但對國家統一的強烈感情，讓他們的理性失去了對事實的反省。楊振寧的「我不是以一個新聞記者的身份或心情去中國的」心境，何炳棣的「雖有史實與感情，但對國內新氣象只看到表面，未能探索新氣象底層真正的動機」的說法，都是很好的證明。家國情感超越事實判斷，統一意念妨礙知識分析，資訊阻塞導致背離常識，輕信國家強大產生民族幻想，這是西南聯大知識份子當時的基本思想狀況。當先入為主的觀念和情感主導思想時，西南聯大知識份子對事實的判斷，可能會不如一個家庭婦女。

1962年，楊振寧在日內瓦和他的父母見面。他父親數學家楊武之告訴楊振寧：「新中國使中國人真正站起來了：從前不會做一根

針，今天可以製造汽車和飛機（那時還沒有製成原子彈，父親也不知道中國在研製原子彈）。從前常常有水災旱災，動輒死去幾百萬人，今天完全沒有了。」當楊振寧父親講得正高興時，他母親打斷了他父親的話說：「你不要專講這些。我摸黑起來去買豆腐，排隊站了三個鐘頭，還只能買到兩塊不整齊的，有什麼好？」當時楊振寧的感受是「我知道他們二位的話都有道理，而且二者並不矛盾；國家的誕生好比嬰兒的誕生：只是會有更多的困難，會有更大的痛苦。」[18] 楊振寧訪華前十年就有這樣的經歷，但這並沒有影響他對中國的認識。

另外一個原因是早年中國知識份子對西方發達國家出現的問題，特別是物質文明發達後出現的一些社會現象，與他們在儒家文化環境下生成的價值標準發生衝突，常常在他們身上表現出矛盾，一方面認同西方文化的基本價值，但一方面又簡單否定這種文化中出現的負面現象，他們不願意放棄真實的西方生活，但同時在思想和觀念中強烈表現對故國的情感。王浩在西南聯大的同學何兆武曾說：「王浩在國外是左派，擁護新中國，有一陣改學馬克思主義，想知道馬克思到底是怎麼說的，學習得很起勁，所以他從來不去台灣。」[19]

1973 年，穆旦在西南聯大的同學王憲鍾從美國回來看他，他的孩子們在議論此事時流露出抱怨情緒。但穆旦嚴肅地告訴他們：「美國的物質文明是發達，但那是屬於藍眼睛、黃頭髮的，而我們是黃皮膚、黑頭髮。」穆旦還說：「物質不能代表一切。人不能像動物一樣活著，總要有人的抱負……中國再窮，也是自己的國家。」[20]

---

[18]　《楊振寧文錄》，海南出版社 2002 年版，第 12 頁。

[19]　何兆武口述、文靖撰寫：《上學記》，三聯書店 2006 年版，第 227 頁。

[20]　陳伯良著：《穆旦傳》，浙江人民出版社 2004 年版，第 139 頁。

　　黃仁宇在自傳中曾提到過，吳文藻和謝冰心都是在美國受教育，但「他們卻毫不掩藏對美國政策的不滿。他們就讀東京美國學校的子女對同學說，他們家會回中國大陸去住（他們一年內做到了）」。[21]

　　1971 冬天，馮友蘭聽到中國恢復聯合國席位後，寫出「東河昔遊地，及見舊邦新」的詩句。第二年馮友蘭和梁漱溟見面，「談話間，梁對中華人民共和國取得聯合國合法地位事十分高興，因此對毛澤東十分佩服。」[22]

　　中國知識份子在內心深處，普遍對於從事觀念和知識活動較為輕視，所以很難擺脫成王敗寇的思維。黃仁宇在《黃河青山》中提到當時一個美國博士多克‧巴內特（Dock Bennett）的感覺。他認為「民主同盟令人失望。這個組織的成員都是理想色彩濃厚、誠心誠意的人，雖然怨氣沖天，但毫無解決問題的邏輯。」[23]

　　黃仁宇說在巴內特訪問過的成員中，「沒有一位能對問題提出前後一致的解決之道。原來民主同盟不過是知識份子的結盟，沒有真正植根於中國社會。被謀殺的教授之一是詩人聞一多，他和持有哥倫比亞大學博士學位的羅隆基一樣，都在美國受教育，念過芝加哥藝術研究所和科羅拉多學院。他們的生活並沒有延伸到學術圈和出版界以外的地方，但是由於他們的背景使然，特別討好那些以概念方法來瞭解中國的美國觀察家。他們都說同樣的語言，因此在這些不幸的中國學者身上看到了自己。但說來矛盾，這些中國學者批評美國、讚美蘇聯時特別有勁，因此許多國民黨官員受夠他們的偏心和嘲諷，稱他們是『羅隆斯基』和『聞一多夫』」。[24]

---

[21]　黃仁宇：《黃河青山》，三聯書店 2001 年版，第 141 頁。

[22]　蔡仲德：《馮友蘭先生年譜初稿》，河南人民出版社 1994 年版，第 516、517 頁。

[23]　黃仁宇：《黃河青山》，第 196 頁。

[24]　黃仁宇：《黃河青山》，第 196 頁。

　　黃仁宇和西南聯大知識份子是同一輩人，他們共同的人生經歷和處境（特別是後半生在西方生活的經歷），很容易產生思想共鳴。黃仁宇在他晚年的回憶錄中曾肯定延安道路的歷史意義。他認為「至於特定的發展，我們必須承認，在毛澤東的時代，中國出現一些破天荒的大事，其中之一就是消除私人擁有農地的現象。」[25]

　　瞭解這一代中國知識份子的思想背景，可以設想，如果黃仁宇在上世紀七十年代初期回到中國，他對中國的觀感，也會與西南聯大知識份子相同，至少作為歷史學家，何炳棣在當時並沒有看出中國歷史的真相。是何炳棣缺乏觀察歷史真相的知識準備嗎？不能這樣認為。1936年8月8日《吳宓日記》有這樣的記載：「夕7-8 獨坐氣象台觀晚景，遇歷史系三年級學生何炳棣。談甚洽。宓為何君述對於中國近世歷史政治之大體見解；（一）每期，每事，右（改革，或維新 Reformation）派敗而左（革命 Revolution）派勝，然右派之學識較深宏而主張較正確。（二）日本之一貫政策，為破壞中國之統一政府與中央集權。中國人則為虎作倀，自壞其綱紀規律與忠誠之信念。昧於以上所言二事，而號呼救國，殊類南轅北轍。……何君以為然。其見解頗超俗，有望之青年也。宓力述寅恪學識之崇博，何君擬即從寅恪請業云。」[26] 從這段史料可以判斷，上世紀七十年代初，西南聯大知識對中國社會的失察，主要不是知識的原因，而是民族情感所致，特別是聯繫到當時中國剛剛恢復在聯合國的主權地位這一事實，就更容易理解西南聯大知識份子的家國情感。

---

[25]　黃仁宇：《黃河青山》，第477頁。

[26]　《吳宓日記》第6冊，三書店198年，第33頁。

三、

一個睿智的知識份子，如果不想被某些表面的現象所迷惑，必須在思想上保持對某種制度的基本判斷，這種判斷依賴知識背景，排斥個人情感，理性的支撐以思想為基本後盾。

在歷史上，對極權制度產生錯覺的現象並不鮮見。有些是看到了真相，但出於各種考慮把真相留給歷史，當時只說出假相，比如羅曼・羅蘭；但也有一些知識份子，出於良知和勇氣，敢於背叛自己的理想和知識信仰，比如紀德。但更多情況下，對極權制度的錯覺來源於基本理念和思想傾向。

1926 年夏天，胡適對莫斯科作過三天的訪問，後來他在給張慰慈的的信中，對蘇聯的社會主義實踐基本作了肯定的評價，為此他曾和徐志摩發生過一些爭論。胡適作為一個自由主義者，面對蘇聯，何以會與徐志摩對蘇聯的評價完全不同？其實主要還是對真實情況的瞭解程度和知識觀念之間發生了偏差。因為他當時對蘇聯社會主義制度在思想上並不清晰，所以所見也就不同，觀念不清晰，懷疑就無從談起。而徐志摩一開始就對這種制度保持警惕。

1925 年徐志摩到蘇聯去，但徐志摩筆下的蘇聯卻是這樣的情景：「入境愈深，當地人民的苦況益發的明顯。」[27]徐志摩寫〈歐遊漫錄〉前後關於蘇聯的言論，完全是批判性的。

徐志摩對莫斯科的感覺是：「但莫斯科？這裏沒有光榮的古蹟，有的是血汗的近跡；這裏沒有繁華的幻景，有的是斑駁的寺院；這裏沒有和暖的陽光，有的是泥濘的市街；這裏沒有人道的喜色，有的是偉大的恐怕，慘酷，虛無的暗示。暗森森的雀山，你站著；半凍的莫斯科河，你流著；在前途二十個世紀的漫遊中，莫斯科是領

---

[27]　韓石山編：《徐志摩散文全編》（上冊），天津人民出版社 2005 年版，第 573 頁。

路的南針，在未來文明變化的經程中，莫斯科是時代的象徵。古羅馬的牌坊是在殘闕的簡頁中，是在破碎的亂石間；未來莫斯科的牌坊是在文明的骸骨間，是在人類鮮豔的血肉間。莫斯科，集中你那偉大的破壞天才，一手拿著火種，一手拿著殺人的刀，趁早完成你的工作，好叫千百年後奴性的人類的子孫，多的來，不斷的來，像他們現在去羅馬一樣，到這暗森森的雀山的邊沿，朝拜你的牌坊，紀念你的勞工，謳歌你的不朽。」[28]

1936 年，紀德到蘇聯參加高爾基的葬禮，寫了著名的《訪蘇歸來》等一系列文章。紀德本人是蘇聯的同情者，認同社會主義事業。但他在蘇聯十周的經歷，完全改變了他對蘇聯的印象。在莫斯科，紀德的感想是：「在這裏，關鍵是讓人人相信，已經得到了最大限度的幸福，以後會更好；還讓人相信任何地方都不如他們幸福。要做到這一點，只有防範同外界（我是指國界之外）的一切交流。正是借助於這種做法，哪怕生活在同樣水準，甚至水準明顯低的情況下，俄羅斯工人也自認為很幸福，比法國工人還幸福，而且幸福得多。他們的幸福是由希望、信賴和無知構成的。」[29]

紀德觀察到「蘇聯公民對國外一無所知。更有甚者，他們還都確信，外國各個領域都遠遠不如蘇聯。這種幻想始終巧妙地維繫著，這的確很重要，每個人即使不太滿意，也還是慶幸受這種制度保護，會免除更大的苦難。」比紀德早一年到過蘇聯的羅曼·羅蘭，同樣看到了真相，可惜當時不敢寫出來。1935 年夏天，羅曼·羅蘭應高爾基的邀請到蘇聯訪問，他在蘇聯的觀察分為兩面，一是真實的感受，一是表面的客套。羅曼·羅蘭把自己真實的感受寫在日記中封

[28]　韓石山編：《徐志摩散文全編》（上冊），第 576 頁。
[29]　安德列·紀德著、李玉民譯：《訪蘇歸來》，廣西師範大學出版社 2004 年版，第 28 頁。

存，要求在五十年後公開。可見當時對蘇聯的觀察並不是有沒有真實判斷的問題，而是有沒有勇氣講出真實的問題。紀德和羅曼・羅蘭的觀察恰好說明這一點。

羅曼・羅蘭在《莫斯科日記》中說：「蘇聯公民的自尊，都以歪曲真相的代價而得到強化。來自國外的消息本來能使蘇聯勞動者對他們國境之外的世界上的事態具有正確的概念，但這種消息卻遭到系統的隱瞞和歪曲。我確信，他們傾向於低估，並且有時甚至是過分低估其他民族的生命力。」[30]

1932 年，費邊社的創始人韋伯夫婦到蘇聯訪問，後來出版了《蘇聯印象記》，韋伯夫婦對蘇聯的印象很好，完全是正面評價。他們認為：「蘇聯的民眾已經認識清楚，社會環境的壓力，以前曾剝奪他們充實的生命之自由與機會，現在這壓力卻經過了改造，給予每一個人選擇職業與選擇居住的較多的自由，給予每一個人較多的休息與假期，給予每個人較多的消費品，給予每一個人較大的責任與酬報，使每一個人估量他自己的能力，有積極參預集團工作的機會。」[31]韋伯認為社會環境的統制與改造「確實將增進他們個人的自由。」

因為韋伯夫婦在思想上傾向社會主義，所以對蘇聯的感受也非常自然趨於正面評價，但歷史最後證明，早年對蘇聯的正面評價，其實是歷史的錯覺造成的。

1945 年夏天，郭沫若對蘇聯進行了五十多天的訪問，後來寫出了〈訪蘇紀行〉，郭沫若對蘇聯的觀察自然完全是正面的。他認為自己是抱著「唐僧取經到西天去的精神到蘇聯去的」，因為「蘇聯值得

---

[30]　羅曼・羅蘭：《莫斯科日記》，上海人民出版社 1995 年版，第 113 頁。

[31]　韋伯：《蘇聯印象記》，生活書店 1934 年版，第 72 頁。

學習的東西太多了。」[32] 類似的情況還有很多，總之，對一種制度
的深刻洞察力，常常取決於知識份子的基本思想傾向。

　　同樣道理，1972 年，和西南聯大知識份子前後到中國來的義大
利電影導演安東尼奧尼，對中國的觀察卻與他們完全不同。

　　1973 年紀錄片《中國》上映不久，周恩來會見楊振寧。楊振寧
對周恩來說：「我不知道周總理是否認識安東尼奧尼，他是義大利很
有名的導演。去年來中國訪問了很久，後來又拍了一個電影。這個
電影我沒看過，一般看過的中國人都不喜歡。後來，我看了一個比
較左傾的小報紙，上面有一個中國學生的分析，我覺得很深入。這
個人大概是個學電影藝術的，他說，這個電影表面上看不錯，但如
果你對安東尼奧尼過去的電影手法有點瞭解的話，你就知道他是在
惡毒地攻擊中國。他舉了一個例子，在電影結束時有兩個場面，一
個是有一群小孩在那裏玩，接著是一個木偶戲的場面。他的意思是
說，中國的小孩都變成了木偶。」[33] 此事曾在中國引起軒然大波，[34]
但歷史證明，楊振寧、何炳棣等西南聯大知識份子對當時中國的觀
察，不如一位西方電影導演深刻。當年中國著名的《參考消息》上
曾不斷轉載西南聯大知識份子的訪華觀感，而安東尼奧尼的紀錄片
卻受到了批判。西南聯大知識份子如今願意忘掉當年對中國的觀
感，而安東尼奧尼的《中國》卻成了紀錄片的經典。

---

[32]　郭沫若：《洪波曲》，人民文學出版社 1979 年版，第 317 頁。

[33]　陳東林：〈二十世紀七十年代電影《中國》引起的風波〉，《黨史博覽》2006
　　　年 6 期。

[34]　見〈中國人民不可侮──批判安東尼奧尼的反華影片《中國》文摘〉，人民文學
　　　出版社 1974 年版。

1949 年後知識精英與國家的關係

——從院士到學部委員

　　1949 年中國政權發生轉換以後，知識精英與新政權的關係成為一個敏感問題。政權轉換對知識精英的影響經歷了一個相當長的過程。本文所謂的知識精英泛指著名的知識份子（包括自然科學和人文科學），在 1949 年前主要以原中央研究院院士為主，1949 年以後主要以中國科學院學部委員為主。

　　1949 年以後，政權轉換首先面臨的是對原有國家機構的接收問題。一般來說，原初的接收基本是自然過渡的，震動不是很大，就地接收，平穩過渡，是政權轉換的基本接收模式，因為軍事接管是政權轉換時的基本接管前提，所以早期接管的科學、文化和教育機構中，以軍人為主。中國的高等院校、新聞機構以及其他政權機構大體是在這樣的情況下轉變到新時代的，中國科學院的情況也不例外，它是在接收原中央研究院、北平研究院兩個系統加上靜生生物調查所、西北科學考察團和中國地理研究所等機構的基礎上組建完成的。[1]

　　1949 年以後，國家和知識精英的關係初期較為平衡，當時科學院院長和副院長（郭沫若、陳伯達、李四光、陶孟和、竺可楨）中，有四位是原中央研究院院士，但越往後越緊張。雖然為了中國的工

---

[1]　參閱樊洪業主編：《中國科學院史事匯要（1949）》頁 74-76，中科院科技政策與管理研究所院史研究室，1991 年，北京。

業化，國家不得不依賴一些舊時代留下來的知識精英，但對他們的
使用，不是完全信任。這一點，從 1948 年中央研究院院士和 1955
年科學學部委員的變化中，可以看得非常明顯。知識精英與國家的
關係一般表現為兩種形式，一是外部關係，主要指知識精英和國家
之間的相互依賴（如知識精英在資金和科學研究條件方面對國家的
依賴以及國家對知識精英創造成果的需求），二是知識精英內部之間
的關係。本文只注意前者，因為在 1949 年後的知識精英與國家的關
係中，國家居於絕對主導地位，知識精英內部的關係主要是在國家
關係制約下才產生作用的。也就是說，在這個歷史條件下，如果國
家沒有主動與知識精英保持信任的誠意，這個關係很難達成平衡。
中國知識精英後來的命運主要是國家造成的，因為國家的基本制度
對知識精英的普遍不信任，最後導致了知識精英的悲劇命運。何方
認為，國際共運本身就有一個「不信任知識份子的傳統」，從延安整
風以後，對知識份子普遍歧視和蔑視成為一種新傳統，使中國共產
黨在處理同黨內知識精英的關係始終處在緊張的狀態下。[2] 與其他知
識分精英的關係也可想而知。一個象徵性的事實是在 1949 年以後的
政治運動中先後有饒毓泰、謝家榮、趙九章、涂長望、湯飛凡科學
家自殺了。弗里德曼認為，在非市場經濟的制度下自然科學也不能
發展。他認為「現代物理學是思想自由市場的產物。」[3]

---

[2] 何方：《黨史筆記——從遵義會議到延安整風》下冊第 243 頁，利文出版社，2005
年，香港。

[3] 密爾頓・弗里德曼、羅斯・弗里德曼：《自由選擇》第 30 頁，商務印書館，1998
年，北京。

一、1948 年中央研究院院士的選舉

1948 年中央研究院第一屆院士共有 81 人，其中人文組 28 人。名單如下：

吳敬恒、金岳霖、湯用彤、馮友蘭、余嘉錫、胡適、張元濟、楊樹達、柳詒徵、陳垣、陳寅恪、傅斯年、顧頡剛、李方桂、趙元任、李濟、梁思永、郭沫若、董作賓、梁思成、王世杰、王寵惠、周鯁生、錢端升、蕭公權、馬寅初、陳達、陶孟和。

1955 年中國科學院哲學社會科學學部委員共有 61 人，名單如下：

丁聲樹、千家駒、于光遠、尹達、王力、王亞南、王學文、向達、艾思奇、何其芳、吳玉章、吳晗、呂叔湘、呂振羽、李亞農、李達、李儼、杜國庠、沈志遠、狄超白、周揚、季羨林、金岳霖、侯外廬、胡喬木、胡繩、范文瀾、茅盾、夏鼐、馬寅初、馬敘倫、張如心、張稼夫、許滌新、郭大力、郭沫若、陳伯達、陳垣、陳寅恪、陳望道、陳翰笙、陶孟和、湯用彤、馮友蘭、馮至、馮定、黃松齡、楊樹達、楊獻珍、劉大年、潘梓年、翦伯贊、鄧拓、鄭振鐸、黎錦熙、錢俊瑞、駱耕漠、包爾漢、薛暮橋、魏建功、羅常培。

中央研究院士選舉，據吳大猷回憶是這樣進行的：「三十五年由評議會籌辦院士選舉，先由各大學院校、專門學會、研究機構及學術界有資望人士，分科提名候選人，約四百餘人，三十六年由評議會審定候選人一百五十人。三十七年再由評議會選出院士八十一人。」[4]中央研究院的評議會制度，保證後來院士選舉成功的一個重要因素。在制定出《國立中央研究院組織法》的基礎上，先後完善的《國立中央研究評議會條例》和《國立中央研究院研究所組織規程》為 1948 年進行的院士選舉作了制度設計方面的保證。

---

[4]　〈中央研究院的回顧、現況及前瞻〉，《傳記文學》第 48 卷第 5 期，頁 56，台北。

對中央研究院院士的選舉是以學術為基本原則的選舉，沒有意識形態色彩。在當選的名單中沒有國民黨負責意識形態的主管人員（王世杰是以法學家身份當選的，他曾做過國民黨的宣傳部長，但在當選院士時，他已離任改就外交部長一職），相反郭沫若卻一直在這個名單上。胡適日記中曾留下了一份中央研究院院士人文組部分擬提名單。[5]

哲學：吳敬恒、湯用彤、金岳霖

中國文學：沈兼士、楊樹達、傅增湘

史學：張元濟、陳垣、陳寅恪、傅斯年

語言學：趙元任、李方桂、羅常培

考古學及藝術史：董作賓、郭沫若、李濟、梁思成

人文地理民族學：想不出人名

名單上沒有胡適的名字，可見是有回避的，就是推薦人不能自薦。胡適提名的這些人選中，沈兼士、傅增湘最終沒有當選，而郭沫若卻當選了。1948 年郭沫若的政治態度是人所共知的，但中央研究院沒有因為他的政治傾向就把他排斥在院士以外，可以說，第一屆中央研究院院士的選舉沒有政治干預。

1949 年 5 月 30 日，竺可楨在上海見到陳毅，他在當天的日記中寫道：「渠曾閱研究院院士錄，見有郭沫若之名，知研究院之能兼收並蓄。」[6]

中央研究院是國家的最高科學（包括人文）研究機構，一個時代的學術自由和政治寬容，最能在這樣體制化的機構中體現出來。對一個時代學術制度的評價，要看它對於學者政治選擇的容忍程

---

[5] 《胡適的日記》手稿本第十五冊，遠流出版公司，台北。

[6] 《竺可楨日記》第 2 冊頁 1257，科學出版社，1989 年，北京。

度，也就是說，一個時代在政治文化上的相對寬容，要以它的體制化行為來評價。當時除了郭沫若當選之外，還有馬寅初當選。馬寅初在四十年代的政治選擇和郭沫若是一致的。國民黨軟禁過馬寅初，三十年代末期，他通過經濟學家沈志遠、許滌新和中共建立了聯繫。在四十年代，他是在經濟上批評國民黨最激烈的一個經濟學家，對國民黨政權、對蔣介石、對四大家族和官僚資本，馬寅初都寫過很多文章，正因為如此，國民黨才對他恨之入骨。他也是一九四八年秋由中共接到香港然後到了解放區的民主人士之一，但他那些抨擊官僚資本的文章並沒有影響了他的當選。中央研究院在人文組候選人的評語中對他的介紹是：「研究中國金融市場及財政金融等問題」。[7]

當時人文組的院士候選人共有 55 人，最後當選的只有 28 人，是兩個人當中才能選一個，那次選舉原計劃選出一百人，但最後當選的只有 81 人。以下是人文組 55 名候選人的名單：（下劃線為當選者）：

吳敬恒、金岳霖、陳康、湯用彤、馮友蘭、余嘉錫、胡適、唐蘭、張元濟、楊樹達、劉文典、李劍農、柳詒徵、徐中舒、徐炳昶、陳垣、陳寅恪、陳受頤、傅斯年、蔣廷黻、顧頡剛、王力、李方桂、趙元任、羅常培、李濟、梁思永、郭沫若、董作賓、梁思成、徐鴻寶、王世杰、王寵惠、吳經熊、李浩培、郭雲觀、燕樹棠、周鯁生、張忠紱、張奚若、錢端升、蕭公權、方顯廷、何廉、巫寶三、馬寅初、陳總、楊西孟、楊端六、劉大鈞、吳景超、凌純聲、陳達、陶孟和、潘光旦。

7　李揚編：《國立中央研究院史》頁 143，圖書情報工作雜誌社，1998 年，北京。

　　這 55 人多數是當時中國第一流的科學家和人文學者，在國民政府中做過官的人也不在少數，像蔣廷黻、吳景超、何廉等，但都沒有當選。在中央研究院院士的選舉中，胡適和傅斯年是關鍵人物，但從名單中可以看出和胡適、傅斯年關係好的學者沒有當選的也很多，如張忠紱，他是胡適做駐美大使時身邊的兩個助手之一（另一個是錢端升），還有潘光旦也沒有當選。

　　楊鍾健回憶說：「院士之當選，在國內一時被認為特殊榮譽。至少在產生方式方面，十分慎重，缺少弊端，其為一般人之重視，當亦在此。真正的飽學之士被遺漏者亦有其人。譬如裴文中連第一次推薦時即未被列入，而他卻在近年來，尤其在抗戰期中，對學術工作很有成績。1947 年，我赴平時，正值各機關推選候選人初步名單之時，胡適之曾問我：『何以中國地質機關方面未推薦裴文中？是不推考古界？還是正擬推薦？』但後來還是終於沒有推薦。事後，我也聽到許多對於選舉院士不滿意之怨言，見仁見智，各有不同。大凡一事之舉，欲求各方面均能如願是不大可能的，好在大體方面並不很錯，且以後還有補救機會，即每年仍有選出十五人之規定，第一次未入選者，以後仍有機會。」[8]

　　對於這次院士的選舉，夏鼐在當時就說過：「這次中央研究院舉行第一次院士會議，可算是近年來國內文化界的一件大事。中央研究院創辦已達二十年，今年才舉行選舉院士；原擬選出八十名至一百名，聽說選舉時第一次投票僅選出六十來名。一連投了五次票，才選足八十一名，可以說相當的鄭重審慎。不管各方面對於這次院士名單的意見如何（尤其因為提名的辦法不佳，有些可以當選的學者，根本沒有被提名，以致無從選出，令人頗有遺珠之感），我們如

---

[8]　《楊鍾健回憶錄》頁 167，地質出版社，1983 年，北京。

果說『這一個名單，相當的足以代表今日中國學術界的情況』。這話大致不會有多大的錯誤吧。」[9]

1955 年中國科學院哲學社會科學學部委員的產生則是另外一種方式，據當時負責學部籌備工作並擔任社會科學領域學術秘書的劉大年回憶：「第一屆學部委員的產生屬於協商性質，是協商產生的。自然科學方面的人選是科學家推薦，但推薦不是選舉。」

「社會科學方面是在提出名單之前，徵求了各學科主要人物的意見。我當時參加了這些活動，主要在北京地區找有關人士談。北京以外的就沒有去找，是書面徵求意見的。我記得當時找了這樣幾方面的人：哲學方面有楊獻珍、艾思奇、張如心、湯用彤；語言學方面有王力、羅常培、丁聲樹、呂叔湘；歷史學方面有季羨林；經濟學方面有狄超白，等等。當然不止這幾位，還有一些我現在記不清了。在徵求意見時，我們首先把科學院的精神告訴他們。當時提出的人選標準主要有這麼兩條：一條是政治的標準。社會科學的政治標準主要是擁護社會主義，擁護共產黨。另一條是學術標準，即在本學科中是否有成績。所謂成績就是看他的著作，以及群眾對他學術著作的評價。根據這個要求，來徵求他們認為適合做學部委員的人選來。然後，黨組根據這些意見擬出名單。」[10]

1953 年 7 月 21 日，張稼夫在科學院第 23 次常務會議上的報告中，提出了建立學部的完整構想。當時的想法是：「成立學部，以改善學術領導工作，擴大學術領導機構。擬分為基礎科學、技術科學、生物科學、社會科學四部。學部之下成立部務委員會；部務部委會下設常務委員，常務委員建立工作會議，吸收秘書工作人員參加。」[11]

---

[9]　〈中央研究院第一屆院士的分析〉，《觀察》週刊第 5 卷第 14 期頁 3，1948 年，上海。

[10]　劉潞：〈劉大年憶郭沫若〉，《百年潮》第 4 期頁 61，1998 年，上海。

[11]　薛攀皋、季楚卿編：《中國科學院史料匯編（1953 年）》頁 95，中國科學院院史

1955 年 1 月 6 日，中科院黨組第一次會議討論籌建學部問題，認為這是當年黨組壓倒一切的任務。在這次會議上，對於組建學部的工作機構和相關人員都進行了討論。[12] 經過近半年的緊張工作，1955 年 5 月 9 日，科學院黨組致函中宣部，匯報根據中央政治局會議精神對學部委員名單所作的修改情況，學部委員名單由 238 人，減至 224 人。中央審批時，又加了 11 人，最後名單成為 235 人。[13]

科學院在給中宣部的信中認為，學部委員選定的標準是從學術水平和政治情況兩方面考慮。總的原則是：「學部委員必須是學術水平較高，在本門學科中較有聲望，政治上無現行反革命嫌疑的人」。[14] 根據這個原則，科學院定出了不應列入的三條標準和應列入的四條標準。不應列入的三條標準是：

　　1、學術水平較高，但政治上有嚴重的現行反革命嫌疑者。

　　2、學術水平較高，目前雖無現行可疑情節，但因歷史上有嚴重惡跡為科學界所不滿者。

　　3、學術水平一般，在本門學科中威望不高者。

應列入的四條標準是：

　　1、學術水平較高，政治上雖有某些可疑情節，但無適當理由向科學界進行公開解釋或因國家建設的需要，目前擔任著國家機關或企業廠礦重要職務而不能不用者。

　　文物資料徵集委員會辦公室，1996 年，北京。

[12]　王忠俊：《中國科學院史事匯要（1955 年）》頁 3，中國科學院院史文物徵集委員會辦公室，1995 年，北京。

[13]　王忠俊：《中國科學院史事匯要（1955 年）》頁 41，中國科學院院史文物徵集委員會辦公室，1995 年，北京。

[14]　王忠俊：《中國科學院史事匯要（1955 年）》頁 39，中國科學院院史文物徵集委員會辦公室，1995 年，北京。

2、學術水平雖然不高，政治上也無可疑之處，但因該學科人
　才十分缺少，必須適當照顧者。

3、舊科學界代表性人物，然有的學術水平不高，有的學術觀
　點陳舊甚至反動為了照顧舊的科學傳統。

4、由於工作需要，黨派到各學術部門從事學術組織工作的共
　產黨員，雖然學術水平不高或懂得學術很少。[15]

　　當時科學院對中國科學界的總體評價是：科學基礎仍很薄弱，
學術水平一般不高，各門學科的發展亦不平衡，舊科學家中政治情
況又比較複雜。

　　應該說，1949 年前後，國家對未來科學體制的設想還是非常努
力。竺可楨在參加會見蘇聯文化藝術科學工作者代表團時曾問及蘇
聯科學院院士的選舉情況，政權接收過程中，比較早地考慮到了未
來中國科學體制的制度設計，當時建立院士制度是高層和知識精英
共同的理想，作為向院士制度過度的一種設想，建立學部是一種臨
時選擇。1955 年 5 月 31 日學部成立前一天的預備會上，郭沫若說：
「科學院應該以院士、通訊院士為基礎的，中央已交給我們建立院
士制度，學位制度的任務了……正式的科學院需要等院士大會選出
院長、副院長、及主席團，學部委員會是產生院士的基礎。」[16]

　　1955 年 2 月 12 日科學院在給周恩來和陳毅的一封信中認為，
對於原中央研究的院士，中國科學院成立時沒有承認，現在承認這
些院士，他們不知該採取什麼態度。信中說：「如果我們採取『寧缺
勿濫』的方針，則有許多資歷老而學術上有錯誤或沒有成就者，如

15　王忠俊：《中國科學院史事匯要（1955 年）》頁 40，中國科學院院史文物徵集委
　　員會辦公室，1995 年，北京。
16　王忠俊：《中國科學院史事匯要（1955 年）》頁 47，中國科學院院史文物徵集委
　　員會辦公室，1995 年，北京。

陶孟和、馬寅初、馮友蘭等人就勢必被淘汰，這樣做不利於團結也不利於當前的工作；如果把現在大陸的 1948 年選的院士都承認下來，再另增加一批新院士，則對比之下人選就勢必太多太濫，如選擇不當反而會造成新的糾紛。」[17] 所以他們建議，先以「學部聯席會議和院務委員會」的組織作為正式建立院士制度以前的過度形式。

陳毅在學部成立後的一次學部聯席會議上特別強調：「我們科學院現在也是先搞學部，再過渡到院士制度，選舉院長，從由下而上，再由上而下。也有一個辦法是先搞一批院士、選舉院長，再搞學部，由上而下，這樣最不得人心。」[19]

據武衡回憶，1953 年中國科學院代表團訪問蘇聯回國後，把科學院作為國家最高學術機關的思想為科學家和領導共同接受，因此建立新院士制度成為科學家醞釀的話題。武衡說：「但是在新中國成立不久，科學家的思想尚待改造的情況下，把科學院作為院士的組織，以院士大會做為最高權力機關，就意味著脫離黨的領導，難以保證按照社會主義的方向前進，難以適應社會主義建設的需要，甚至有人認為科學家們主張搞院士制就是向黨『奪權』。」[20] 對比陳毅的說法，說明當時把學部作為向院士制度過渡的主要考慮還是對科學家不信任。

按當時的設想，學部的過渡期大約是一到三年，但 1957 年以後，這個工作實際上就停止了。但在當時的構想裏，學部就不是一個純粹的學術機構，而是一個領導機構。科學院在學部成立後的一個總結報告中明確指出：「至於院士制度實行後，學部委員制度仍可

[17] 王忠俊：《中國科學院史史料匯編（1955 年）》頁 43，中國科學院院史文物徵集委員會辦公室，1995 年，北京。

[19] 王忠俊：《中國科學院史史料匯編（1955 年）》頁 177，中國科學院院史文物徵集委員會辦公室，1995 年，北京。

[20] 武衡：《科技戰線五十年》第 147 頁，科學技術文獻出版社，1992 年，北京

並行不悖，因學部委員的團結面比院士更加廣泛，對團結全國科學家和溝通科學院與各部門之間的關係以及推動科學事業的發展都是有利的。」[21] 可以說學部不是一個純粹的學術機構。

學部建立中一個值得肯定的思路是它保留了對原中央研究院制度中包括人文科學的理念。郭沫若在中國科學剛剛組建時的一次茶話會上特別強調：「我們所瞭解的科學是包含著自然科學和社會科學。」[22] 但在哲學社會科學的學部委員產生中，政治介入學術表現的特別嚴重。

在自然科學的學部委員中，1948 年中央研究院的院士，凡是沒有離開的，除極少數人外，都成了學部委員。在離開的院士（赴美、赴台）中，有 10 人是人文組的院士，也就是說，當年離開的院士主要是人文組的院士。

比較一下就會發現，中央研究院和中國科學院學部在組成的理念上完全不同。對此，科學院學部成立大會上通過的總決議中說得很清楚，就是要「進一步學習蘇聯和各人民民主國家先進科學」。[23] 當時出席學部成立大會的有蘇聯科學院副院長巴爾金、蘇聯駐華大使尤金和波蘭科學院副院長維爾茨皮斯基。

中央研究人文組的院士是 28 人，過了五年時間，中國科學院哲學社會學學部委員就成了 61 人，是過去的近三倍。除了時代轉換以外，學術並沒有發展，而學部委員的人數卻在激增。但仔細觀察就會發現，學部委員名單中除了人數增加以外，更重要的是強化了人文學科的意識形態色彩。中央研究院人文組院士的構成中，除了顧

---

[21] 王忠俊：《中國科學院史史料匯編（1955 年）》頁 214，中國科學院院史文物徵集委員會辦公室，1995 年，北京。

[22] 樊洪業主編：《中國科學院史事匯要（1949 年）》頁 49，1991 年，北京。

[23] 《一九五六年人民手冊》頁 572，大公報社，1957 年，北京。

及各學科的專業水平以外，一個明顯的特點是法學家在人文組院士中有較大比例，有王世杰、王寵惠、周鯁生、錢端升四位院士。到了學部委員時，這四位法學家中（王世杰、王寵惠去台灣），因為1955年中國已取消了法學和社會學，留下來的周鯁生、錢端升和陳達都沒有成為學部委員。當時余嘉錫、梁思永已逝世。老輩學者張元濟、柳詒徵可能是因為年齡關係沒有成為學問部委員，還有一個就是顧頡剛。

1955年學部成立的時間離批判胡適運動開始還不到半年時間，過去和胡適關係較近的學者已沒有可能成為學部委員。作為一個研究古史的學者，顧頡剛的專業與政治並不緊密，但因為他過去和胡適的關係，再加上在科學院歷史研究所和尹達個人的關係不好，所以被排斥在外。他在日記中說：「近來批判胡適歷史學、考據學的文字中，常常牽到我和《古史辨》，因此，我在今天會上說個明白。」[24]因為顧頡剛在批判胡適的考據學時，曾說考據學是反封建的，「聞者大嘩，對予抨擊」。

學部委員中沒有法學家，隱含著對法學和社會學的基本評價。取消這兩個學科的深層意義，誠如布林迪厄所說：「社會科學即便僅僅描述事實與效果，即使僅僅揭示某些機制（例如製造 Symbolique 暴力的機制），它產生的效果也具有批判性。因此社會學的存在本身便是無法容忍的。任何專制政體從一開始便取締社會學。他們要求的是實用社會學，這種社會學有助於調解矛盾和衝突，有助於使統治合理化。」[25]

中央研究院人文組28名院士的構成，從教育背景上看，留學歐美的19人，有博士學位的13人，有碩士學位的3人，其餘3人不

[24]　顧潮：《顧頡剛年譜》頁355。
[25]　桂裕芳譯：《自由交流》頁53，三聯書店，1996年，北京。

詳。有 6 人沒有出國受西式教育，其中 4 人是前清科舉中出來的（進士、舉人、廩生各一人，一人不詳），另外二人是國立大學本科或研究所畢業的。

哲學社會科學學部的主體是延安知識份子，多數來自延安中央研究院，以陳伯達、胡喬木、周揚、艾思奇、胡繩、范文瀾、尹達、張如心為代表。

學部委員比過去院士最大的特點是高度意識形態化，當時負責意識形態部門的主要官員都是學部委員，如陳伯達、胡喬木、胡繩、鄧拓、茅盾、周揚、馮定等，據說當時中宣部長陸定一本來也在名單上，是他主動放棄了。

學部委員與院士本來就是同時代人，1948 年沒有當選院士，不是因為他們的政治態度，而是因為學術原因。還有一個特點就是學部的權力在行政人員手中，竺可楨對此就很不理解，他在日記中說：「學部即有 233 專家，應為最高權力機關，為何組織章程草案第十條院務委員會最高權力機關許多統是行政人員而院務常委會中行政人員的成份更大。」[26]

郭沫若在學部成立大會上開幕詞中說是「為中國科學院進一步建立院士制度準備了條件」。可以理解為這是一個過渡性的選擇，中央研究院從蔡元培手裏建立，到 1948 年選出第一屆院士已經過去了二十年，從研究院的評議會到選出院士，本來已經完成了在中國建立院士制度的準備，而且以 1948 年中央研究院士的選舉為標誌，已經成功地開創了中國的院士制度。重新選擇由學部過渡，說明對 1948 年的院士制度是否定的。

---

[26]　《竺可楨日記》第 3 冊頁 568，科學出版社，1989 年，北京。

二、陳寅恪問題

1955年學部委員選舉中，陳寅恪的當選有一定的特殊性。陳寅恪當學部委員，與毛澤東有關。據張稼夫回憶，對於學部委員的選舉「自然科學部門並不感到困難，比較難的是社會科學部門。社會科學這個部門定學位沒有個明確的標準，特別是科學院黨內的一些同志，沒有多少社會科學的著作。但他搞的工作是社會科學，他們在實際工作中能夠運用辯證唯物主義和歷史唯物主義，能講馬克思主義理論，就是來不及寫多少文章和不會著書立說，其中有一些人也有不少著作，這些人不進學部也不大合理。實事求是的辦吧，後來還是在這些同志中定了一批學部委員。在這個工作中，矛盾最尖銳的是研究隋唐五代史的歷史學家陳寅恪，他是這個學科的權威人士，不選進學部委員會不行，他下邊一班人也會有意見。若選他進學部委員會，他卻又一再申明他不信仰馬克思主義。我們只好請示毛主席，毛主席批示：『要選上』。這樣，陳寅恪就進了哲學社會科學的學部委員會。」[27]

這個回憶，證之後來的一些材料，應該說是準確的。在這一點上，應當說毛澤東和劉少奇對此也有很開明的認識。

楊尚昆在他的日記中曾提到過，「對於科學院的領導工作，政治局表示不滿。對學部委員名單，少奇同志指出必須十分慎重，要真是在學術上有地位的人；共產黨員的安排亦必須是有學術貢獻的，不能憑資格和地位，黨派去在科學機關服務的人則不能以學者資格出現，要老老實實為科學服務。共產黨員不能靠黨的資格作院士。」[28]

---

[27] 《庚申憶逝》頁131，山西人民出版社，1984年，太原。

[28] 《楊尚昆日記》上冊頁199，中央文獻出版，2001年，北京。

　　當時在操作層面的是延安知識份子，這些人負責具體工作，他們往往比高層更左傾。他們自己基本處理不好學術和政治的關係，如果按毛澤東和劉少奇的意思，那些當時在政治上有問題的學者，本來是可以順利成為學部委員的，但實際情況卻不是這樣。延安知識份子在新意識形態建立的過程中，常常以寧左勿右的態度行事。

　　從張稼夫的回憶中，仍可以判斷出當時對學者的基本評價標準。陳寅恪的當選，也算是特例。從當時的標準，陳寅恪是沒有資格當選的，因為他不相信馬列。毛澤東說了話，才有後來的結果。可見是政治高於學術，而 1948 年的院士選舉卻是學術超越政治。

　　特別是對郭沫若的當選，當年董作賓在給胡適的一封信中，明確說過在考古學院士人選中他願放棄，而願提郭沫若，他特別強調「沫若是院外人，以昭大公」。

　　中央研究院士的選舉工作主要是胡適、傅斯年和陶孟和負責的。當時傅斯年給胡適寫過一封信，從信中可以瞭解中央研究院士的選舉工作的進行情況：

　　適之先生：

　　話說天下大亂，還要院舉院士，去年我就說，這事問題甚多，弄不好，可把中央研究弄垮台，大家不聽，今天只有竭力辦得他公正、像樣，不太集中，以免為禍算了。

　　日前開會商量應該在提名中不忘了外名單（不必即日舉出，此會盡力，不能包辦也），想南方人士，而不可多得，茲將當日所寫之名單送上一看，但請千萬祕密。有涉人文組者：

　　(一) 人文組與社會科學平等數目，殊不公。因前者在中國比後者發達也。孟和原單標準低減後人士。我看人文方面

非有二十人不可，分配如下：

中國文學四史學六考古及美術史四語三哲三。

我個人覺得以上單子，可如下分配

中國文學

①吳②胡以上關係文學風氣者

③楊樹達經籍考定

④張元濟古本流傳不能專就百衲本定，因此者校勘記並
未刊行也

史學①陳②陳③傅④顧頡剛

⑤蔣廷黻近代史尚無第二人

⑥余嘉錫或柳詒徵柳不如余以不如余大考古及美術史

①李濟②董作賓③郭沫若④梁思成

哲學　湯金馮

語言　趙李羅

此似乎為最少之人數，乞先生考慮，下次開會時此一總得名
額不可少於二十（如此則社會科目只有十四）

以上陳寅恪、李濟、趙元任、董作賓、傅斯年五人為本所職
員，似在此不便提名，擬請北大提出如何？

(二) 其他部門我們學校人數不多（清華多得多）亦得有其理
由，然我們為求公道起見，不可不注意，理學院饒、江、
吳、楊、孫似不可落選，亦請先生屆時留意。

(三) 北大要提出一個名單，不能專寫名字，須照格式填，寫
作原件附寄。

(四) 提名不可太少，亦不必太多。北大可先由各學院自報，
最後先生審定寄此也。

餘後陳　專頌
　　道安

六月廿日 [29]

　　作為人文學者，傅斯年對自己的學科有所偏愛，對於史語所的人員也較看重，還有因為他是北大出身，很在意北大和清華之間的比較，他希望北大至少要和清華差不多。這些都是傅斯年的私心，這在任何選舉當中都是難免的。不過規則並沒有破壞，傅斯年在信中還說，他史語所的職員是不能由他們史語所提名的，他只好請胡適以北大名義提名。

　　中央研究院院士的選舉並非完美無缺，當時的知識份子也不是清高到了不在意這樣的選舉，胡適在日記中就說過唐蘭如何想讓他提名的事。但現在看來，那次的院士選舉大體上是公正的。

三、胡先驌問題

　　1955 年學部成立時，在自然科學家中，胡先驌是原中央研究院士中極個別沒有成為學部委員的一個（除離開大陸和去世的）。1948年中央研究院院士是在此前幾屆評議委員會委員的基礎上選出的，就是說，評議會委員到 1948 年選舉院士時，都當選為院士。1935年，胡先驌四十二歲時就是中央研究院評議會的委員，他在中國生物學界有很高的威望。胡先驌最終沒有成為學部委員。1955 年胡先驌落選，1957 年再次落選。一種科學體制因非學術的原因把第一流的科學家排斥在外，這是值得深思的。

---

[29]　耿雲志主編：《胡適遺稿及秘藏書信》37 冊，頁 524，黃山書社，1992 年，合肥。

　　1954 年，胡先驌在寫作《植物分類學簡編》一書中，針對李森科的「小麥變黑麥」的論點做了嚴厲的學術批判，指出其不符合現代遺傳學的實際，是反達爾文演化學說的非科學理論，並批評李森科是靠政治力量來支持其反科學的理論的。他在書中告誡中國的生物學工作者，尤其是植物分類學工作者：「必須有深刻的認識，才不至於被引入迷途。」雖然那時蘇聯也有科學家對李森科的非科學理論進行了批判（如蘇卡高夫等），但在中國科學界，公開對李森科理論進行批判，胡先驌還是第一次。

　　過去認為這是胡先驌沒有成為學部委員的主要原因。但胡宗剛在一篇未刊的文章卻有不同的看法。他說：「胡先驌批判李森科偽科學的言論，是寫於其專著《植物分類學簡編》之後，該書於 1955 年 3 月由高等教育出版社出版。科學院向中央報呈學部委員名單在 1955 年 5 月 9 日，中央審批在 5 月 15 日，《簡編》一書出版僅兩個多月，還沒有引起反響，兩事沒有關聯。指出《簡編》有『嚴重政治性錯誤』的始作俑者，是北京農業大學六位講師助教於是年夏給出版社的信函，要求停止《簡編》的發行，隨後在高教部的蘇聯專家提出『嚴重抗議』，說『這是對蘇聯在政治上的誣衊』。繼而中科院在紀念米丘林誕生一百周年的紀念會上，對胡先驌的觀點進行了批判，這些都在中科院學部成立之後。」胡宗剛認為胡先驌沒有成為學部委員主要是因為他過去的政治觀點。陸定一當時是中宣傳部長，當時學部委員的選舉工作主要是由中宣部負責的。[30]

　　胡先驌沒有成為學部委員的主要原因，確是因為他反對李森科的非科學理論。科學院在最初上報的一個 238 名學部委員名單中本來是有胡先驌的，但在最後確定的 233 人名單中拿掉了胡先驌等幾

---

[30]　胡宗剛：〈胡先驌沒有選上學部委員〉（未刊），2004 年。

個人。[31] 李真真認為：「他們最終由於政治上的原因而落榜」。所謂政治上的原因，具體到胡先驌，就是上面說到的那些原因。不過近年發現的檔案說明，胡先驌沒有成為學部委員可能還有其他原因。

1956 年 4 月 27 日，陸定一在中央政治局擴大會議上討論〈論十大關係〉時做過一次發言。他講到了胡先驌：

> 從前胡先驌那個文件我也看了一下，看一看是不是能夠辯護一下，那是很難辯護的。那個時候我們給他加了幾句，就是著重他的政治問題，因為他那個時候罵蘇聯，所以我們就氣了。他講的問題是生物學界很重要的問題，這個人在生物學界很有威望（毛澤東插話：不是什麼人叫我們跟他鬥一鬥嗎？）。後來我們把那個東西和緩了，報紙上沒有提他的名字，是在一個什麼米丘林的紀念會上有幾個人講話講到他，我們掌握了這一點，就是報紙上的一個名字都不講，因此沒有和他撕破臉（毛澤東插話：胡先驌的那個文章對不對？）他批評李森科的觀點很好，那是屬於學術性質的問題，我們不要去干涉比較好（康生插話：我問了一下于光遠，他覺得胡先驌是有道理的。胡先驌是反對李森科的，什麼問題呢？李森科說，從松樹上長出一棵榆樹來，這是辯證法的突變，松樹可以變榆樹（笑聲），這是一種突變論。毛澤東問：能不能變？康生答：怎麼能變呢？那棵松樹上常常長榆樹，那是榆樹掉下來的種子長出來的。這件事情胡先驌反對是對的。但胡先驌說李森科可以吃得開是有政治支持著的，其實，史達林死了以後，蘇共批評了李森科，沒有支持李森科，所以

31　李真真：〈中國科學院學部的籌備與建立〉，《自然辯證法通訊》4 期頁 46，1992 年，北京。

胡先驌這一點沒有說對。但整個的來講，胡先驌講得還是對
的，他只講錯了一個例子，我們不應該去抓人家的小辮子，
就說他是錯誤的）。那倒不一定去向他承認錯誤（毛澤東插
話：那個人是很頑固的，他是中國生物學界的老祖宗，年紀
七八十了。他贊成文言文，反對白話文，這個人現在是學部
委員嗎？）不是，沒有給（毛澤東插話：恐怕還是要給，他
是中國生物學界的老祖宗）。[32]

這些材料中大體可以把問題說清楚。

第一、最早反對胡先驌的正是他的同行，也就是當時北京農業
大學那些贊成李森科理論的人，以後就是蘇聯專家。是他們給中宣
部寫信告狀。中宣部認為胡先驌在政治上是有問題的，「很生氣」。
中宣部從策略考慮，沒有點胡先驌的名，但對他已有了很壞的印象，
用陸定一的話說就是「沒有和他撕破臉」。

第二、毛澤東對胡先驌是有印象的，但並不瞭解具體情況，知
道他在五四時期反對過白話文，那時胡先驌是《學衡》的主將之一。
毛澤東說胡先驌「年紀七八十了」，其實那時胡先驌只有 63 歲，比
毛澤東還小一歲。

第三、中宣部對胡先驌產生壞印象時，正是學部委員由中宣部
認定的時候，因為有那樣的印象，所以就有陸定一口氣很硬的回答：
「不是，沒有給。」這一點也符合 1957 年陸定一對胡先驌的評價：
「胡先驌是不用戴帽的右派」[33]

第四、毛澤東沒有反對胡先驌成為學部委員，是那些具體操作
者對胡有成見。

---

[32] 陳清泉、宋廣渭合作的《陸定一傳》頁 415，中共黨史出版社，1999 年，北京。
[33] 江西廬山植物園編印：《胡先驌秦人昌陳封懷生平簡介匯編》頁 12，1994 年 8
月，廬山。

　　第五、胡先驌批評李森科，說他靠政治來支持自己的理論，這一點雖然在時間上有一點出入，但胡先驌對李森科的批評從根本上說沒有錯，李森科就是一個靠政治吃飯的科學騙子。

　　第六、在對胡先驌的問題上，雖然承認了他是對的，但最後的態度卻是：「那倒不一定向他承認錯誤。」

　　第七、陸定一在對胡先驌的態度上很不寬容。

　　還有一個歷史細節是，胡先驌在接收靜生生物調查所時提過條件。當時胡先驌是靜生生物調查所所長。他不願意把靜生生物調查所併入北京農業大學。當時北京農業大學的負責人樂天宇說過胡先驌曾有「不願意受誰領導」的話。當時科學院接受了胡先驌的意見，但特別提出：「決定接管靜生生物調查所，以一切工作聽由本院領導為前提條件。」[34]

　　當時對靜生生物調查所的評價是「本院鑒於靜生生物調查所有二十多年的工作經歷，過去研究工作雖有表現，但在國民黨反動統治之下並未得到合理的發展，現在人民政府重視科學工作，但對過去科學工作機構必須做合理的調整，現在靜生生物調查所整理委員會，即本此原則進行，擬定委員人選已得文委同意，即可開始工作。」

　　當時可能還有人不同意胡先驌參加，所以文委特別提出一條：「可邀胡先驌參加」。[35]接管靜生生物調查所時，可能遇到了一些阻力，主要是當時胡先驌提出要優待范靜生家屬，安排陳封懷、俞德浚和唐耀三人的工作以及給哈佛大學補寄標本等問題。對胡先驌提出的這些問題，當時的答覆是：「有些今天尚不能解決，以後當慢慢討論」。靜生生物調查所由科學院接收後，「一切由科學院領導，加以適當的調整。這樣的做並不是靜生生物所的停止工作，而是合理

---

[34]　樊洪業主編：《中國科學院史事匯要（1949 年）》頁 53，1991 年，北京。
[35]　樊洪業主編：《中國科學院史事匯要（1949 年）》頁 57，1991 年，北京。

調整集中力量加強研究工作的發展。靜生生物調查所的接收手續已由文委通知教育部立即趕前移交。如該所的房屋、器材、檔案、圖書等物應清楚的有條不紊的交給科學院。」[35] 接收過程中發生的這些事可能使科學院領導對胡先驌有了不好的印象,他後來的遭遇與此不無關係。據《竺可楨日記》記載,1957 年再次選舉學部委員時,對胡先驌的評價是:「平日言語不慎,工作質量不高,且所著《高等植物分類》一書,多譯自英文,未指出原作者姓名,有掠美之嫌。」[36]

四、簡短結論

從許多歷史細節可以說明,1948 年中央研究院院士的選舉是在保持學術獨立的情況下完成的,體現了學術獨立和思想自由的原則。中央研究院的早期工作基本是蔡元培領導下進行的,已經積累了約有二十年時間,所以它的成功並不偶然。1948 年中央研究院士選舉的成功,從另一方面說明西方文明與中國現實相遇並沒有顯示出不適應,在與中國現實較好結合情況下,形成了中國現代學術的新傳統。知識精英與國家的關係大體是平衡的,偶有衝突但都在正常範圍。作為制度選擇,中國院士制度的完成使中國現代學術制度建立起了完整的規範,最後融入了世界文明的主流,中國院士制度最後在台灣得以延續。

1949 年以後,因為國家依靠意識形態管理科學,主動放棄已經建立的中國院士制度傳統,代之以學部制度。所以從制度選擇的角

---

[35] 樊洪業主編:《中國科學院史事匯要(1949 年)》頁 59,1991 年,北京。
[36] 胡宗剛:《不該遺忘的胡先驌》頁 162,長江文藝出版社,2005 年,武漢。

度評價，從院士到學部標誌著中國科學體制是由落後代替先進，這個規律影響和制約了 1949 年以後中國科學的發展。

　　1955 年作為過渡形式完成的中國學部委員制度本身持續的時間並不長，隨著不斷的政治運動和十年「文革」的發生，作為中國最高的學術體制，它並沒有達到預期的平衡知識精英與國家的關係，因為放棄了學術獨立和思想自由的原則，政治和行政對學術的干預程度過深，作為國家學術制度的權威性並沒有真正建立起來。作為過渡性的制度設計方案，學部制度因為原初的設計理念偏離了世界文明的主流，最終對中國現代學術制度產生了負面影響。在知識精英和國家之間，國家沒有對知識精英的學術獨立和思想自由保持敬意，在深層制約了中國科學和文化的發展。從院士到學部委員的變遷，不只是學術制度的轉換，更是兩種不同政治文化的差異，院士制度最終為學部制度取代，雖然最終又回到了院士制度，但作為學術傳統，它沒有回到 1948 年中央研究院所積累的傳統上，還是回到了 1955 年所開創的學部制度上，只是名稱不同而已。

1957 年反右運動史料的收集與評價

一、反右運動史料範圍概述

　　1957 年發生的反右運動,是中國當代歷史上一個重要事件,它涉及中共上層對當時國內國際形勢的基本判斷,同時也涉及對當時中國知識份子思想狀況的一般認識,特別是對中國民主黨派在中國政治生活中的歷史地位以及民主黨派上層人物對中國民主化進程的要求等相關問題。

　　反右派運動對中國當代歷史產生了極大影響,特別是對中國知識份子的生存狀態以及後來中國知識份子的思想狀況影響深遠,特別是右派離開原有生活環境外,他們的命運使中國知識份子的心理產生了很大的變化。反右運動使中國傳統社會中作為「士」階層特有的精神氣質受到極大傷害,此後中國發生的許多變化,都與此次對中國知識份子的打擊有密切關係。

　　目前學術界對於此次運動的研究還比較薄弱,其中最重要的原因是關於此次運動發生的原始檔案還沒有解密,特別是中共上層關於此次運動決策的原始檔案,在所有關於反右運動研究的文獻中還看不到。當下反右派運動的研究主要集中在下列幾個方面:

　　1、關於反右派運動的始末。

　　2、關於反右派運動中重要歷史人物的經歷和評價。

　　3、右派個人的回憶。

4、中共相關歷史人物回憶中透露出的有關反右運動的歷史
資訊。

5、毛澤東在反右運動中的變化。

6、鄧小平在反右運動中的作用。

7、反右運動的歷史影響及右派子女的命運等。

中國的反右運動是一個歷史事件，但同時也是一個現實事件，
因為關於此次運動的影響及相關事實認定還在進行中，特別是在此
次運動中受到傷害的歷史當事人，今天還在用自己的行動豐富這一
歷史事件的相關資訊。本文所指的反右派運動史料，包括一切與此
歷史事件相關的資訊，主要是較為集中的與此運動相關的文獻，特
別是原始及較為稀見的文獻，取原料第一，次料第二的原則，在原
料中包括文字以外的文物性史料。

本文對於成形的一般文獻，敘述較略，比如當時出版的《新華
月報》、《人民手冊》、《人民日報》、《光明日報》、《文匯報》以及各
地方性日報中關於反右運動的記載，因為這些歷史文獻較為常見，
而研究者又容易使用。另外，各種關於中華人民共和國通史性著作
中有關反右運動的論述，因為多數為一般性敘述，較少獨立見解和
新材料來源，本文也較少涉及；本文注意較多的反右運動史料，以
中國大陸各類非正式出版物為主；港台及西文反右運動史料，因為
受收集條件限制，暫不涉及。

二、反右運動始末及相關史料

中國有檔案法，但對原始檔案的屆時解密，在事實上很少發生，
特別是對與現實政治和相關歷史人物有關的歷史檔案，基本上是在

封鎖狀態下，這種現象直接影響了歷史研究的深度。目前對於中國反右運動的發生及完整的運動始末的研究著作有多部，這些著作的研究方法及著者對反右派運動的事實判斷雖不盡相同，但使用歷史文獻的方法及文獻來源大體一致。這些文獻的特徵之一是已公開的中共文件及中共主要領導人的文稿，二是處在反右運動決策中心的歷史人物的回憶錄，三是當時公開出版的報刊，四是少量知識份子的日記。

需要說明的是，因為目前關於反右運動研究著作中還不可能使用原始檔案，所以關於反右運動的起源及後來的變化發展，較少存在分歧，下面這些史料基本構成了當前關於反右運動的基本文獻線索：

文件

《毛澤東選集》第 5 卷，人民出版社，1977 年，北京。

《三中全會以來——重要文獻選編》（上下冊），人民出版社，1982
年，北京。

《建國以來毛澤東文稿》第 6 冊，中央文獻出版社，1992 年，北京。

《建國以來重要文獻選編》第 11 冊，中央文獻出版社，1992 年，
北京。

回憶

《鳴放——重要經過報告書》（當代叢書之一），中國人民二二七鳴
放反共革命聯合會出版，當代出版社，1957 年，香港。

《鳴放——革命實錄史》（當代叢書之二），中國人民二二七鳴放反
共革命聯合會出版，當代出版社 1958 年，香港。

《鳴放回憶》，展望雜誌編輯，香港自聯出版社，1966 年，香港。

李維漢：《回憶與研究》（上下冊），中共黨史資料出版，1986 年，
　　北京。

薄一波：《若干重大決策與事件的回顧》，（上下冊），中共中央黨史
　　出版社，1991 年，北京。

葉篤義：《我和民主同盟》等五篇文章，見《文史資料選輯》增刊第
　　2 輯，中國文史出版社，1987 年，北京。

千家駒：《七十年的經歷》，香港鏡報文化企業有限公司，1992 年，
　　香港。

蕭克、李銳、龔育之等著：《我親歷過的政治運動》，中央編譯出版
　　社，1998 年，北京。

陳清泉、宋廣渭：《陸定一傳》，中共黨史出版社，1999 年，北京。

研究

納拉納拉揚‧達斯、欣文、唐明譯：《中國的反右運動》，華岳文藝
　　出版社，1989 年，西安。

戴晴：《儲安平‧王實味‧梁漱溟》，湖南人民出版社，1989 年，
　　長沙。

叢進：《曲折發展的歲月》，河南人民出版社，1989 年，鄭州。

彥奇主編：《中國各民主黨派史人物傳》（1-4），華夏出版社，1991
　　年，北京。

薛建華：《毛澤東和他的右派朋友》，四川人民出版社，1992 年，
　　成都。

葉永烈：《沉重的 1957》，百花洲文藝出版社，1992 年，南昌。

盧之超主編：《毛澤東與民主人士》，華文出版社，1993 年，北京。

姚杉爾：《中國百名大右派》，朝華出版社，1993 年，北京。

丁抒：《陽謀──反右前後》（修訂本），九十年代雜誌社，1995 年，香港。

朱地：《1957：大轉彎之謎──整風反右實錄》，山西人民出版社，1995 年，太原。

華民：《中國大逆轉──「反右運動史」》，明鏡出版社，1996 年，香港。

葉永烈：《反右派始末》，青海人民出版社，1995 年，西寧。

葉永烈：《反右派始末》（上下冊），新疆人民出版社，2000 年，烏魯木齊。

牛漢、鄧九平主編：《六月雪──記憶中的反右派運動》（三冊），經濟日報出版社，1998 年，北京。

胡平：《禪機：1957》，廣東旅遊出版社，1998 年，廣州。

朱正：《1957 年的夏季：從百家爭鳴到兩家爭鳴》，河南人民出版社，1998 年，鄭州。

朱正：《兩家爭鳴：反右派鬥爭》，允晨文化實業股份有限公司，中華民國九十年，台北。

汪國訓：《反右派鬥爭的回顧與反思》，香港國際學術文化資訊出版公司，2005 年，香港。

宋霖：《論 1957 年「反右派鬥爭」應予徹底否定──由毛澤東與魯迅談起》，安徽省社會科學院歷史研究所，2004 年，合肥。

謝泳：《儲安平與〈觀察〉》，中國社會出版社，2004 年，北京。

　　在上面提到的相關研究著作中，就史料來源及獨特性而言，1958 年香港出版的《鳴放──重要經過報告書》一書引人注意。

　　本書沒有單獨署名，是一本史論結合的著作，由於多數涉及的原始文獻沒有注明史料來源，一般較少為研究者注意。[1] 但從書中所敘述的多數史料分析，本書在敘述已知的事實方面，沒有編造，特別是書中多次提到其中的材料來源於當時在北京任職的朋友，據此判斷，本書作為一本較早敘述中國反右運動的著作還是有價值的。

　　特別引人注意的是本書第三章《鳴放變成反右派，毛澤東被鬥出走和回京》一節中，作者引述了幾個沒有透露姓名的朋友的說法，認為毛澤東基於他自己對當時國際關係，特別是對蘇聯關係的瞭解和判斷，曾有過一個建立「新國際組織的祕密計畫」。

　　在這個計畫中，以毛澤東為首，包括朱德、周恩來、彭德懷、陳毅及中共四老林伯渠、吳玉章、徐特立、董必武，外加李維漢和陸定一，共十人，組成一個「新國際中央小組」。書中認為：「這十個人都是共產黨中央重要而有力的人物，都是有名的國家主義共產黨的反舊國際主義者。因此，完全避去舊國際主義派的劉少奇等人，這是毛澤東決定實行『新國際』政治方向的堅決抉擇」[2]

　　毛澤東這個計畫的核心內容是取代蘇聯，使中國成為共產國際的中心。反右前的「鳴放」就是毛澤東這個計畫的一個步驟。但當這個計畫在進行中時，受到了蘇聯的壓力。書中說：「蘇聯領袖赫魯雪夫等人，就乾脆的運用國際主義組織的中國共產黨國際主義派份子劉少奇等為代理人，制止毛澤東這一行徑的發展，故於六月間發出一個明確的國際指示：『中國人民內部，究竟有何種矛盾，必須採

---

[1]　丁抒：《陽謀》中引述了《鳴放革命史錄史》，但沒有提到《鳴放——重要經過報告書》。見丁著第 170 頁，九十年代雜誌社，1995 年，香港。冉雲飛編輯：《右派資料知見錄》（編年初稿）中注明了他曾收有這兩冊香港早期出版的反右史料。見冉雲飛博客：http://blog.tianya.cn。

[2]　《鳴放——重要經過報告書》第 26 頁，中國人民二二七鳴放反共革命聯合會出版，當代出版社 1957 年，香港。

取鳴放與整風。在目前的世界資本主義帝幫，對整個社會主義國家
環攻之下，我們的國際主義者的處境是特別危險的，一切問題也特
別嚴重的，一切也要客觀的審慎，合一步伐，無論人民有何種內部
的矛盾，此時的當前，皆不需要一個政治性的鳴放和整風。公開宣
揚鳴放政策和整風運動，是給資本主義帝幫一個便利的襲擊我們。
同時，也是無形中違害了國際主義，影響了國際團結。毛澤東同志
的這種主張，犯了右側思想，機會主義的錯誤，務必糾正這種右傾
思想的發展，撲滅這種機會主義的存在。』[3]」

　　在這種情況下，以國際主義自命而起家的劉少奇，立即召集了
黨內的國際主義派份子，包括已冷落的李立三、陳紹禹等人一塊起
來了，建立一個「護黨戰線」，接受了蘇聯的上列指示，提出要與毛
澤東為首的右傾思想，機會主義份子作嚴重的鬥爭，實行蘇聯代理
人的任務。當時劉少奇是人大委員長，彭真是書記處書記，人大常
委會的秘書長，劉彭二人作了主動召開政治局緊急會議的決定。彭
真說：「鳴放是民主性的好政策，但是與黨的政治系列相反的，就被
右派機會主義份子作了反黨的工具，黨應該要瞭解這個實際情況，
應該要下最大決心，採取反右派的嚴格鎮壓。否則這個鳴放政策，
就要危及黨的團結與生存。」

　　劉少奇完全同意彭真的意見，並提出兩項建議：「1、將毛澤東
同志在最高國務會議時的祕密講話的有關各點，須加修正，予以公
開發表，以免右派份子所利用和藉口，2、召開人代大會，公決右派
份子的罪行，予以懲處，結束鳴放，以免影響國際與國內的糾紛。」

　　書中還提到了毛澤東對劉彭意見的一些不同看法。同時還在「毛
澤東出走時的託孤左右鬥爭」一節中，引述了毛澤東給周恩來的一

<hr>

[3]　《鳴放——重要經過報告書》第 48 頁，中國人民二二七鳴放反共革命聯合會出
　　版，當代出版社 1957 年，香港。

張紙條，上面寫著：「我累年的辛勞，身感疲倦，需要易地修養，黨事不管，國事請你與伯特等四老共同研究，鄭重處理。」[4]

這本較早在香港出版的關於反右運動內幕的書，其中提到的細節可能多數是出於推測，有些時間、人物活動的空間也與真實歷史不相符，比如書中說毛澤東在第一屆全國人大第四次會議前就離京出走，顯然不準確，另外〈關於正確處理人民內部矛盾的問題〉一文的修改情況，《建國以來毛澤東文稿》和薄一波的著作中有較為詳細的說明，可以印證本書的說法不準確。[5]但本書對劉少奇、彭真作為的一些分析，還有參考作用，特別是第一屆全國人大第四次會議對右派的批評確實非常激烈，而多數情況下毛澤東並不在場。[6]

在中共高層檔案尚不解密的情況下，結合後來中國歷史的發展，特別是文革時期毛澤東和劉少奇、彭真的衝突判斷，本書對反右派運動起源的一些分析，在部分邏輯推斷上，確有相當的合理性。

在關於反右運動的起源問題上，因為研究者看不到原始檔案，所以對於從「鳴放」突然轉向「反右」的變化，多數研究者認為這是毛澤東的「陽謀」，起因是「鳴放」中知識份子的過激言論。但這個看法缺少內在的邏輯，因為對一個政治決策者來說，在決定「鳴放」以前，不可能對這一決策的後果沒有預期。引入蘇聯的干預及毛澤東和劉少奇、彭真的衝突，至少在邏輯上較為合理，因為從「鳴放」到「反右」的時間判斷，確實可以說是突然轉向。另外〈關於

---

[4]　《鳴放——重要經過報告書》第 52 頁，中國人民二二七鳴放反共革命聯合會出版，當代出版社 1957 年，香港。

[5]　《建國以來毛澤東文稿》第 6 冊第 359 頁，中央文獻出版社，1992 年，北京。
　　薄一波：《若干重大決策與事件的回憶》下冊第 567 頁，中共中央黨校出版社，1993 年，北京。

[6]　參閱《中華人民共和國第一屆人國人民代表大會第四次會議匯刊》的相關代表發言，人民出版社，1957 年，北京。

正確處理人民內部矛盾的問題〉一文講稿和發表稿的極大差異，雖然從文獻上看是經過毛澤東修改的，但有些觀點前後截然相反，卻很令人深思。

　　一般支持毛澤東「陽謀」說的研究者的主要根據是 1957 年 5 月 10 日毛澤東起草的一篇文章〈事情正在起變化〉，但這是一篇在二十年後才公開的文章。當時文章的題目是〈走向反面〉，毛澤東改為此題時特別注明「此文可登黨刊，但不公開發表」。此文原來的署名是「本報評論員」，毛澤東修改後為：「中央政治研究室」。6 月 12 日印發黨內時，毛澤東才將署名改為「毛澤東」。除了特別說明「內部文件，注意保存」外，毛澤東還加寫了以下文字：「不登報紙，不讓新聞記者知道，不給黨內不可靠的人。大概要待半年或一年之後，才考慮在中國報紙上發表。」直到 1977 年出版《毛澤東選集》第 5 卷時才公開了此文。

　　聯想到 1957 年 5 月 1 日，當時陳叔通、黃炎培給劉少奇、周恩來的信中提到過毛澤東自己建議下屆人大不再提他為主席人選時，信中特別提到：「昨毛主席於會上最後提到下屆選舉主席不提毛主席的名，並囑我們透露消息。」

　　毛澤東在陳、黃信上有幾處批示，其中一處是：「此事去年在北戴河已在幾十人的會上談過，大家認為可行。並且談到黨的主席，也認為將來適當時機可行，只是暫時還不可行。」

　　毛澤東還在信上特別說明：「請看末頁我寫的一段話及文中四處注解，都要印上。」這四處注解透露了毛澤東的一些心聲，其中一處說：「我仍存在，維繫人心的個人威信不會因不連任而有所減損。」[7]

---

[7]　《建國以來毛澤東文稿》第 6 冊第 457、459 頁，中央文獻出版社，1992 年，北京。

幾乎同一時間，在陸定一報送中央的一份〈高等學校整風的情況簡報〉上，針對當時北京大學一個學生的文章〈我的憂慮和呼籲〉特別批示：「完全造謠，但值得注意」。這個北大學生的文章即注意到了當時中共高層的分裂。[8]

綜合當時的一些歷史細節和文革後毛澤東與劉、彭的衝突，應該說，由「鳴放」到「整風」的突然變化，確實與中共高層的分歧有關。朱正即根據批判錢偉長時有人說過：「錢說，鳴放搞不好，因為劉少奇到彭真這一條線是不主張鳴放的。」朱正推測「毛澤東決定放棄新方針而轉為反右，實際上是向劉、彭『靠攏』」[9] 這個判斷現在看來是有事實依據的。朱正由此認為「反右派鬥爭是流產的文化大革命」[10]，這個判斷大體也能成立。

三、「右派言論集」的史料價值

反右運動主要發生在國家機關和知識份子較為集中的團體中（如大學、各文化團體），因為反右運動在中國並不是一個可以自由研究的學術領域，所以相關歷史檔案的開放程度較低，高層歷史檔案由於涉及政治鬥爭，普通研究者基本沒有接觸機會。一般文化團體中，關於右派的檔案，也很難查閱，因為這些普通人物的檔案較多涉及個人隱私和具體個人恩怨，所以對研究者來說，直接接觸原始檔案的機會很少。所以近年來，完全依靠原始檔案進行的學術研究，還很少見到，而且越是有價值的事件和歷史人物的原始檔案，

---

[8] 《建國以來毛澤東文稿》第 6 冊第 493 頁，中央文獻出版社，1992 年，北京。

[9] 朱正：《兩家爭鳴——反右派鬥爭》第 618 頁，允晨文化實業股份有限公司，中華民國九十年，台北。

[10] 宋永毅主編：《文化大革命：歷史真相和集體記憶》上冊第 120 頁，田園書屋，2007 年，香港。

接觸的可能性就越低。在這種原始檔案基本封閉狀態下，要想深入研究反右運動，一個較為便利的史料來源是盡可能收集當時運動中出現的各種文字材料，比較常見的就是各種「右派言論集」。

反右運動發生的時候，中國社會的基本工業水平還不高，所以此類「右派言論集」，通常包括手寫、油印、鉛印三種類型。作為反右運動的基本史料，在原始檔案不容易接觸的情況下，此類文獻形式大體可以判定為是反右運動史料中的「原料」。

在反右運動中，出現了「大鳴、大放、大字報」這種形式，在這些形式中，原始「大字報」保留下來的可能不是很大，只有通過筆記或者印刷方式才得以保留。因為從「鳴放」到「反右」的時間很短，而且當時是中共號召並提倡的表達方式，所以就文獻形式而言，反右運動的文獻相對其他中國政治運動中的文獻算是較為豐富的。大約有這樣幾種類型：

1、從組織形式上說，當時各級機關都建立了整風領導小組，基本是一個工作機關，它屬下的各機關團體的「鳴放」和「反右」情況，通常都會以文件形式上報相應機構，而作為領導機關，這樣的機構通過創辦「整風簡訊、整風快報、學習材料」等內部形式的報刊來指導工作。這種類型的文獻，從理論上說，在相關機構中應當有完整的保留，但從目前關於反右運動研究者所接觸的史料判斷，這種文獻的使用還有較大難度。

2、從「鳴放」到「反右」期間，國家機關和各文化團體的機關報刊，通常較為集中出過各類形式的「專號、專輯」，特別值得注意的是各專業性較強的團體中，也印刷過相當數量的此類文獻，比如一些自然科學研究機構中的當時出版物，也保留了許多史料。

3、學生雜誌和校刊的出現，也是反右時較為重要的一個文獻
來源。特別是當時全國較為有名的高等院校中，許多系一
級單位都辦有臨時性的報紙和雜誌。比如北京大學中文系
的《紅樓》特刊，哲學系的《思想戰線》、《浪淘沙》、《論
壇》，歷史系的《整風快報》等。

4、國家意識形態機關主辦的內部工作期刊，如中宣部的《宣
傳通訊》和新華社的《內部參考》，這些期刊因為穩定連續
出版，從保存史料的角度觀察，史料價值較高，特別是新
華社的《內部參考》，因為依靠各地記者及相關機構以情報
方式向中央彙報情況，所以保留了相當豐富的內部材料，
特別是當時不能在全國大報及省級報紙公開的材料。《內部
參考》中經常有讀者給《人民日報》的投稿被完整排印，
作為情況動態向高層彙報。

5、反右運動後期，從中央到地方印刷過大量各種形式的「右
派言論集」，供批判使用，在此類文獻中，除了中國人民大
學編輯的《社會主義思想教育參考資料選輯》一類較為成
形的文獻外，大量零散的各類「右派言論集」時有出現，
但目前還沒有一部此類文獻的完整目錄及索引，北京大學
圖書館、國家圖書館也沒有完整收集此類文獻。

以上提到的各類文獻中，內部印刷品較為稀見，特別是如《宣
傳動態》、《內部參考》一類當時就有發行限制的內部材料，對研究
者來說更為寶貴。

1949 年後，中國是一個通過意識形態來管理的國家，所以在各
級機關中，多數都習慣通過文件和內部設定發行級別的報刊來進行
資訊傳達和管理，這種基本行政管理方式，直接導致中國歷次政治
運動中，都出現大量供內部參考或者批判使用的文獻，這些文獻基

本保存了當時政治運動的大體運作模式，作為歷史研究的文獻形式它們所具有的價值是很高的，但研究者在使用此類史料時，應當對此類史料有一些基本判斷和辨別能力。

從目前對反右運動的研究來分析，大體可以認為，越往上的右派言論，越具備理論性和完整性，省級機關以下的右派，特別是不在專業領域以下的右派言論，主要是一些表達個人意見的簡單看法，是對自己生活環境中不合理現實及對領導的批評意見。而且中國反右運動的一個主要特點，就是在已積累大量矛盾的工作環境下，社會成員之間的正常矛盾，借反右運動的「政治正確性」得到合理清洗，在相當的範圍內，所謂「右派」，多數是強加在他們身上的一個藉口，在最終的清洗過程中，以往的矛盾是關鍵因素，所謂不同政見，一般只是事後羅織的一些藉口。

中國省級以上的各級機關中，特別是高校和文化團體中，因為時代的突然變革，加之歷史的原因，通常有較為明顯的派系，較為嚴重的已形成宗派，這個特點在中國各民主黨派文化團體的反右運動中表現特別凸出，無論左右，凡居於強勢者通常自然代表正確一方，借合法的政治運動清理正常工作環境下積累的衝突和矛盾，成為反右運動的真實狀態，這也就是為什麼後來許多研究者發現「右派」其實多是「左派」，比如文藝界著名的右派丁玲、陳涌、江豐等等大量「右派言論集」的形成，主要是當時處於強勢一面的力量編輯完成的，它所收集的所謂「右派言論」的真實性都會有一些問題，斷章取義、張冠李戴、道聽塗說、無限上綱是基本特點。另外「右派言論集」的編纂方式除了「右派言論」外，通常還會有一些批判文章和「右派」過去的歷史。因為「右派言論集」的編纂不會徵求「右派」的同意，所以作為史料使用時，對於書中涉及的事實，需要細加辨別和與真實的歷史事實相印證。

　　「右派言論集」作為文獻的最高價值，在於它所提供的歷史線索和部分矛盾的真實來源，雖然很多時候那些揭發和批判中提到的事實與真實的事實有相當距離，但這些文章中所涉及的事件及對人物個性甚至人格，特別是個人私生活方面的內容，對於瞭解歷史真實和判斷歷史關係還是有幫助。另外此類文獻中，對於所涉人物的基本經歷特別是當時作為反面材料涉及的歷史問題，多數對完整瞭解歷史事實，具有啟發作用。

　　就出版形式而言，1957年前後出版的此類文獻分為內部印刷和公開出版兩種，公開出版的多數是知名右派和重大事件的材料，通常較為容易見到，一般圖書館也多有收藏。比較少見和一般圖書館難以完整收藏的是大量無名右派的「言論集」，就史料稀缺性判斷，越是無名右派的材料，越有收藏和保存價值，因為就中國右派的總人數而言，知名右派畢竟是少數。在國家無意統計右派真實數目的情況下，這些「右派言論集」是將來統計右派人數的一個重要史料來源。撰寫過批判和揭發右派文章的那些作者，後來的人生也發生了各種各樣的變化，通過對此類歷史文獻的收集和研究，對於深刻認識那些知識份子的行為也有幫助。

　　下面是我收集的部分「右派言論集」書單，除個別來源於書目外，絕大多數系據實物編寫：

內部出版部分右派言論集

《批判資產階級右派份子發言稿選編》，中央黨校編印，1958年，
　　北京。
《整風學習討論問題參考資料》（1～75 期），中共中央黨校校部辦
　　公室編印，1957年，北京。

《中共中央黨校學員中右派份子的反省材料選輯》，中共中央黨校校
　　部辦公室編印，1958 年，北京。
《中共中央黨校普通新聞班整風和反右派運動的支部總結匯編》，中
　　共中央黨校校部辦公室編印，1958 年，北京。
《中國科學院北京區青年反右派鬥爭大會材料選編》，中國科學院團
　　委會編印，1957 年。
《校內外右派言論彙集》，北京大學經濟系政治經濟學教研室編印，
　　1957 年，北京。
《中國科學院右派份子言論材料彙集》，中國科學院整風領導小組辦
　　公室編印，1958 年，北京。
中華全國新聞工作者協會研究部、中國人民大學新聞系合編：《批判
　　光明日報參考資料》，光明日報社印，1957 年，北京。
中華全國新聞工作者協會研究部、中國人民大學新聞系合編：《右派
　　份子儲安平的言行》，光明日報社印，1957 年，北京。
中華全國新聞工作者協會研究部、中國人民大學新聞系合編：《〈觀
　　察〉儲安平言論選》，光明日報社印，1957 年，北京。
中華全國新聞工作者協會研究部、中國人民大學新聞系合編：《批判
　　文匯報報參考資料》三冊，光明日報社印，1957 年，北京。
中華全國新聞工作者協會研究部、中國人民大學新聞系合編：《右派
　　份子徐鑄成的言論作品選》，光明日報社印，1957 年，北京。
《堅決保衛社會主義文藝路線》，山西省文聯、太原市文聯，1958
　　年太原。
《戰鬥的聲音》，中共安徽師範學院委員會整風辦公室編印，1957
　　年，合肥。
《明辨集》，中共武漢水利學院委員會宣傳部編，1957 年，武漢。

《章乃器反共三十年》，中國民主建國會中央常務委員會、中華全國
　　工商業聯合會整風辦公室編，1957 年，北京。

《共青團省委副書記以上幹部受開除黨籍、留黨察看處分的決定彙
　　編》，共青團中央組織部編，1959 年，北京。

《整風學習資料》，中共北京市委辦公廳編印，1957 年，北京。

《想一想對不對》（一、二集），電力工業部整風辦公室編印，1957
　　年，北京。

《擺出來，大家看》，電力部團委會辦公室輯，1957 年，北京。

《右派言論選輯》中共河南農學院委員會編，1957 年，鄭州。

《中國資產階級右派經濟言論批判參考資料》，中國人民大學經濟系
　　政治經濟學教研室編，1958 年，北京。

《反右派鬥爭學習材料》，共青團長春市委宣傳部編印，1957 年，
　　長春。

《整風學習參考資料》，電力工業部整風辦公室編印，1957 年，北京。

《南開大學右派反動言論選輯》，南開大學社會主義思想教育教研組
　　編，1957 年，天津。

《社會主義思想教育參考資料選輯》（1～4 輯），中共中國人民大學
　　委員會社會主義思想教育辦公室編印，1957 年，北京。

《我院教職員中的右派言論彙編》，中共東北財經學院委員會編，
　　1957 年，大連。

《章伯鈞張百生等人言論集》，中共旅大市委宣傳部，1957 年，大連。

曾希聖《巨大的勝利，深刻的教訓》，山西省司法廳翻印，1958 年，
　　太原。

《蘭州大學右派言論彙集》1～2 冊，中共蘭州大學委員會編，1958
　　年，蘭州。

《右派份子言論彙編》第一輯，同濟大學馬列主義資料室編印，1957
年，上海。

中共上海第一師範學院委員會宣傳部編：《「鳴放」言論選輯》第一
輯，上海第一師範學院，1957 年，上海。

《教與學——批判徐懋庸的修正主義理論專號》，1958 年第 5 期，
中共中央第五中級黨校，北京。

《右派份子章乃器的醜惡面貌》，中國民主建國會、中華全國工商聯
宣傳教育處編，1957 年，北京。

《粉碎陳銘樞反共集團》，中國國民黨革命委員會中央整風辦公室編
印，1957 年，北京。

《各民主黨派的嚴重任務》，中國國民黨革命委員會中央整風辦公室
編印，1957 年，北京。

《反右派鬥爭的偉大意義》，中國國民黨革命委員會中央整風辦公室
編印，1957 年，北京。

《揭露和批判章羅聯盟的軍師——費孝通》，中央民族學院整風辦公
室編印，1957 年，北京。

《關於右派企圖恢復資產階級社會科學的資料》，中共湖北省委宣傳
部編印，1957 年，武漢。

《右派文選》，中國科學院哲學社會科學部辦公室，1958 年，北京。

《「鳴」、「放」選集》（1-4），中共山西省委整風辦公室編，1957 年，
太原。

《鳴放放言論》（1-3），「學習生活」編輯室編，1957 年，哈爾濱。

《批判吳祖光右派集團——劇協、影聯聯合批判吳祖光右派集團辯
論會上的部分發言》，首都藝術界整風辦公室編印，1957 年，
北京。

《在中國作家協會黨組擴大會議上丁玲、陳企霞、馮雪峰的檢討》，
　　中國作家協會，1957 年，北京。

北大工會歷史系部門委員會編《整風快報》，北京大學，1957 年，
　　北京。

中共山西省委直屬總黨委會編印《整風快報》，中共山西省委宣傳
　　部，1957 年，太原。

《交通部機關反右派鬥爭辯論大會發言選輯》，交通部機關整風辦公
　　室選編，1957 年，北京。

《內部參考》，新華通訊社參考消息組編，1957 年，北京。

中國民主促進會中央整風辦公室編：《民進整風簡報》1～17 期，1957
　　年，北京。

中國民主促進會天津市委員會整風辦公室編：《天津民進整風簡
　　訊》，1957 年，天津。

民進天津市委員會整風辦公室編：《整風快報》，1958 年，天津。

《捍衛高等教育和科學事業的社會主義方向——批判右派份子錢偉
　　長的反黨、反社會主義言行》（一、二集），清華大學新清華編
　　輯委員會編，1957 年，北京。

《校內外右派言論彙集》，北京大學經濟系政治經濟學系教研室編
　　印，1957 年，北京大學，北京。

中國人民大學部分青年教師等編：《批判右派份子李景漢文集》，1959
　　年，中國人民大學，北京。

《右派言行材料——民族主義份子反動言行選輯》，內蒙古黨委辦公
　　廳選編，1958 年，呼和號特。

《關於右派份子楊克成的材料》第 1 輯，中國民主建國會昆明市委
　　員會宣教處、雲南省工商業聯合會組織宣教處編印，1957 年，
　　昆明。

《駁斥董時光等右派份子謬論》，1957 年版，四川人民出版社，成都。

《爭鳴》雜誌，中國民主同盟主辦，內部出版，1957 年，北京。

山東省文學藝術工作者聯合會編《山東文藝界反右派鬥爭文集》，山
　　東人民出版社，1959 年，濟南。

《我們同右派份子的根本分歧——反右派論文集》，山東人民出版
　　社，1958 年，濟南。

《反擊右派份子言論集》上下冊，中共國營七二四廠委員會前進報
　　社印發，1957 年，瀋陽。

《右派份子反黨反社會主義面目》第 1 輯，廣州市工商業聯合會宣
　　教處編，1957 年，廣州。

《劉賓雁言論摘編》，中宣部編輯，1987 年，北京。

《方勵之言論摘編》，中宣部編輯，1987 年，北京

《王若望言論摘編》，中宣部編輯，1987 年，北京

公開出版的部分批判右派言論集

《中華人民共和國第一屆全國人民代表大會第四次會議彙刊，人民
　　出版社，1957 年，北京。

《為保衛社會主義文藝路線而鬥爭》（上下冊），新文藝出版社，1957
　　年，上海。

《右派言論選集》，中共湖北省委宣傳部編，湖北人民出版社，1957
　　年，武漢。

《向右派開火》，中國青年出版社，1957 年，北京。

中國政治法律學會資料室編《政法界右派份子謬論彙集》，法律出版
　　社，1957 年，北京。

《肅反運動的偉大成績不容抹殺》，群眾出版社，1958 年，北京。

《在肅反問題上駁斥右派》，群眾出版社，1957 年，北京。

《聲討惡毒攻擊肅反的右派份子》，群眾出版社，1957 年，北京。

魏可、常宏著：《右派現形記》，上海文化出版社，1958 年，上海。

《反右派通訊選輯》，湖北人民出版社，1957 年，武漢。

《雷海宗批判》，天津人民出版社，1957 年，天津。

翦伯贊等著：《首都高等學校反右派鬥爭的巨大勝利》，北京出版社，
　　1957 年，北京

楊華生等《右派百醜圖》，遼寧人民出版社，1957 年，瀋陽。

《超階級的靈魂》（諷刺詩），上海文化出版社，1957 年，上海。

《反右派雜文選集》，湖北人民出版社，1957 年，武漢。

柳成群：《駁斥右派份子章乃器的謬論》，1957 年，財政經濟出版社，
　　1957 年，北京。

學習導報社編：《反右派鬥爭是政治戰線上和思想戰線上的社會主義
　　革命》，湖南人民出版社，1957 年，長沙。

中國科學院武漢分院籌委會哲學社會科學綜合研究所、湖北省哲學
　　社會科學研究會編《批判馬哲民的反動哲學觀點和政治觀點》，
　　湖北人民出版社，1958 年，武漢。

《批判右派份子林希翎等論文集》，中國青年出版社，1957 年，北京。

《批判右派份子譚天榮等論文集》，中國青年出版社，1957 年，北京。

《首都高等學校反右派鬥爭的巨大勝利》，北京出版社，1957 年，
　　北京

《戰鬥的聲音——首都高等學校反右派鬥爭文藝作品選輯》，北京出
　　版社，1957 年，北京。

《批判王中反動的新聞理論》，上海人民出版社，1958 年，上海。

《戰鼓集》，北京出版，1957 年，北京。

《批判集》，湖南人民出版社，1957 年，長沙。

《在反右派鬥爭中吸取教訓──記黨的捍衛者和青年的敗類》，中國
　　青年出版社，1957 年，北京。

《青年作者的鑒戒──劉紹棠批判集》，東海文藝出版社，1957 年，
　　杭州。

文藝報編輯部編：《再批判》，作家出版社，1958 年，北京。

《反擊資產階級右派份子資料彙編》，甘肅人民出版社，1957 年，
　　蘭州。

四川省圖書館編：《反右派鬥爭資料索引》，四川省圖書館，1957 年，
　　成都。

《右派份子的嘴臉》，湖南人民出版社，1957 年，長沙。

中共雲南省委黨校教務處編《堅決粉碎右派份子的猖狂進攻》，雲南
　　人民出版社，1957 年，昆明。

《堅決反擊右派份子的進攻》，廣東人民出版社，1957 年，廣州。

《短劍集──反右派鬥爭雜文選》，湖南人民出版社，1957 年，長沙。

《分清教育界中的大是大非：中小教師反右派鬥爭學習參考資料》，
　　浙江人民出版社，1957 年，杭州。

丁忱、祝公健《批駁工商界右派份子的謬論》，上海人民出版社，1957
　　年，上海。

李達：《費孝通的買辦社會學批判》，上海人民出版社，1957 年，上海。

《捍衛馬克思列寧主義反對資產階級社會科學復辟》1～3 冊，科學
　　出版社，1958 年，北京。

中共湖北省委宣傳部編：《關於右派企圖恢復資產階級社會科學的資
　　料》，1957 年，武漢。

褚葆一：《資產階級適中人口論批判──駁右派份子葉元龍「論最適
　　當的人口數目」》，上海人民出版社，1958 年，上海。

田峰、江陵編寫：《批判右派份子沈志遠吳承禧在經濟科學方面的反
　　動言行》，上海人民出版社，1958 年，上海。

《反擊右派鬥爭通俗講話》，湖北人民出版社，1957 年，武漢。

石人編寫：《章羅聯盟罪行錄》，湖北人民出版社，1957 年，武漢。

《我們同右派份子的根本分歧》，山東人民出版社，1958 年，濟南。

山東省文學藝術工作者聯合會編：《山東文藝界反右派鬥爭文集》，
　　山東人民出版社，1959 年，濟南。

《詩刊》（反右派鬥爭特輯），1957 年 7 月號，人民文學出版社，北京。

《文藝報》1957 年 1～38 期，中國作家協會，北京。

《粉碎「廣場」反動小集團》，北京大學浪淘沙社、北京大學校刊編，
　　1957 年，北京。

四、反右運動的影像史料

1957 年，反右運動發生時，因為技術手段的局限，這方面的影
像史料較為稀見。主要有幾個方面：

　　1、當時新聞記者拍攝的黑白新聞照片，在一般報紙上偶有所
　　　見，但主要存在於當時中國有限的幾本畫報中，如《人民
　　　畫報》、《解放軍畫報》及地方出版的畫報中。

　　2、美術作品（主要是漫畫），出現在當時的一些文藝性報刊，
　　　如《中國青年》、《新觀察》、《文藝月報》、《詩刊》、《美術》
　　　以及北京大學的學生雜誌《紅樓》、《浪淘沙》、《論壇》、《思
　　　想戰線》等雜誌上。

　　3、1958 年後，為了總結反右運動的成績，有些城市舉辦過有
　　　相當規模的「匯報展覽」，展覽後印製過一些畫冊，這些畫
　　　冊通常由照片、漫畫、實物、統計表格等幾種類型組成。

4、新聞電影記錄片。

5、戲劇等文藝形式的圖像記錄。

部分反右運動影像史料目錄

《自我改造彙報評比展覽會彙編──1957～1958》（畫冊），廈門市
　　民革、民盟、農工、民建、工商界、宗教界、歸國華僑聯合舉
　　辦，1958 年，廈門。

《上海市工商界整風運動展覽會彙編 1957～1958》（畫冊），上海市
　　工商界整風工作委員會，1958 年，上海。

《天津市反右派鬥爭展覽會》，1958 年，天津。

中國美術家協會廣州分會：《反擊右派漫畫選》，廣東人民出版社，
　　1957 年，廣州。

《向右派鬥爭》，紀錄片。中央新聞紀錄電影製片廠出品。

　　攝影：李振羽、葉鬆勁、錢厚祥、靳敬一、牟森、舒世俊、梁
　　　　　明雙、趙凱

　　解說詞：沙丹

　　編輯：鄧葆震。

　　（原廣告介紹詞：這部紀錄片如實的記錄了全國各地的群眾向
　　右派份子堅決回擊的情況。在工人、學生們和右派份子進行說
　　理鬥爭的辯論會上，在各民主黨派的整風會議上，右派份子們
　　在憤怒的人民群眾用真理和鐵的事實的質問下原形畢露。）

話劇《百醜圖》，中央戲劇學院實驗話劇院演出，孫維世導演。上海
　　滑稽劇團移植演出。

《尋找林昭的靈魂》，紀錄片，胡傑攝影、解說，2003 年製作。

許善斌：《證照中國——1949～1966》（本書收有「批判右派份子儲
　　安平大會」、「民盟北京市委會反右派批判大會」的入場券），華
　　文出版社，2007年，北京。

五、近二十年完成的右派回憶錄

　　1979年後，中國對1957年的反右運動進行了重新評價，右派
得到了改正，他們重新回到了正常的社會生活中。一般流行的說法
是當時中國共劃了55萬右派份子。這個統計來源於李維漢的回憶
錄，這只是個大概的說法，具體的右派人數，只有將來在檔案開放
的情況下，才能完全落實清楚，希望將來能有一本較為全面的「中
國右派名錄」，這是建立「右派博物館」的基本內容。[11]

　　右派改正後，恰逢中國社會進行改革開放的時代，所以在上世
紀八十年代，多數右派重回工作崗位，加上對歷史認識的局限，所
以寫作回憶錄的人很少，當時有條件從事這一工作的主要是一些作
家，比如丁玲、劉賓雁、王蒙等，再加上一些學者及民主黨派的重
要成員，如葉篤義、千家駒、費孝通等。

　　本人收集的右派回憶錄，一般不包括近二十年來被多次研究和
有多種著作行世的知名右派，以及出版有全集的右派作家和學者，
而主要偏重於長期在社會低層生活的小右派的回憶錄。

　　在本文作者的回憶錄概念中，包括一般出版的日記、自編年譜
和紀念文集、較完整的個人簡歷等。但本文所列出的右派回憶錄，
主要以完整的長篇回憶錄為主，包括右派本人去世後由家屬編纂的
紀念文集。除特別重要者外，一般不列單篇的個人回憶或者相關研

---

[11] 李維漢：《回憶與研究》下冊第840頁，中共黨史資料出版社，1986年，北京。
　　叢進：《曲折發展的歲月》第61頁，河南人民出版社，1989年，鄭州。

究文獻。也就是說，右派回憶錄，以作者本人的回憶為主（包括家屬編纂的紀念文集），研究者寫作的右派傳記只少量收入。

　　這些右派回憶錄分為公開和自費印刷兩類，自費印刷也包括雖有出版單位，但是以買書號方式完成的出版物（包括使用香港書號的出版品），中國近年來對於反右派運動的研究多有限制，這些出版物一般很難正常出版，所以許多作者選擇自費印刷的方式讓回憶錄問世。因為是自費印刷，這些低層右派的回憶錄反而更加真實反映了歷史，對於後人瞭解反右運動對中國知識份子造成的傷害有很大幫助。而公開出版的右派回憶錄因為出版審查的原因，對於真實的歷史多有回避，而且在對歷史的認識判斷方面也缺乏深度，比如王蒙的回憶錄歷史價值就不高。一般而言，凡自費印刷的右派回憶錄，歷史價值高於公開出版的右派回憶錄。

右派回憶錄書目

《風雨九十年——潘大逵回憶錄》，成都出版社，1992 年，成都。

《葛佩琦回憶錄》，中國人民大學出版社，1994 年，北京。

藍翎：《龍捲風》，上海遠東出版社，1996 年，上海。

邵燕祥：《沉船》，上海遠東出版社，1996 年，上海。

魯丹：《70 個日日夜夜——大學生眼睛裏的 1957 之春》，光明日報出版社，1996 年，北京。

趙熙德：《往事並不蒼老——一個 50 年代大學生的日記》，復旦大學出版社，1997 年，北京。

陳銘樞：《陳銘樞回憶錄》，中國文史出版社，1997 年，北京。

《回望流年——李新回憶錄續篇》，北京圖書館出版社，1998 年，北京。

叢維熙：《走向混沌》（三部曲），中國社會科學出版社，1998 年，
　　北京。

葉篤義：《雖九死其猶未悔》，北京十月文藝出版社，1998 年，北京。

戴煌：《九死一生──我的右派歷程》，中央編譯出版社，1998 年，
　　北京。

《徐鑄成回憶錄》，三聯書店，1999 年，北京。

許覺民編：《追尋林昭》，長江文藝出版社，2000 年，武漢。

高兆忠：《猙獰歲月愁──1957～1979》，中共山西省委黨校校史資
　　料室編寫，1999 年，太原。

溫濟澤：《第一個平反的右派》，中國青年出版社，1999 年，北京。

馬嘶：《負笈燕園──1953～1957：風雨北大》，群言出版社，1999
　　年，北京。

李莊：《難得清醒》，人民日報出版社，1999 年，北京。

《風雨平生──蕭乾口述自傳》，北京大學出版社，1999 年，北京。

《小書生大時代──朱正口述自傳》，北京大學出版社，1999 年，
　　北京。

劉心武：《樹與林同在》，山東畫報出版社，1999 年，濟南。

柳溪：《往事如煙》，長江文藝出版社，2000 年，武漢。

朱伯康：《往事雜憶》，復旦大學出版社，2000 年，上海。

吳容甫：《劫海惡波》，自費印刷，2000 年，長沙。

王覺非：《逝者如斯》，中國青年出版社，2001 年，北京。

何濟翔：《滬上法治夢》，北京十月文藝出版社，2001 年，北京。

徐光耀：《昨夜西風凋碧樹》，北京十月文藝出版社，2001 年，北京。

和鳳鳴：《經歷──我的 1957 年》，敦煌文藝出版社，2001 年，蘭州。

章文岳：《大學生與盲流》，中國文聯出版社，2002 年，北京。

趙旭：《風雪夾邊溝》，作家出版社，2002 年，北京。

劉秀臣：《真相》，中國文聯出版社，2002 年，北京。

劉皓宇：《人‧鬼‧人》，自費印刷，2002 年，長沙。

王玉林著：《品味人生──反右蒙難五十年》，2006 年，自費印刷，
　　北京。

吳永良《雨雪霏霏──北大荒生活紀實》，中國戲劇出版社，2002
　　年，北京：。

陳瑞晴：《只有雲雀知道你》，自費印刷，2006 年北京。

張僖：《隻言片語──中國作協前秘書長的回憶》，北京十月文藝出
　　版社，2002 年，北京。

《舒蕪口述自傳》，中國社會科學出版社，2002 年，北京。

李蘊暉：《追尋》，甘肅人民出版社，2002 年，蘭州。

朱正主編：《1957 新湖南報人》，自費印刷，2002 年，長沙。

殷毅：《回首殘陽已含山》，北京十月文藝出版社，2003 年，北京。

李仕興：《自掌嘴──我當右派的心路》，自費印刷，2003 年，鄭州。

《彭文應先生百年誕辰紀念冊》，自費印刷，2004 年，上海。

茆家升：《卷地風來──右派小人物記事》，遠方出版社，2004 年，
　　呼和浩特。

李泥：《歷史傷口──二十年尋訪右派實錄》，自費印刷，2004 年，
　　北京。

陳炳南：《赤子吟》，中國文學藝術出版社，2004 年，北京。

高爾泰：《尋找家園》，花城出版社，2004 年，廣州。

陳為人：《唐達成文壇風雨五十年》，溪流出版社，2004 年，達拉斯。

邵燕祥：《找靈魂》，廣西師範大學出版社，2004 年，桂林。

倪艮山：《沉思集》，天馬出版有限公司，2005 年，香港。

胡伯威：《青春‧北大》，廣西師大出版社，2006 年，桂林。

邢同義：《恍若隔世——回眸夾邊溝》，蘭州大學出版社，2004 年，
　　蘭州。

王火：《長相依》，北京十月文藝出版社，2004 年，北京。

《自誣與自述——聶紺弩運動檔案彙編》，武漢出版社，2005 年，
　　武漢。

鐵流：《風波萬里——鐵流詩選》，自費印刷，2005 年，北京。

朱峰：《在陽謀的祭壇上——天山深處一個小右派的苦難生涯》，稿
　　本，自費印刷，北京航太大學，1998 年，北京。

萬耀球：《滾爬血腥路——憶我賤民，平民人生》，稿本，自費印刷，
　　北京大學，2001 年，北京。

許覺民主編：《林昭不再被遺忘》，長江文藝出版社，2000 年，武漢。

《楊兆龍法學文選》，中國政法大學出版社，2000 年，北京。

曹聚仁：《北行小語》，三聯書店，2002 年，北京。

袁冬林：《浦熙修——此生蒼茫無限》，大象出版社，2002 年，鄭州。

章詒和：《往事並不如煙》，人民文學出版社，2003 年，北京。

章詒和：《最後的貴族》，牛津大學出版社，2004 年，香港。

趙誠：《長河孤旅——黃萬里九十年人生滄桑》，長江文藝出版社，
　　2004 年，武漢。

趙誠編：《追尋黃萬里》，書海出版社，2004 年，太原。

章詒和：《伶人往事》，明報月刊出版社，2006 年，香港。

高新、何頻：《朱鎔基傳——從反黨右派到鄧小平繼承人》，新新聞
　　文化事業股份有限公司出版，1993 年，台北。

馮亦代著、李輝整理：《悔餘日錄》河南人民出版社，2000 年，鄭州。

吳弘達：《昨夜雨驟風狂》，勞改基金會出版社，2005 年，紐約。

巫寧坤：《一滴淚》，允晨文化出版社，2005 年，台北。

姚小平：《死亡右派份子情況調查表》出土記，見二閑堂主頁，
　　http://www.edubridge.com/

《林希翎自選集》，順景書局，1985 年，香港。

洪禹平：〈我與林希翎之間〉，《江南》雜誌 2006 年第 6 期，杭州。

〈與林希翎對談錄〉，涂光群，未刊稿。

姚仁傑：《我與北大同行》，未刊手稿本，北京大學，2004 年，北京。

《烏「畫」啼——1957 年「鳴放」期間雜文小品文選》，中國電影
　　出版社，1998 年，北京。

韋君宜：《思痛錄》，北京十月文藝出版社，1998 年，北京。

薛攀皋、季楚卿編：《中國科學院史事彙要——1957 年》，中國科學
　　院院史文物資料徵集委員會辦公室，1998 年，北京。

薛攀皋、季楚卿編：《中國科學院史料彙編——1957 年》，中國科學
　　院院史文物資料徵集委員會辦公室，1998 年，北京。

黃河清、北明等編輯：《劉賓雁紀念集》，明鏡出版社，2006 年，香港。

俞安國、雷一寧編：《不肯沉睡的記憶》，中國文史出版社，2006 年，
　　北京。

吳開斌：《另類人生二十年》，中國文化出版社，2007 年，香港。

邵燕祥：《別了，毛澤東》，牛津大學出版社，2007 年，香港。

章詒和：《順長江，水流殘月》，牛津大學出版社，2007 年，香港。

六、長篇小說中的右派史料

　　作為文藝作品的表現內容，「右派文學」在中國文學作品中經歷
過兩個階段。先是在反右運動開始後，「右派」完全以反面形象出現，
當時無論是詩歌、話劇、戲曲還是美術作品，右派都是丑角。在 1976
年以前的文學作品中，除了反右運動前後出現較多應景的「右派文學」

外（主要是一些學生作品，如北京大學張鍾以魯遲名義發表的《阿O外傳》，常宏《林希翎右史演義》、魏可《右派現形記》，吳天惠《夢幻曲》）。[12] 作為文學作品的題材，右派形象在文學作品中並不多見。

　　「右派」作為文學作品中的正面形象是伴隨「右派」在政治上獲得改正後出現的現象。余易木的中篇小說《初戀的回聲》，較早表達了「右派」的真實生活，到了魯彥周的《天雲山傳奇》、電影《巴山夜雨》（葉楠）、《苦戀》（白樺）出現後，「右派」在中國文學作品中的形象已發生了完全改變，接著張賢亮的《靈與肉》、《綠化樹》等一系列作品，在表現「右派」真實生活處境方面又向前跨進一步。

　　整個八十年代，在文學作品中表現「右派」生活的基本都是「右派」作家，他們在思考反右運動和「右派」人生經歷中，思想還沒有完全解放，對於導致「右派」命運的真實歷史還缺乏拷問歷史的勇氣，所以這個階段的「右派文學」所達到的水平並不高，這可能與當時「右派作家」重新回到體制內並獲得主流認可有關，特別是丁玲、王蒙、張賢亮、叢維熙、唐達成、李國文等「右派作家」，基本構成了當時中國作家協會的領導主體。在這一代「右派作家」中，劉賓雁和邵燕祥的選擇比較獨特，他們保持了獨立思考的勇氣，特別是在上世紀九十年代以後，他們主動自覺和體制保持了分離姿態。

　　進入二十一世紀後，作為文學題材的「右派」主題，一度獲得作家的重視，但這次承擔「右派」題材回歸文學的作家，主要不是原來的「右派」，雖然王蒙在九十年代初期創作了《失態的季節》，但在這一時期出現的幾部以「反右運動」為主題的長篇小說中，王

---

[12] 見《戰鬥的聲音——首都高等學校反右派鬥爭文藝文藝作品選輯》第 80、102 頁，北京出版社，1957 年，北京。學生的反右派文藝作品，原發刊物以學生雜誌為主，張鍾、吳天惠等人的作品最初都有發表在《紅樓》和《浪淘沙》等雜誌上。

蒙這部作品並不特別引人注意。在深刻表現反右運動對中國知識份子的傷害程度，並同時表達對現實政治深刻絕望方面，楊顯惠關於「夾邊溝」的系列作品，尤鳳偉、方方的長篇小說，都比王蒙的小說更引人關注，因為這些雖然沒有經歷過「反右運動」的作家，在對「反右運動」的認識和思考方面超越了現實政治的制約。

　　長篇小說中的右派生活，並不能作為一種真實的史料來看待，但因為虛構文學的來源有史料基礎，同時作家在敘述反右運動的生活時，也涉及對反右運動史料的選擇和評價，所以也構成了反右運動史料的一個方面，特別是對後人瞭解這一段歷史，反映右派生活的文學作品，有可能也成為另外一種史料，也就是史學研究中常提到的間接材料，或者不經意的材料。

以右派為題材的長篇小說書目

王蒙：《失態的季節》，人民文學出版社，1994 年，北京。
方方：《烏泥湖年譜》人民文學出版社，2000 年，北京。
楊顯惠：《夾邊溝記事》，天津古籍出版社，2002 年天津。
尤鳳偉：《中國一九五七》，春風文藝出版社，2004 年，瀋陽。
趙旭：《大饑餓》，作家出版社，2004 年，北京。

七、方志中的右派史料

　　在近二十多年的時間內，新修方志是中國文化建設中的一個基本內容，至少縣級以上的行政單位，多數都完成了這一工作。本文的方志概念中包括了高等院校、文化團體、科研單位編纂的各種類型的機構史。

　　方志是中國保存歷史的一個傳統，真實、完整和系統是它的基本要求，但因為當代中國還不可完全擺脫意識形態對專業和學術的制約，所以新修方志的總體水平並不高，特別是對反右運動這樣重大的歷史事件，通常會採取輕描淡寫、避重就輕的方法，不可能完全承擔保存史料的歷史責任。但作為方志，總還在相關方面有一些線索，特別是右派的履歷及右派的人數統計等方面，畢竟還是一個史料來源，在這方面，一些高等院校的校史及科研、文化單位的機構史相對嚴肅一些，在名人履歷中把右派經歷作為重要內容加以記錄。丁抒《陽謀》一書中，較為重視使用方志中的反右運動史料，特別是對於基層社會反右運動的真實情況，通過對方志中相關文獻的梳理，經常會有新史料的發現，在反右檔案不能公開使用的情況下，這個獲取史料的方法應當重視。

　　中國政府對反右運動的態度，非常耐人尋味。一方面對這個運動基本做了否定評價，但另一方面卻不願意正視歷史事實。這種態度導致許多右派改正重新回到領導崗位的人，對於自己的這段經歷採取有意回避態度，比如朱鎔基、費孝通、王蒙以及一些高校校長，在正式履歷中，一般不提自己的右派經歷。這種現象說明，在中國社會現實中，雖然右派獲得了改正，但右派正統的社會地位並不高。我認為這與兩個事實有關，一是反右運動的具體當事人鄧小平本人，對這一歷史事件並沒有深刻的懺悔，雖然在主觀上承認了這一運動的完全錯誤，但在事實上並沒有徹底改變對原來右派的認識和評價。二是1976年後，中國政治生活雖然發生了變化，它的重要領導人也多次變更，具體政策時有改變，但基本意識形態並沒有轉換，這一事實決定了他們對待歷史的基本態度，在中共幾任總書記中，真正對反右運動有深刻認識的只有胡耀邦一人。

　　具體到中國社會現實中，基本情況是，早年負責反右運動的領
導人，並沒有因為主流意識形態部分改變了對反右運動的評價而成
為這一歷史的責任承擔者，他們依然占居中國社會的主要領導地
位。這種「我打你右派，我給你改正」的事實，直接影響了整個社
會對反右運動的基本判斷，除了在知識份子集中的地方，右派基本
獲得了正面評價外，越往社會下層，右派的真實社會形象，並沒有
發生完全的改變。

　　從全國範圍內觀察，右派改正後，他們的政治地位並沒有顯著
變化，除了朱鎔基、費孝通、王蒙、鍾佩璋等少數右派能回到主流
政治中心外，右派基本還是一個邊緣群體。由反右運動造成的「精
英淘汰」事實，大體還發生作用。

　　精英淘汰是二十世紀中國社會人才流動的主要機制，它的發生
與時代政治文化密切相關，中華人民共和國新建立時，它的主要領
導層，以造反起家的人為多，凡造反成功以後，必然論功行賞。在
這個機制中有相當一批人是以造反為自己主要才能的，但在一個沒
有反可造的時代裏，這些人的才能就發揮不出來，這是其一。其二
是在和平時代裏，造反的才能已退到第二位，所以觀察中國歷次政
治運動，總是沒有才能的人在整有才能的人，而沒有才能的人通常
都居於高位，比如 1957 年，當時共青團省委副書記以上被打成右派
的人，基本都是大學生。名單如下：[13] 共青團省委副書記以上幹部
受開除黨籍、留黨察看處分人員簡況。

---

[13]　《共青團省委副書記以上幹部受開除黨籍、留黨察看處分的決定彙編》，共青團
　　　中央組織部編，1959 年，北京。

姓名	當時年齡	成份	當時職務
陳 模	35	學生	中青報副總編
鍾佩璋	33	學生	中青報副總編
陳緒宗	39	學生	中青報總編
李 庚	41	學生	中國青年出版社總編
彭子岡	44	學生	旅行家雜誌主編
劉賓雁	32	學生	中青報工商部主任
吳一鏗	39	學生	中青報文藝部主任
譚西山	38	學生	上海團市委副書記
董學隆	32	學生	雲南團市委副書記
賀惠君	29	學生	四川團市委副書記
郭永澤	32	學生	哈爾濱團市委書記
項 南	39	學生	團中央書記處書記
王 正	34	學生	江蘇團市委副書記
仇作華	34	學生	廣東團市委副書記

方志中關於右派的史料情況較為複雜，容當以後再細論。

八、右派的上書文獻

上書是傳統中國知識份子表達政見的一種方式。在傳統社會，上書的主要對象是皇帝。上書的直接動機來源於法律、新聞的缺位。上書形式有兩種，一是單獨的個人行為，二是聯名上書。

在中國傳統社會中，依靠上書解決問題的事實非常多。就是在毛澤東時代，依靠上書解決問題的現象也很常見，比如李慶霖關於知識青年生活處境的上書，張天民關於電影《創業》的上書，都是明顯的例子。在現代傳媒出現（以電子傳媒為標誌）前，上書是真正的上書，而到了現代傳媒出現後，上書其實只是一種表達方式，它的核心意義並不是一定要讓上書的真實對象看到自己的意見，雖

然這個願望始終存在。傳統上書的預期建立在偶然性上，所以上書的方式除了正常渠道外，主要依靠私人關係，因為私人渠道在一個非常態的社會中反而會保證資訊的對稱，所以一般能發生作用的上書行為，通常都有私人背景。

　　本文提到的右派上書，專指近年來為了呼籲對反右運動歷史的重新認識和研究，一些具有右派身份（包括右派子女）的人，以上書形式為表達政見的行動。這種行動的主要對象其實是新聞媒體和大眾。

　　採取上書的方式，只說明對高層解決問題有一種期待，並不完全相信高層對會此作出明確回應，事實上高層在看待右派上書問題方面，資訊是不對稱的，他們沒有把上書者作為一種政治力量看待，所以右派上書，目前它的意義還只在表達政見的層面上。右派上書起源於 1987 年 2 月由許良英、劉賓雁和方勵之發起的「反右運動歷史學術討論會通知」，其他以個人名義向本單位上級領導尋求人個問題解決的表達方式，並不在本文所謂右派上書的意思中。

右派上書統計

《許良英、劉賓雁、方勵之發起召開「反右運動歷史學術討論會」
　　通知》，1987 年，北京。

《重慶「改正右派」呼籲書》，2003 年，重慶。

史若平：《反右受害者及家屬子女致中共中央、全國人大、國務
　　院——要求平反右派大冤案補償物質和精神損失》，2005 年，
　　濟南。

蔣文揚：《重慶 116 名右派給中共中央、全國人大、國務院的公開
　　信》，2005 年，重慶。

彭志一：《給中共中央、人國人大、國務院的申訴信——要求國家對右派份子正式道歉並給予經濟補償》，反右運動受害者及家屬子女 2007 年，

任眾：《為紀念反右運動五十周年致中共中央、人大常委會、國務院的公開信》，2007 年，北京。

《浙江部分反右受害者及其家屬敬致全國人大的公開信》，2007 年，杭州。

國興：《新疆右派上書中央》，2007 年，烏魯木齊。

任眾等：《必須徹底否定「反右派鬥爭」的錯誤政治運動——致國家主席胡錦濤》，2007 年，北京。

九、簡短結語

反右運動對中國歷史的影響深遠，但關於反右運動的史料來源又非常有限，在研究者獲得原始檔案相當困難的情況下，首先意識到收集反右運動史料的意義是學術研究的關鍵，近年來中國學者已在這方面作了很多準備，比如冉雲飛編輯的《右派資料知見錄》，已有了較為開闊的思路和基本收藏，隨著網上「反右博物館」的建立和影響，可以期待反右運動研究的學術性將會得到提高[14]。

一個時代學術研究的進步，在很大程度上取決於新材料的發現和新方法的運用。反右運動，作為學術研究對象具備相當的豐富性，在相關檔案不開放的歷史現狀下，依靠社會各界力量，有計劃有系統完成反右運動史料的收集，並編纂成形的研究文獻是迫切的學術基礎工作。

---

[14] 反右博物館 http://www.observechina.net/Data/Editors/fanyou/0000.html。

　　目前反右運動研究的史學地位還不高，一個重要原因就是反右運動研究中，原始文獻的使用率較低，多數研究依賴零散的第二手文獻，所以史料先行，應當成為反右運動學術研究未來前途的必備條件。成熟的學術研究，應當建立在較為完備的史料基礎上，不然很難提升反右運動研究的學術水平並得到社會的廣泛認可，所以建立反右運動史料學，應當成為當下重要的學術工作。

　　陳寅恪在《陳垣敦煌劫餘錄序》中說過：「一時代之學術，必有其新材料與新問題。取用此材料，以研求問題，則為此時代之學術新潮流。治學之士，得預於此潮流者，謂之預流（借用佛教初果之名）。其未得預者，謂之未入流，此古今學術史之通義。」1957 年的反右運動研究，隨著史料的不斷發現，有可能成為今後中國當代史研究的新潮流。

關於沈崇事件的一些歷史材料

——2004 年 6 月 25 日在深圳何香凝美術館演講

各位好：

　　非常高興在美麗的深圳和諸位交流學術，感謝李公明先生對我的邀請。

　　今天的演講是一個關於歷史事件的再認識。不過作為一個研究歷史的人，我在這個演講中只提供材料，我的評價體現在材料的選擇中，因為擺事實就是講道理。我先從這個事件的發生說起。

一、事件起源

　　1946 年 12 月 24 日聖誕夜八時左右，北京大學先修班女生沈崇離開八面槽她表姐的家，準備到平安影院去看電影。當她由王府井走到東長安街時，突然被兩個美國兵架住。這兩個人是美國海軍陸戰隊伍長威廉斯·皮爾遜和下士普利查德，他們把沈崇架到東單廣場，就在那裏，沈崇遭到皮爾遜強姦。沈崇拼命抗爭，大聲呼救，路過此地的工人孟昭傑發現後，兩次救助未成，便向國民黨北平警察局內七分局報告，當員警到出事地點查看時，普利查德已逃走，員警遂將皮爾遜和沈崇帶回警察局詢問。

　　當時北平民營亞光通訊社獲悉這一消息後，就在 12 月 25 日發出新聞，披露事情真相。北平市警察局局長湯永咸曾給國民黨的中央社打電話，讓中央社通知各報不要刊登這一消息。中央社當即以

警察局的名義給各報發了一個啟事，聲稱：「關於今日亞光社所發某大學女生被美兵酗酒姦汙稿，希望能予緩登。據謂此事已由警局與美方交涉，必有結果。事主方面因顏面關係，要求不予發表，以免該女生自殺心理更形加強。容有結果後，警察局當更發專稿。」

為了阻擋發表這一消息，湯永咸還將亞光總編輯王柱宇和一些報社記者接到市警察局，叫他們具結，保證不發表此消息。可是，26日北平《世界日報》、《北平日報》、《新生報》、《經世日報》等幾家報紙，不顧國民黨中央社和警察局的阻擋，都刊登了亞光社的新聞。《新民報》還將國民黨中央社的有關電令編成一條新聞發表出來，把他們封鎖消息的行為也告訴了社會。這一消息引發了隨後全國各地學生的抗議美軍暴行的示威活動，這就是四十年代著名的沈崇事件。

二、沈崇事件中的社會文化心理

沈崇事件發生在一個特殊的歷史時期，當時國共談判已經破裂，內戰將要爆發，美軍駐華成為一個非常敏感的問題。

對於抗戰以後的國民黨來說，此時已開始失去民心。常任俠在他1939年的日記中說過：「至小石先生處，先生言劉成禺云：中國若亡，是無地理；中國民族若亡，是無人理；中國國民政府若不亡，是無天理。其言近謔，頗含至理。」從中可以看出當時人們對國民黨政府的評價。

沈崇事件恰好為國人，特別是大學生提供了一個表達對國民黨政府產生巨大反感的機會，結果在很短的時間內，沈崇事件就引發了巨大的社會振盪。半個多世紀以後，我們重新研究沈崇事件，一個最明顯的感受是知識份子在重大的歷史事件發生時，他們應當以

怎樣的態度來判斷事件的真實性，以及此事件對國家利弊。在這一點上，四十年代知識份子和青年學生的選擇，給我們留下了許多歷史教訓。

沈崇事件的發生，除了被有意識地利用之外，這一事件本身所蘊含的社會文化心理，也是這一事件能夠在極短的時間內引發青年學生憤怒的主要原因。

在沈崇事件發生之前，美國在華駐軍引發的類似社會問題也不是沒有發生過，如著名的「臧大咬子事件」。1946 年 9 月 22 日晚上，在上海黃浦灘的一條路上，一個駐華美軍（也是海軍部的），把一個黃包車夫臧大咬子給打死了。按說這樣的事件應該比沈崇事件更令人髮指，因為人命關天。但後來發生的一切，卻證明中國的青年學生在人命和貞潔方面，後者更容易激起他們的憤怒，或者說後者更具備誘發他們憤怒的因素。至少在如下幾條原因中，沈崇事件是一個恰好的導火線。

1、沈崇本人是北京大學的學生（嚴格說先修班還不能算是正式學生），也就是說，她的受害就是青年學生直接受害；中國人在判斷社會是非時有一種心理，就是他們總是關心與自己關係最近的事，遠處的事，他們通常都很冷漠。

2、沈崇是一個女學生，還是一個富家子女。她的出身和四十年代多數青年大學生的出身背景相近。

3、沈崇是被強姦的，在中國人心理中，這是比人命還要大的事。

4、沈崇是被外國人強姦的，特別是當時的美國人，這更讓當時的青年學生無法接受。可以設想，如果皮爾遜是直接拔槍打死了沈崇，而不是強姦，事情恐怕也沒有後來那樣嚴重。

　　像沈崇事件這樣的事，在海外駐軍當中是最容易發生的，近年來美國在日本沖繩的駐軍也時常發生強姦案，這是海外駐軍中常見的問題。但對四十年代的中國學生來說，雖然他們接受了很多西方文化，但在傳統上，他們還是很難擺脫中國人常有的思維。

　　1947年1月11日《密勒氏評論報》曾發表過記者寫的文章〈中國學生抗暴運動〉。文章認為，典型的中國罵人的話是永遠和性關係相連的。比如說有「王八蛋」、「混帳」、「小舅子」、「娘個操匕」、「狗養的」、「丟那媽」等等之類，在英文裏所能找到的惟一的同類語是：「Son of bitch , Son of gun, Bloody bastard」，一般地這些在社交中都是使人麼額或是甚至加以禁止的。中國人對於性關係上的失檢是認為極其嚴重的，而這些常常為外國人視為單純的「私事」而已。這是北平強姦案之所以為中國學生和知識份子所特別重視的一個理由；除此之外，還因為這個罹難者是中國第一流最高學府的一個有高等身份的女學生。進一步說，更重要的是這案的政治主義。在平時，這樣一個事件可能已經一聲不響地過去了，或者已經毫無困難地被掩飾過去，可是在今天這種情勢形下，當美國對華政策已經成了各方抨擊的對象，強烈的反美暗流已經存在多時，北平強姦案就必然使小事釀成大禍了。

　　在中國人看來，強姦是犯法而且是一種罪惡。就法律眼光來看這是一個最不可容忍的犯法行為，就道德觀點說這是一種卑鄙，同時也是最不可饒恕的罪惡。同時在許多情形中，舊式的中國人特別是重視其社會性遠超過其法律性。一個很有名的中國格言說：「萬惡淫為首，百善孝當先」，以誹謗加之於一個男人的女親的貞節或其個人的正直，恐怕是你對一個自尊的中國人所能加的最大的侮辱。

　　此點就是當年參加學生運動的人也不諱言，他們在事後的回憶中說：「那時我們提出了『美軍退出中國』的要求，但多數同學對這

要求的瞭解是因為只有美軍退出中國，才可以不再發生類似沈崇的事件。若在當時強烈的指出美國政府與中國反動派發動的內戰有緣的關係，恐怕是不能為多數同學接受的。當時是感情多於理智，大家感到受了侮辱。因此我們得承認民族自尊心和貞操觀念是運動掀起的有力因素之一，雖然美軍在華侵犯中國主權，間接直接屠殺中國人民是這個運動最根本和最重要的原因，但在那時是潛伏的。能明顯如此自覺的並不多，那是遠沒有今夏『反內戰反饑餓』運動中，大家所表現的高度的自覺和認識的深邃的。」

三、沈崇案之謎

關於沈崇事件，當時無論是國民黨政府還是民間都認為，中共有意識地參與了這一事件。還有人認為，是有意製造的，說沈崇是延安派來的人等等。但在沒有確切證據的情況下，不能輕易下結論。還有一種說法是：「文化大革命後據中共黨內披露，原來沈崇事件完全是一宗政治陰謀，而美軍士兵強姦北大女生則根本為莫須有罪名。原來沈崇本人為中共地下黨員，她奉命色誘美軍，與他們交朋友，然後製造強姦事件以打擊美軍和國民黨政府，結果證明相當成功。——據悉沈崇在中共建政後改名換姓進入中共外文出版社工作，已婚，現大陸不少七、八十歲左右的文人名流都知道其人。另一說法是，改了名的沈崇在文革期間被紅衛兵批鬥時揭穿身份，她向紅衛兵承認，她並未遭美軍強姦，之所以這樣說是為了黨的事業。」

文革中還有傳言，說沈崇在山西五台山出家，並說有人曾見過等等。這些說法都沒有提出足夠的證據，所以它只能幫助在分析沈崇案事多一種視角。

現在能看到的史料是，沈崇案發生後，當時中共有一些對策。

　　1946 年 12 月 31 日，中共中央曾在給董必武、吳玉章、張暑時、葉劍英、方方、林平等人的一份名為〈中央關於在各大城市組織群眾回應北平學生運動的指示〉中指出：

> （一）北平美兵強姦女生事，已造成有力的愛國運動，上海、天津聞亦將回應，希望在各大城市（平、津、京、滬、渝、昆、港、蓉、杭等）及海外華僑中發動遊行示威，並堅持下去。不能遊行的地方，亦可進行請願及組織後援會，一面提出目前具體要求，如要求此案及以前歷次懸而未決的慘案徹底解決，要求美國兵犯罪由中國法庭按中國法律公開審判（如華僑在美犯罪一樣）等，一面依據情況聯繫到美軍全部撤離中國，反對美國干涉內政，出賣軍火，進行借款，助長內戰，及廢除中美商約，抵制美貨等口號。在運動中要儘量推動一般中立份子出面，造成最廣泛的陣容，並利用國民黨所宣布的元旦起實行憲法人權條文，採取理直氣壯的攻勢，使國民黨不敢壓迫，並達到暴露國民黨之詔媚賣國及其國大制憲全系欺騙之目的。（二）我們在各地學生及婦女中的關係，應儘量利用學生及婦女中通信辦法，向各地推動發展，並推動各地撰文通電，向各方聲援呼籲，務使此運動向孤立美蔣及反對美國殖民地化中國之途展開。

　　通知特別提出利用婦女對沈崇案的憤怒，可以說是非常瞭解沈崇案所容易引發的民族主義情感的。

　　王漢斌在〈解放戰爭時期北平地下黨是怎樣領導學生運動的〉一文曾詳細講述過當時的情況。

　　當時南系北上後，由袁永熙、王漢斌、洪德銘組成共產黨的北平地下學委，並立即在北大、清華等校建立黨的地下支部。他說：「這

時黨面臨著在學校裏迅速紮下根子，佔領學校陣地的問題。這是一場艱巨的鬥爭，也是極其細緻深入的工作。」他們的工作計畫非常周密。

王漢斌說：「第一種是燕京。該校在抗戰期間遷往成都，勝利後不久即原班人馬復員北平。黨在該校力量比較強。一直成立有學生自治會，並為進步力量所掌握。在復員後由我黨地下黨黨員張富培（張定）同志擔任自治會主席，學校陣地完全為我控制，國民黨反動勢力不能左右學生運動。第二種是清華。經過同國民黨勢力進行激烈的爭奪之後，使我黨較快地掌握了學生自治會的領導權。——於是就由我南系地下黨員徐裕榮同志當選清華大學第一屆學生自治會主席。由此，清華學生運動的領導權即為我黨所掌握了。第三種是北大。——地一下黨全面分析了北大的情況，廣泛發動黨員和『民青』成員主動與北方同學交朋友，進行個別串聯訪問，交談觀點，幫助同學解決困難，消除相互誤解。我們還和臨大同學一起組織郊遊、開聯歡會，增進南北同學間的廣泛聯繫，攀敘友情。北大暫時不能成立學生自治會，我們就採取化整為零的方法，團結群眾開展社團活動。南北兩系心心想印，齊心協力，三五成群，由小到大，使各種社團組織如雨後春筍般的紛紛成立起來。他們根據相互間的愛好以各式各樣的形式，組織學習會、讀書會、辦壁報、出專刊。評介時局，揭露國民黨打內戰的反動政策，宣傳黨的方針。團結教育群眾。經過這些活動。很快使我們在學生中紮下了根子。」

中共對這一階段的工作非常滿意，王漢斌回憶：「在復員北上不到半年的時間裏，經過堅忍不拔的努力，我黨極其出色地在北大、清華等校奪取了學校鬥爭的陣地，紮下了根子，掌握了學生組織的領導權，組織起一支黨領導的學生力量。這就為深入開展平、津及

華北的學生運動，迎接中國革命高潮的到來，同時也為組織華北學聯奠定了可靠的基礎。」

沈崇案發生後，全國各地很快就出現了較大規模的學生示威活動。對於學生的行為，當時國民黨政府的許多人都認為是有人在操縱，倒是當時的知識份子表現出了少有的天真。當時任上海市市長的吳國楨在他的回憶錄中曾說：「當人們不滿時，或者有不滿的理由時，自然就有共產黨滲透和可供利用的基礎。但如果沒有理由，共產黨也能造出一些，就拿北平女學生被強姦為例，那件事發生在北平而不是上海，但我們照樣遇到了麻煩。」

吳國楨是出身清華的留美學生，他對於中國的學生運動有深入的瞭解，他認為：「事實上，中國赤色份子將美國挑出來，作為他們鼓動民眾加以反對的目標，一些示威的性質常常是反美的。在那些示威中，我盡力做到沒有美國人受到嚴重傷害。我記得只有一次，有個美國水兵受到了很粗暴的對待，但我成功地使那次事件免於演化成一場騷亂。在北平，一個美國大兵強姦了一名女生之後，也有一次反美示威。某些人認為，那個女孩是北平共產黨使用的誘餌，但無論如何，這是一件令人歎息的事情。」

這次事件以後，上海交通大學也有一次罷課的準備。吳國楨在他的回憶錄中說：「我沒有小視那件令人惋惜的北平女學生被強姦案，但我說那是一件由美國士兵犯下的孤立罪行。」他說：「但是請注意，當俄國人佔領東北時，有多少中國婦女遭到了蹂躪？如果你們一定要示威，那麼應當針對這個劣跡更大的罪犯。或者，如果你們一定要對美國示威，那麼同時也應該對蘇聯示威。」

吳國楨的這種說法使許多學生從感情回到理智上來。吳國楨後來說：「我當場將了他們的軍。自然他們決不會聽我的，但第二天除

了左傾刊物外，所有報紙均全文刊載了我的講話。反美示威仍然舉行了，但秩序良好。」

　　對於沈崇案中知識份子的表現，吳國楨也談了他自己的看法，他對當時知識份子的評價並不是很高。他說：「還有另一件事我想指出來，那就是知識階層的冷漠。大多數示威與動亂均由學生發動，在中國這樣的國家裏，學生真是一種強有力的政治力量——比勞動團體或其他團體有力得多。這有兩條理由：一方面因為人口的大部分是文盲，學生們被尊為比較有知識的階層，另一方面學生們大都年輕，人們對他們的過激行動通常比較寬容。共產黨敏銳地領會了這一點。於是就集中力量對學生進行滲透。然而按照我個人的看法，大學教師們在反共活動中，本應對我有很大的幫助，不幸的是，我發現情況並非如此。我邀請校長們和許多教授、教師同我吃飯，參加午宴和茶會，敦促他們在對待共產黨威脅上要更警惕，更有力量，但一無所獲。更使人吃驚的是，儘管大多數校長和許多教授都是國民黨員，但他們不願意出頭，即使在那時，按照中國的老傳統，對教師的尊重在學生中仍然是一種支配性的情緒，這就尤其令人可悲了！在當時的情況下，要是校長和教授們能多幫助我，我們也許會辦得更好些。」

　　知識份子的表現為什麼這樣冷漠呢？

　　吳國楨說：「首先，大學的校長和教師們的待遇太低，他們的生活很困難，特別是因為不斷的通貨膨脹。這方面我不能幫助他們多少，因為大學都是由中央政府資助的，至於由市政府資助的中小學教師，我則做了我力所能及的事。對那些在高等院校從事教育的教授們，其可歎的生活條件，我只能提請中央政府注意。教師們低於標準的報酬，自然會引起諸多不滿。但他們的冷漠還有另一個原因。歷來中國的學者們，都反對參與政治，他們感到自己的領域只限於

搞學術，別無其他。儘管他們中許多人是國民黨員，但卻認為反對共產黨的滲透並不是他們的責任。此外，他們有希望取得學生歡心的弱點，害怕學生們可能對他們示威，所以盡力與左傾學生友好。」

當吳國楨與學生談話時，他總是力圖按以下的方針與他們論爭：「如果你們對政治有興趣，首先得用知識武裝自己，努力學習。當你畢業時，若想成為一個革命者，或者甚至當一名共產黨人，你們將有充分的時間，為什麼眼前要用政治活動來使自己分心呢？」

許多學生對這種直接了當的方式是很信服的。「但共產黨非常聰明，我很快就查出了他們滲透的辦法。他們在每所學校潛伏下少數地下人員，但不會立即組成純粹的共產黨小組，他們從真正赤色的、到帶粉紅色的、甚至明顯中立的份子開始，組織了許多小組。讓我們以日本為例，艾森豪總統準備訪問日本，但突然出現了強烈的反對，共產黨是如何得逞的呢？依我看來，煽動不是從極端赤色小組開始的，倒是肇始於帶粉紅色的小組，他們對艾森豪即將到來的訪問提出疑問，在校園內貼出他們稱為的『壁報』，譴責美帝國主義，並組織起來反對艾森豪來訪。然後赤色小組就公開出來支持他們，最後，乃至名義上中立的小組也會受到影響，並贊同這一立場。這樣在人們得知之前，罷課與示威就已開始了。」

吳國楨說：「我經常走訪上海各個大學，看學生團體貼出的壁報，並盡力研究他們提出的各種意見，我把查清誰是那些壁報的起草人當成一件事情，在一般大學裏，會遇上四、五十個學生團體，我從未弄清楚他們各自有多少追隨者，但我能辨別其不同的政治觀點，逐漸我就知道了共產黨採用的策略。當共產黨確認勝利在望的時候，他們突然間停止了所有的煽動。在大學也一樣。沒有示威了。」

對於沈崇案後發生的學生運動，羅家倫當時也有同吳國楨一樣的看法，他在 1947 年 1 月 2 日的日記中說：「今日中大學生等遊行，

為反對美軍二人在北平姦汙女生事。此等事本係個人行為，可以軍法解決乃強作成國際政治問題，蓋與共產黨發動之反美運動連成一片也。可歎，可惋惜。」

1946 年 12 月 31 日《申報》第一版上的文章也認為，「此次不幸事件，為一法律問題，而美軍退出中國，則為一政治問題，不可並為一談。美軍對此善後所提解決辦法，大概尚好，但應從速解決，絕不可拖，美軍不懂得東方道德的特性，所以他們也許還不理解中國人民的憤慨。」

同日《申報》第一版第二張有一篇報導：〈北平女生被辱事件〉，對於當時學生和知識份子和行為都做了批評。其中有這樣的話：「而且亦正足以反示我們對於民主政治的沒有訓練。」同時還說：「我們引以為憾的就是身為師表的教授們，竟也有不明事理而從事於屬外的行動。」

對於沈崇案後的學生運動，當時的清華校長梅貽琦在他的日記中認為，看見清華和燕大的同學步行入城，他表示同情和憤慨。當日上午九時，他曾在騎河樓清華同學會召集北大各負責人開會，席上表示：清華燕大二校已決定採取不干涉態度。北大各院負責人同聲回應。陸代校長志韋表明三點意見：1、不論何國都不應在華駐軍。因為時代已過去，已無必要。2、此次遊行不應是專對美軍而發。3、此係小事，但有大意義，惟不應因此引起其他糾紛。

在沈崇案中，胡適和傅斯年保持了清醒。他們沒有無原則認同學生的行為，而對學生有所批評。

1947 年 1 月 5 日，胡適給當時的教育部長朱家驊和他的朋友王世杰、傅斯年寫信，在信中他詳細告訴了他們北京發生的沈崇事件，並說：「沈生戚楊君已聘律師，北京大學則請趙鳳喈、燕樹棠諸君任

法律顧問,明午會同檢閱案卷。美軍方面似亦明瞭此事嚴重,故卅日學生遊行,美軍均閉門不出,美軍審判,現尚未定。」

同時,胡適在給傅斯年的信中說:「我們今日所作只是充分把全校的法律人才供被害人之用。」

胡適在沈崇案中的行為,後來曾受到過許多批評,主要就是因為他不主張把此事件擴大化,他的認識是,這只是一個法律問題,而不是一個政治問題。

1947 年 12 月 30 日下午二時,胡適乘中航飛機抵平。胡適對記者稱,對此次暴行真相所知不多。他說:「這是一個法律問題,希望能夠早日得到合理合法解決。京滬報紙除《文匯》、《新民》所刊者外皆不詳,三十日之《和平日報》登載始略多。這是東方特殊的道德問題,國人當然同具憤慨。學生間的開會遊行,亦屬理之常情,但不可罷課,希望能即日恢復,免廢學業。」記者詢以對要求美軍退出中國之口號有何感想,他說:「這是一個政治問題,也是一個老口號,在這次事件以前就有的,只要美軍在中國一天,這口號就存在一天。」他認為前者最好不要與後者發生聯繫。「美陸戰隊對這件事的聲明,我以為很切實。」

《觀察》週刊第 1 卷 21 期發表記者文章〈抗議美軍暴行北平學生示威記〉,其中引胡適的話說:「對於女家,很多的長輩跟我都是熟人,我看她亦如後輩。當然我要負責的,如果她願意我陪她出庭,我當然願意的。」

同時胡適也指出謠言太多,第一是這女孩子絕對沒有離平,第二是絕對沒有拘禁,刑詞或有強迫她的行為。

胡適說:「我每天都與沈小姐及其家屬接觸,這話絕不可靠。這些不負責任的話,我尤其不願見之於北大的壁報。」

　　傅斯年也和胡適的看法相同。他曾向聯合社記者談及各校學生遊行示威事，認為各校學生誤將與政治無關之事件，作為政治事件，此案固屬遺憾之至，但純為法律問題。記者問其對於學生要求美軍退出中國之見解，傅氏答稱：准許美軍留華，完全為中國政府之政策問題，學生倘不滿此項政策，盡可向政府請願，十六個月以前，美軍曾與中國軍隊並肩對共同之敵作戰。近十個月來，美軍且協助中國政府遣送日俘回國，此種任務尚未終了，中國境內尚有大批日兵，迄未解除武裝。須知中國現尚有另一大陸國之大批軍隊，未得中國政府許可而駐紮境內，中國智識階級對於國際政治應具遠大眼光，並須認識中國不能在國際間孤立。

　　傅斯年這裏是指蘇聯在東北駐兵，他認為如果要反對美國在華駐軍，為什麼不反對蘇聯在東北駐軍。當時各大學中的有些教授對於學生的行為也有不同看法，當時北京大學法律系的教授燕樹棠就對學生的抗暴運動不理解，但他們一般都不願意得罪學生。

四、沈崇案中知識份子的表現

　　四十年代中國學生和知識份子普遍具有左傾傾向，那是一個極端的年代，世界性的左傾思潮對中國學生和知識份子的影響非常強烈。

　　邵燕祥曾這樣回憶自己當年的選擇：「像我這樣的年輕學生，主要是從自己所持的是非、善惡這些道義標準決定去取。師友之間的互相影響也會起作用甚至決定的作用。我相與的儘是傳統所說的好學生，品學兼優的為多。我們當然看不起帶流氓氣的、飛揚跋扈的學生。別處我不清楚，偏偏我們學校裏，少數三青團份子中我們所知道的，就是『泡 MISS』、打群架的一流。基層如此，上層可知。

我在 1947 年反饑餓反內戰運動前後，認同『軍隊國家化』的同時，認同『黨團退出學校』一說，就緣於這樣的感性基礎。事實證明，在國民黨統治下的知識份子，這些口號是得人心的。以周恩來為首的在國統區活動的共產黨人，分別在高層的社會賢達（政治界、文教界、工商界人）和基層的學校師生間，所做的宣傳和統戰工作是成功的。這與他們的人格形象分不開。我之投向共產黨，不能說沒有一定的理性認識基礎，但肯定夾雜了許多純感性的東西。」

1948 年初，一個遠在美國讀書的女學生的認識也很有代表性，這個女生名叫楊靜遠，是當時著名的自由主義知識份子楊端六、袁昌英夫婦的女兒。她在和自己戀人的通信中保存了許多史料，我們從中可以看出四十年代青年知識份子的思想傾向。

信中說：「我們傾向於主張維持現狀，因我們正好是現狀的受益者。由於害怕失去我們正在享受的特權，我們自然會反對任何可能要求我們犧牲自己的部分利益以利於全民的改變。我們也許不願承認這一點。但這正是存在於我們意識底層的東西，它使我們反對建議中的由國民黨、共產黨和非黨自由派人士組成的聯合政府。我們這少數人要不要聯合政府，其實無關緊要；廣大的中國人民群眾需要它。而中國人民的力量是每時每刻都在壯大。反動勢力只能推遲它，卻絕不能摧毀它。這一天終將到來，中國人民將站立起來，作出自己的決定。華萊士先生是對的，他預見到這個重大事件，對美國人發出警告。聯合政府將不是一個一黨統治的政府。利昂先生說：『一個聯合政府中只要有了共產黨人，那就除共產黨人什麼都沒有』，他這話只不過重複陳腐的歇斯底里濫調。奇怪的是，他竟把『恐怖和屠殺』與聯合政府相提並論，而他明明知道這些正是國民黨政府目前所採用的手段。一個聯合政府沒有理由停辦教會學校和醫院。既然聯合政府代表了全民的利益，凡是對人民有益的事物都將

被接受和歡迎。我們中國人民不要一個共產黨專政，正如我們不要一個國民黨專政。如果美國政府一意孤行地援助國民黨政府來抵拒聯合政府，結果必然是現政府被徹底推翻，由共產黨專政取而代之，那也同樣是不合人意的。我們是一個掙扎在生死線上的民族；我們需要全世界的朋友。我們希望人們理解我們的要求，而不是誤解我們的要求。」

當時對青年學生和知識份子最有誘惑力的是關於聯合政府的設想，楊靜遠在她的信中說：「共產黨，在他們看來，是人民的發言人，是中國的救星。對於他們大公無私的胸懷，他們是深信不疑的。看著國家現在所受的創傷，他們暗中稱快，以為這回教訓了國民黨了。其實受罪的還是無辜的人民。仁寬明顯地偏向他們，當我們在去南岸的路上我問他對最近的局勢感想時，他似乎驚奇我這也要問。『當然同情共產黨羅！』他又給我分析，解說是非誰屬，但他一點不能解除我心上的疑問。回城時，他和胡談著一些我聽不懂的事，後來胡告訴我那是他們聯絡同志為將來事業合作。」

對於沈崇案，在當時也還有一些知識份子從更為複雜的時代背景上做了分析，這些人多數是自由主義知識份子。

當時儲安平主編的《觀察》週刊就對此事發表過許多評論，《觀察》的態度大體上代表了四十年代自由主義知識份子對美國的態度。

吳世昌在〈論美軍事件〉中認為「這次因美軍暴行而引起的學生運動，除了抗議暴行，要求道歉，懲兇、賠償保證以外，全國學生第一次喊出美軍撤出中國的呼聲。也有人要求廢止中美商約和中美航空協定，這雖不是全體的意見，但要求美軍撤退是一致的。這個運動截至現在為止，中國官方除通令勸止外，尚未有公開指為受中共策動者。平市長何思源對南京中央日報記者稱，他自己年事已長，若在青年，也將參加。滬市長稱，應付此事，決以民主作風。

渝黨政軍聯合會議，決定准許學生遊行，各地學生遊行秩序亦佳。只有聯合社的報導，卻拾了舊中國政府的牙慧，說是受中共策動，以侮辱學生遊行的價值，圖減輕美國輿論的指摘。」

吳世昌在他的文章中還對胡適和傅斯年認為沈崇事件是法律問題的觀點提出了批評。吳世昌當時的看法，也可以說是最常見的觀點，他也認為美軍駐華是沒有道理的。他說：「所以即使美軍在華相安無事，而國人提出請其撤退的要求，也不能指為『越軌』。我們認為這次學生運動，和去年反對蘇軍在東北延不撤退，同樣正確。連清華大學美籍教授 Winter 都贊同北平學生的運動，聯合社至少不能指 Winter 也是受中共指使罷？」

「至於中國需要美國的友誼與協助，則為另一問題，與此案無關，不可因此案而引起盲目的反美運動。所幸各地學生遊行，尚無此現象。現在必須弄清楚：第一，敦睦交，不必也不可犧牲一國主權，容許外兵在平時長久駐留。第二，反對美軍駐華，不是反美，更不是不要美的友誼，正如因反對蘇軍駐東北，也不是如中共所謂反蘇排外一樣。反對美軍駐華只是反對其政府在某一時期的某種政策。一個人民尚且可反對其本國政策，何況一國政策侵及別國主權，被侵國人民豈有不能反對此政策之理？第三，美軍暴行由此政策所引起，為此政策之結果，則二者顯然不能分開。第四，抗議暴行，反對侵害主權，美國公正人士亦必有此同感，故同時仍不可不訴諸理智。萬不可因此損害邦交及友誼。我們不願受人侮辱，自己也不可侮辱別人。」

《觀察》還發表了費青〈皮爾遜強姦案翻案事答問〉和周子亞〈從國際法立場論美軍暴行之性質及外國軍隊之刑事管轄權問題〉。

費青和周子亞都是法學家，他們雖然在感情上非常認同學生的行動，在道義上也譴責美軍的暴行，但因為職業的關係，他們對美

軍的暴行及後來美國海軍部對皮爾遜案的翻案，卻表示出了相當的理性。

費青就說過：「這個覆核結果當然是不當，從而違反了公道，但是狹義地或嚴格地講，不能說它是違法。我並非在替美國辯護，更不是在反譏美國以違法為合法。」

周子亞從國際法角度對於美軍暴行做了分析。他在立場上也和學生一樣，但他的觀點卻是從國際法的角度認為中國對美國在華駐軍的法律失之過寬，讓美軍在中國領土行使審判權，有損國體。

沈崇事件早已成為歷史，但對於中國知識份子來說，重新觀察沈崇案發生的歷史背景，卻有助於我們更好瞭解中國現代知識份子的歷史選擇和他們後來的命運。任何歷史都有延續性，半個世紀前，一次偶然事件中所映現出的中國現代知識份子的性格，至今並沒有發生根本的改變，這是值得我們深思的。

五、沈崇事件檔案在美國解密

隨著時間的推移，當時審理沈崇事件的法庭記錄已經解密。據現在美國的周啟博先生介紹，當時沈崇案由軍事法庭審理，案卷存軍方檔案庫。因涉外國公民，管外交的國務院也有相同的一套案卷。他從國家檔案館取得國務院這套案卷的複製件，全部為英文記錄，共 150 張。因年久有些詞和字母不太清楚，需從上下文猜出。

據周先生介紹，沈崇事件發生以後，1947 年 1 月 6 日海軍陸戰隊第一師（加強師）司令下令於中國北平第五海軍陸戰隊司令部舉行審判，前後經過多次審理。

當時法庭組成情況是：1、律師開場白。2、有關人員，法官和記者入庭，宣誓。3、提出控告。4、辯方抗辯。5、控方發言結束。

6、辯方發言結束。7、法庭調查結果。8、判決。同時法庭還出示了相關證據：

1、黑板上地圖的照片。

2、手套的描述。

3、1946 年 12 月 24 和 25 日氣象紀錄。

4、1947 年 1 月 13，14 和 15 日氣象紀錄。

5、大衣的描述。

6、內褲的描述。

7、上衣的描述。

最初對皮爾遜的控罪共有五項。控罪 1、強姦。控罪 2、企圖強姦而攻擊。控罪 3、自願性行為。控罪 4、有害秩序和紀律的行為。控罪 5、可能損害士氣風紀的不道德行為。

1947 年 1 月 7 日，對案件中的控罪 3 和 5 及說明予以撤銷。1947 年 6 月 11 日軍事法庭審判皮爾遜案的審判記錄顯示：控罪 3 和控罪 5 已經撤訴；控罪 2 和控罪 4 被宣判無罪。控罪 1，他被判有罪。他被判決降為列兵軍階，監禁十五年，受不名譽退伍和其他有關處分。下令審判的有關當局已經批准了審判過程，調查結果和判決。

據檔案記錄顯示，原告是 19 歲的在北平國立大學讀書的學生。她的證言內容如下：

> 強姦發生的那天晚上，大約 8 點，她一個人沿公共街道走向亭台電影院。在照明良好，行人眾多的街上，被告和另一個美國海軍陸戰隊員（普利卡德）忽然一左一右把她挾持，「護送」她走向與她目的地幾乎相反的方向，穿過一個狹窄的街區（那裏顯然有樹），到了東（長安）街，又穿過東（長安）街，走了約 600 碼，進入一個叫作「跑馬場」或「閱兵場」

的地方，到達「南牆」（前奧地利公使館牆）附近的一個地點。根據原告所說（被告和他的同伴都沒有這樣說），她喊叫了一次，此後她的嘴就被捂住了。她反抗卻沒能掙脫。到達牆邊時，被告和普利卡德強制她倒在地上。因為她反抗，所以兩個美國海軍陸戰隊員要合力才能按住她並脫掉她的內褲。然後被告趴在她身上，儘管她反抗和力圖併攏兩腿，被告還是完成了性交行為。原告看到手電筒光束後喊叫，但她的喉嚨馬上被扼住了。為引起注意，她揮舞在她身旁的她的白色內褲。顯然是怕引起別人干涉，被告沿著牆「拖」她向東走，緊抓住她怕她逃脫。被告再次試圖性交，她激烈反抗使被告未能得逞，她又看到手電光，但她因怕被告殺她，沒敢喊叫。被告帶她繞過牆角向南，到達檢閱台，在那裏她從被告手中掙脫，隨即又被抓住。在檢閱台附近，在離交通繁忙的哈德門街約 80 到 90 步的地方，被告再次性交進入原告身體獲得成功。原告因與被告掙扎多時已經筋疲力盡。她又喊叫了一次，並揮舞她的襯褲。這時有 8 個中國人，帶著手電筒和槍，來到現場察看發生了什麼事，救了原告。一輛憲兵巡邏吉普把被告和原告帶走。

據法庭記錄，一個中國軍隊人員是原告的證人，他作證說：在事發那個晚上 8 點左右，他看見兩個海軍陸戰隊員在亭台電影院附近「帶走」一個姑娘。她在哭，「聲音不響也不太弱」，但她什麼話也沒說。他沒有進一步調查就回他的總部去了，把此事告訴四名中國軍人。

這個證人由這些中國軍隊人員陪同，其中兩人有手電筒，來到離領事館南牆邊一個位置約 20 尺處，在那個位置有一個海軍陸戰隊

員和一個姑娘在地上，一人在另一人身上。第二個海軍陸戰隊員站在離地上的兩人約兩尺處。不但這個證人，而且他這一組人的任何一個，都沒有聽到任何喊叫，也沒看到任何掙扎。這組人中有一個聽到女人哭泣，其他人沒聽到任何聲音。這五個人被站在旁邊的並沒帶槍的海軍陸戰隊員趕走了。過了一會，又有兩個帶槍的中國人加入這組人，現在這組人共七個人，他們又往回走，只到了那條街，又被那個海軍陸戰隊員趕走。被告海軍陸戰隊員和姑娘此時還在南牆下原來地點，離這組人有大約 60 碼遠。這組人取得了附近一個中國交通警察的協助之後又向那個地點進行了第 3 次行動。（這時距離兩個海軍陸戰隊員第一次被看到「帶走」那個姑娘已有兩個半小時。）這次那個海軍陸戰隊員和姑娘已經不在那裏了。在那個海軍陸戰隊員和姑娘呆過的地點，這組人發現了一條圍巾和一支有血跡的手套。姑娘發出哭聲並揮舞她的襯褲，吸引了他們的注意，他們在檢閱台附近找到了臥在地上的被告和姑娘。他們強迫被告站立起來。這組人作證說，海軍陸戰隊員和姑娘都是滿身塵土，衣著凌亂，他們的外衣都穿在身上，姑娘臀部是濕的，被告對員警態度粗暴，被告試圖摟抱姑娘，姑娘一直在哭。剛才提到的交通警察作證說，大約晚 10 點半時他接到關於此事的報告，他去了跑馬場，看到在地上的被告和姑娘。兩個人都站了起來。員警說姑娘告訴他海軍陸戰隊員強姦了她。但是，那一組人中沒有任何一個聽到姑娘的這一投訴。在法庭盤問時，員警被問到姑娘向誰宣稱海軍陸戰隊員強姦了她，員警回答「她告訴我了，因為我問她了」。而且，這個員警第一次見到在地上的海軍陸戰隊員和姑娘時，姑娘沒有說她正在被強姦。

　　第 2 天凌晨大約 2 點半，姑娘由一個中國醫生做了檢查。醫生作證說，他在陰道入口下部中間發現了一小塊新鮮傷痕，只有生殖器進入陰道才能達到那個部位。他說「正常性交」通常不會產生這

樣的傷痕。除了這一小塊傷痕之外，醫生說姑娘的「身體」是正常的，外生殖器沒有可見傷痕，沒有發現精子細胞，而且「難以確定是不是真的強姦」。記錄顯示這個事件持續了大約 3 個小時，那天夜間很黑，無風，氣溫在華氏 15 到 20 度。

辯方證人作證說，在事件發生的那一夜之後大約 3 個星期裏，他們兩次在所說的強姦發生的地點觀察行人和交通情況。他們在黑暗程度，風速，時間和氣溫都和所說的強姦的那個夜晚很相似的條件下研究了那個地點的行人和交通。總括地說，他們作證指出，每小時通過東長安街的行人和車輛數目有幾百，那條街離被告第一次攻擊原告的地點距離在 60 碼以內。哈德門大街上行人車輛數目就更大些，而哈德門大街在第 2 次攻擊的地點和被告被抓起來的地點以東不到 100 碼。證詞進一步指出，如果誰在第一次攻擊地點「大聲說話，不必喊叫」，那麼在 60 碼以外的東長安街上的人能清楚地聽到。

據法庭記錄顯示，有數名憲兵到了中國員警逮捕被告的現場。他們作證說在現場被告用手臂摟住原告，原告顯然是同意的。一個證人作證說被告和原告試圖一同離開跑馬場，另一個證人作證說他認為那個中國姑娘看來「完全放鬆」，不像「受到刺激或者哭過的樣子」，而是「對整個事件表現平靜」。早些時候和被告一同喝過酒的一個海軍陸戰隊員說，被告被酒瓶割傷了手指節，這可以解釋現場發現的手套上的血跡。

所說強姦案次日下午，一個美國醫生檢查了原告。這個醫生作證說，在原告的臀部，大腿內側，臉和脖子上都未發現傷痕。原告陰道入口處小的割傷在正常性交時也可能發生。這個醫生在所說事件次日早晨也檢查了被告，在被告性器官上沒有發現傷痕。當夜值班的憲兵軍官作證說，被告被從閱兵場帶來時，對被告沒有任何控

告。假如有強姦的指控，被告就會被關起來，而不會作為嫌疑人釋放聽候傳訊。原告在所說的攻擊那天晚上穿的衣服和襯褲都列入了證據。原告陳述她交出衣服以後，衣服被割了幾個小口子，除這些小口子之外，這件衣服沒有其他損壞。和衣服一樣，她的襯褲也沒有暴力的痕跡。

　　法庭記錄認定，仔細考察舉出的證據後即可發現，原告沒有在當時環境和條件下做出足夠的反抗來支持她對性交不自願的說法。雖然證據顯示 1946 年 12 月 24 日晚事件開始時，她不是自願跟兩個海軍陸戰隊員走的，但是除了她自己的證詞以外，沒有其他證據證明她哭過或者反抗過。與此相反，其他控方證人作證說，在她和被告呆在一起的那麼長的時間裏，證人既沒聽到她哭叫，也沒看到她掙扎反抗。如果說這些要干預被告和姑娘的證人相信姑娘正在被強姦，而他們無力援救她，是令人難以相信的。同樣令人難以相信的是，事件長達幾乎 3 小時，所說的幾次攻擊就發生在交通繁忙行人眾多的街道附近，竟然沒人聽到呼救聲。她並沒在無人援助的情況下被毆打，也一直沒有失去知覺。雖然她宣稱被告幾次扼住她的喉嚨和摀住她的嘴，醫生在次日檢查時在她臉上和脖子上沒有發現傷痕。她作證說她的襯褲是被強力脫下來的，但在當庭展示證據時，卻沒有任何汙跡和撕破之處。她的衣服也沒有任何暴力的痕跡。在整個爭執過程中她都沒脫下她的手套。她的陰道口有輕傷，這種輕傷與自願性交的情況相符合。她爭辯說她做了當時環境條件下她力所能及的反抗，可是除了這點輕傷以外，所有其他事實都不支持她的說法。在員警拘押被告和她兩人時，也沒有見到他們精神歇斯底里和身體筋疲力盡的證據。對於被告違背原告意志和原告性交的說法，本案證據不能消除對此說法的合乎常識的懷疑。

軍事法庭最後認定，根據事實和上述法律，對控罪 1 及其說明的調查結果和下令審判的機關的相關決定，予以撤銷。根據對控罪 2 和控罪 4 的調查結果，對法庭判決和下令審判的機關的相關決定，予以撤銷。總軍法官認為，下令審判的機關根據以上陳述和建議採取的司法程式和行動是合法的。

這個陳述和建議後來得到了海軍部長蘇利文的批准。因此，對控罪 1 及其說明的調查結果予以撤銷。根據對控罪 2 和 4 的調查結果，審判的判決和下令審判的機關的相關決定也予以撤銷。

對撤銷皮爾遜強姦案判決，當時國內反映非常強烈，但許多研究國際法的學者認為，雖然在道義上這很不公道，但不能說這個案子不合法，因為美國法律是非常嚴格的，也是獨立的。

關於沈崇案的一些背景材料講完了，因為是演講，材料的來源沒有詳細告訴大家，如果哪位朋友有興趣，可以與我聯繫。

謝謝大家。

後記

　　關於中國現代知識份子研究，我曾做過兩個方向的努力。上世紀九十年代初，我主要研究儲安平和《觀察》週刊，之後又研究西南聯合大學。我的研究結果是出版了相關研究的兩本小冊子。

　　我本來還有專門研究中國知識份子思想改造史的計畫，但從有這個想法到收集史料，快十年了，我只完成了兩篇論文，收集的史料倒是還不少，希望以後能有一個安定的時間完成這個工作。

　　這些年來，為生計奔波，加之其他雜事，研究沒有進行下去，只是斷斷續續寫了十幾篇研究論文，就是眼前收在這個集子中的文章。

　　我在近三四年內，只印過一本小書。稍長一些的學術性文章，從來沒有得到過單獨出版的機會，時間長了，我也無心在這方面用力，隨寫隨棄，很少想到能收羅起來出一本書。

　　感謝蔡登山先生提起此事，使這些文章有機會集中問世。這些文章大體代表了我近年來關於中國現代知識份子研究的一些想法。

作者
2007 年 10 月 16 日於廈門

國家圖書館出版品預行編目

中國現代知識份子的困境 / 謝泳著. -- 一版.
--臺北市：秀威資訊科技, 2008.05
　　面 ；　　公分. -- (社會科學類 ; PF0030)
　ISBN 978-986-221-025-3 (平裝)

1.知識份子 2.中國

546.1135　　　　　　　　　　　　97009777

社會科學類　PF0030

中國現代知識份子的困境

作　　　者 / 謝泳
主　　　編 / 蔡登山
發 行 人 / 宋政坤
執行編輯 / 黃姣潔
圖文排版 / 黃莉珊
封面設計 / 蔣緒慧
數位轉譯 / 徐真玉　沈裕閔
圖書銷售 / 林怡君
法律顧問 / 毛國樑　律師
出版印製 / 秀威資訊科技股份有限公司
　　　　　 台北市內湖區瑞光路 583 巷 25 號 1 樓
　　　　　 電話：02-2657-9211　　傳真：02-2657-9106
　　　　　 E-mail：service@showwe.com.tw
經 銷 商 / 紅螞蟻圖書有限公司
　　　　　 台北市內湖區舊宗路二段 121 巷 28、32 號 4 樓
　　　　　 電話：02-2795-3656　　傳真：02-2795-4100
　　　　　 http://www.e-redant.com

2008 年 5 月 BOD 一版
定價：370 元

讀　者　回　函　卡

感謝您購買本書，為提升服務品質，煩請填寫以下問卷，收到您的寶貴意見後，我們會仔細收藏記錄並回贈紀念品，謝謝！

1.您購買的書名：＿＿＿＿＿＿＿＿＿＿＿＿＿＿＿＿＿＿＿

2.您從何得知本書的消息？

　□網路書店　□部落格　□資料庫搜尋　□書訊　□電子報　□書店
　□平面媒體　□ 朋友推薦　□網站推薦　□其他＿＿＿＿＿＿

3.您對本書的評價：(請填代號　1.非常滿意 2.滿意 3.尚可 4.再改進)

　封面設計＿＿　版面編排＿＿　內容＿＿　文/譯筆＿＿　價格＿＿

4.讀完書後您覺得：

　□很有收獲　□有收獲　□收獲不多　□沒收獲

5.您會推薦本書給朋友嗎？

　□會　□不會，為什麼？＿＿＿＿＿＿＿＿＿＿＿＿＿＿＿＿＿

6.其他寶貴的意見：＿＿＿＿＿＿＿＿＿＿＿＿＿＿＿＿＿＿＿

＿＿＿＿＿＿＿＿＿＿＿＿＿＿＿＿＿＿＿＿＿＿＿＿＿＿＿＿＿

＿＿＿＿＿＿＿＿＿＿＿＿＿＿＿＿＿＿＿＿＿＿＿＿＿＿＿＿＿

＿＿＿＿＿＿＿＿＿＿＿＿＿＿＿＿＿＿＿＿＿＿＿＿＿＿＿＿＿

讀者基本資料

姓名：＿＿＿＿＿＿＿＿＿＿　年齡：＿＿＿＿　性別：□女 □男

聯絡電話：＿＿＿＿＿＿＿＿＿　E-mail：＿＿＿＿＿＿＿＿＿＿

地址：＿＿＿＿＿＿＿＿＿＿＿＿＿＿＿＿＿＿＿＿＿＿＿＿＿

學歷：□高中(含)以下　　□高中　　□專科學校　　□大學
　　　□研究所(含)以上 □其他＿＿＿＿＿＿＿＿

職業：□製造業 □金融業 □資訊業 □軍警 □傳播業 □自由業
　　　□服務業 □公務員 □教職　□學生 □其他＿＿＿＿＿